みんなの宗教2世問題

横道誠――編

島薗進
信田さよ子
釈徹宗
中田考
沼田和也
江川紹子
斎藤環
鈴木エイト

晶文社

装画◎嘉江

装丁◎岩瀬聡

はじめに

二〇二二年七月八日に安倍晋三銃撃事件が発生し、同日中に山上徹也容疑者が「宗教2世」だということが報じられた。それ以来、筆者を含めた宗教2世が以前から非公式に使ってきたこの語が、またたくまにマスメディアの報道に溢れることになった。同年一二月一日には、「現代用語の基礎知識選 2022ユーキャン新語・流行語大賞」の表彰式が開催され、「宗教2世」がトップテンを受賞した。以前より、この問題に無縁の人々から、ときおり「宗教2世ってどういう意味ですか」と尋ねられてきた、そしてそういう経験がたくさんあったわけでもない身としては、隔世の感を覚える。どうかこの言葉が「新語・流行語」として消費されて終わりとはなってほしくない。そのように強く願いながら、いまこの文章を書いている。

しかし宗教2世とは何か。本書では「宗教2世問題」を親が特定の宗教を信奉しており、その宗教儀式や宗教活動の影響によって、子どもの養育、発育、発達、成長に著しい障害が発生する問題と定義したい。「特定の宗教」が具体的にどの団体を指すのかは難しい問題だ。「宗教2世」という語に疑問や反感や懸念を抱き、「カルト2世問題」と呼ぶべきだと指摘する論者も多いが、「宗教2世」は必ずしも「カルト」として非難される宗教団体の2世ばかりではない。一般的にカルト宗教と見なされない新宗教や、場合によっては伝統宗教の内部でも、「2世問題」は存在する。だから本書では「宗教2世」という言葉を選んだ。他方で、本書では宗教団体とは異なる組織に関わりを持たされた「カルト2世」と呼ぶべき人の声も掬いあげている。したがって本書は「カルト2世」の本でもある。

具体的に全体の構成を説明していこう。本書の核は1章「当事者たちのさまざまな声」にある。これは簡単に言えば、証言集だ。名前の挙がる団体には、いわゆるカルト宗教だけでなく、カルト宗教とは見なされにくい新宗教、そして伝統宗教に数えられる組織も含まれている。カルト性が高いと考えられる農業組合やマルチ商法についても報告の対象になる。そして2世だけではなく1世も当事者として声をあげてくれた。筆者が主宰する自助グループに参加し、自分の体験について語ってくれた人に声をかけて、詳しく取材した場合もあれば、ツイッターの「宗教2世界隈」(略称「2世界隈」)でつぶやくのを筆者が見ていて、証言者として貴重な人だと判断した相手に声をかけて、自分の宗教2世としての体験を語ってもらった場合もある。

証言集の第一に掲載した報告は、銃撃事件以降の宗教2世の報道で「時の人」となった統一教会2世の小川さゆりさんのものだ。精神的危機を迎えるくだりの語りは衝撃的と言えるだろう。エホバの証人2世のマリコさんは、熱烈な信者だった過去について回顧しつつ、脱会の経緯を詳細に教えてくれたが、それらに加えて心理職をめざして歩んだ道程に勇気づけられる。崇教眞光2世のもふもふうさぎさんは、発達障害者の親を持つ人生と宗教2世としての人生が交錯した場合の苦難をよく伝えてくれている。プロテスタント3世のあやめさんは、伝統宗教にも起こる2世問題の実情を報告してくれた。創価学会2世のサキさんは、この日本最大の宗教団体の子ども信者として体験した日々を証言してくれた。朱莉さんの報告では、教団で受けた凄惨な性虐待が語られているため、本人の強い希望を受けて、団体名は出さないことになった。

以上は「宗教2世」の正統的と言えそうな証言集だが、そうではない証言も含まれている。ライオさんはマルチ商法にはまった母を持つ「マルチ2世」としての体験世界を、大沢さんは子ども時代に入会したヤマギシ会での生活風景を伝えてくれた。中山尚さんは宗教1世としてオウム真理教とひかりの輪に入信した人だが、それぞれの団体との距離感は、私たちに対してさまざまな示唆を与える。当事者それぞれの証言は、筆者が個別にインタビューをした上で、筆者が一人称の語りに成形し、それを本人たちに確認してもらって、加筆していただくことで完成した。ただし、最後の紫藤春香さんの証言のみ、本人が過去にnoteで公開したエッセイを掲載している。紫藤さんは過酷な修行を伴った教団への信仰を強要され、暴力に晒された子ども時代について書いている。このようにして当事者たちがそれぞれに自分の心の声に向きあっている様子を、本書のジャケット画を担当してくれた嘉江さんが、的確なイメージで表現してくれた。

2章「宗教2世・海外での最新研究状況――宗教的虐待、毒宗教、健全な宗教団体、宗教的トラウマ症候群、宗教的児童マルトリートメント」では、これまでの宗教2世に関する報道でほとんど話題にならなかった海外の知見に眼を向ける。まずはカルトとは何かという問題について語義的な定義を確認し、ついで、参照項になる海外の事例としてマスメディアで例外的に頻繁に言及されていたフランスの反カルト法を一瞥する。それからアメリカでの「宗教被害」研究の現状を概観していく。日本ではまだ充分に浸透していない「宗教的虐待」という概念や、現段階では日本で議論の対象になっていない「毒宗教」、「健全な宗教団体」、「宗教的トラウマ症候群」、「宗教的児童マルトリートメント」といった諸概念に解説を施す。さらに、宗教2世問題を複雑性PTSDや心的外傷後成長の観点から把握しなおし、また途中には海外の宗教2世の体験談も取りこんでいる。これまでのマスメディア報道や宗教2世に関する類書には欠けた内容を補完できたと考える。

3章「識者たちによる宗教2世論」では、さまざまな分野の専門家から宗教2世についての考察を寄せてもらった。島薗進さんは、宗教2世問題の興隆が日本のどのような社会情勢と連動しているかを、宗教学者の立場から論じる。信田さよ子さんは、宗教2世のアダルトチルドレン（機能不全家族の出身者）としての側面を、宗教2世たちに対する臨床経験も豊かな心理士として明らかにする。僧で宗教学者の釈徹宗さんは、宗教2世問題をカルト2世の問題として切りとりなおし、多角的な考察を加える。中田考さんは、イスラーム法学者としての観点から、多くの日本人にとって独特に見える仕方で考察を展開する。沼田和也さんは宗教1世の牧師として、キリスト教内部の2世問題を明らかにしつつ、自身の家族の問題にも踏みこみながら、ほとんどひとりの当事者のようにして抜きさしならない考察をめぐらせている。

オウム事件の頃に縦横無尽の活躍をしていた江川紹子さんは、宗教2世の筆者にとって憧れの人だった。オウム真理教に関するテレビ報道を観ながら、筆者は自分の出身教団の「ものみの塔」だって、平和主義を掲げていても、カルト的という点ではオウムに近い存在なのだと相対化する視点を得て、江川さんがエホバの証人について語るのを聞いたことはなかったけれど、江川さんが語る内容を頼りとして多くの思考をめぐらせた。だから銃撃事件後に、NHKのラジオ番組『ジャーナルクロス』に出演した際に面識を得て、本書のための依頼を実現できたのは、心が震えるような出来事だった。いただいた原稿にはオウム事件に関わることで得られた知見や、その後のさまざまな取材経験が充分に活かされていて、江川さんに対する敬服の念はますます深まった。

4章「精神医療／カルト問題報道の観点から」は、前後半の二編の原稿から成っている。前半は精神科医の斎藤環さんと筆者の対談を掲載していて、筆者自身の宗教2世としての体験を開示し、精神医療に従事する斎藤さんからさまざまな指摘を受けとっている。斎藤さんと筆者の交流が始まったのは、それほど昔のことではないけれど、ありがたいことにいろんな機会に対話を重ねることができている。筆者の宗教2世としての体験は、この機会に初めて詳細を開示した。後半は銃撃事件以後に「時の人」としてマスメディアに頻繁に露出するようになった鈴木エイトさんにインタビューを試みた。エイトさんは数年来、旧統一教会の動向を追跡してきた一方で、宗教2世に関する報道にも熱心に取りくんできたため、このインタビュー企画を立ちあげることにした。

5章「宗教2世はいかに描かれてきたか――日本の創作物をつうじて思うこと」では、筆者が宗教2世問題の当事者として、宗教2世に直接的あるいは間接的に関わる創作物にどのように向きあってきたかをつまびらかにする。筆者は本書に先立って、太田出版の『宗教2世』（荻上チキ編著、二〇二二年一一月）に「宗教2世を描いた作品たち――映像作品編」、岩波書店の『世界』二〇二二年一二月号に「「宗教2世問題」を理解するための必読書」と題するエッセイを寄稿した。本書では、この二本のエッセイと記述が重なりすぎないように配慮しつつ、より広い枠組みで宗教2世に関する日本の創作物をできるだけ総覧しようと試みている。なお筆者は文学研究者だが、本章で文学研究の手法は活用しておらず、あくまでも当事者としての受容史をエスノグラフィーの形で示すことにした。

6章「改めて宗教2世問題を展望する」では、1章から5章までの原稿が揃ったあとに、筆者が改めて考えたことをまとめ、宗教2世問題をめぐる議論に対して現時点での見通しを示している。

みんなの宗教2世問題

目次

1章 当事者たちのさまざまな声

2章　宗教2世・海外での最新研究状況
――宗教的虐待、毒宗教、健全な宗教団体、宗教的トラウマ症候群、宗教的児童マルトリートメント　**横道誠**

3章 識者たちによる宗教2世論

1章

当事者たちのさまざまな声

被害者をもう出さないために反セクト法を

小川さゆり——統一教会

◎合同結婚式で結婚した両親のもとで

両親が統一教会の合同結婚式で結婚して、自分はそこから生まれた2世信者です。

母は、二〇歳前後にわけあって人生に絶望していました。すでに母の姉（私の伯母）は勧誘を受けて信者になっていて、その影響で母も入信したそうです。伯母が勧誘を受けて統一教会にハマり、それを母にも共有したところ、母もそれで入信したと聞いています。母はそれまで友だちがおらず、すごく孤独な人生を歩んでいたそうです。それが教会で初めてコミュニティーもできて、友だちもできて、統一教会に救われたんだと思います。

父は大学に行っていたときに、原理研究会とかCARPとか呼ばれている、大学生を狙った統一教会の勧誘にあったと聞いています。文鮮明が聖書を解読した『原理講論』を教えてもらって、これはもう絶対に真理だということで納得して、そこから入信したのです。もともと勉強が得意だったことから、たくさん統一教会の勉強もするようになって、アメリカにある統一神学校（UTS）にも行って、のちのちに教会長にもなったという流れです。

生まれながらに「神の子」ですって言われて生きてきました。ですが、親が統一教会に高額な献金をするので、家にはずっとお金がなくて、ほんとうに貧しくて。小さい頃は特に、ずっと人のお下がりとかそういったものしか家になかったし、もらうお年玉だったりとか、お小遣いも没収されたり、一般的にあるようなクリスマスプレゼント、誕生日プレゼントももらえなかったり。明らかにまわりと自分は違うんだなってわかる環境でした。お祈りをさせられたり、本を読まされたり、教義を声に出して読まされたり、敬拝といって韓国式の深いお辞儀とかもしなきゃいけない。家に教祖たちの写真があって、友だちも呼びづらかったです。

見た目がみすぼらしくて、小学校では何度もいじめに遭いました。美容室に連れて行ってもらえなかったので、父に髪を切られていて、髪型など見た目がまわりと違うんです。親は自分たちの服に興味を持ってくれなくって、見た目の貧しさが目立っていて。

そういう貧しさに劣等感があって、まわりの子がすごくきらきらして見えました。「あんなかわいい服もあるんだ」って。こんな自分の好きじゃない誰かの服とか、傘とか、鞄じゃなくて、きれいな物を、しかもしょっちゅう買ってもらったりして、自分はみんなとぜんぜん違うんだなって、つねに劣等感を抱きながら生活していたと思います。

◎なんとなく嫌だなと思いながら

小学生の頃は、考えとかも未熟なんですけど、でもやっぱりなんとなく嫌だな、教会のことってすごく面倒くさいな、ふつうの家族として過ごしてるときは楽しいけど、何でしないといけないのかな、ということは疑問でした。でもそれ以上考えることもなく、生まれた頃からそうだったし、うちはそれが当たり前なのかなっていうぐらいの感覚でした。

学校の科目では、体育とか、体を動かすことは好きでした。あと音楽も好きでした。人並みにちゃんとテストの点も取って、まじめに勉強していた感じですね。お金がなかったし、ゲームを買ってもらえる環境じゃなかったので、友だちの家で遊んだり、山へ行ったり、公園へ行ったり、外で遊ぶことが多かったです。鬼ごっことかですね。

韓国語は、いまでもぜんぜんしゃべれないんですけど、小学校ぐらいから勉強はしていました。韓国人っていうのは、統一教会の教義では神さまの国、メシアが生まれた国の人って言われているので、韓国人と結婚することだとか、韓国語をしゃべれるようになることっていうのはすごく名誉なことで、死んでからも良い霊界に行けるとか、そういうふうに言われてました。礼拝のあとに韓国語の時間があったり、日韓家庭や韓日家庭が多いので、その人たちから韓国語講座に誘われたり。それで勉強していました。信者じゃない友だちのあいだでも、少女時代などのＫ－ＰＯＰがはやっていたので、自分もいい曲だなと思って聞いたりとか、教義の影響もあって、韓国の音楽なので良いものだなって思っていました。

中学に上がってからは、教会の行事が土日にあって、忙しくなりました。バスケットボールの部活をやってたんですけど、土日の部活を欠席しなきゃいけないことが増えて。でも中学って先輩後輩の上下関係がすごく厳しくって、そういうこともきっかけで、またいじめを受けていましたね。自分がサボっているって思われちゃって、ずっと球拾いさせられたり、ということがありました。

◎恋愛をしてはいけない

礼拝とか修練会では、堕落論をとにかく教えられました。恋愛をしちゃいけないっていうことです。祝福2世（信者同士が合同結婚式で出会い生まれた子ども）の場合は、ふつうの人が堕落行為をするよりももっと悪いことだって教えられてきたので、自分自身もそういうことをしたら地獄に行っちゃうのかって、恐怖心もありました。だから、そういう感情が湧いても男の人に近づかないようにしていました。いま思えば権利侵害だなと思いますけど、当時はそうしなきゃいけないのかな、でも好きな気持ちは自然に湧いてくるものだし、と自分のなかですごく葛藤がありましたね、

高校は、滑りどめを受けるお金もないので、とりあえず一発で合格してくれと言われていて、家から近い、偏差値もあまり高くないところに入りました。それで、教会活動に専

念していましたが、教会内に仲のいい子ができていって、その子たちといるほうが学校にいるより楽しいなって自分は思っていました。その子たちに影響されて、自分も熱心に信仰するようになっていって。具体的には教会で、中高生のコンテストだったり、文化祭だったりがあるんですけど、そういうところの個人部門に出てみたりとか、いろいろ挑戦していました。まわりから「すごく信仰的だよね」って言われるような人でした。

高校のあとはいろいろ迷っていました。きょうだいが韓国の統一教会系の大学に行っていたので、自分もそこに行こうかなって、何となくぼんやりと考えているだけで、特に夢とかもなくって。でも当時すごく信仰に熱心だったので、統一教会でされている合同結婚式、「祝福」を受けることは絶対っていう観念があって、それを受けるための修練会に高校生の冬、卒業までの出席日数が少ない期間に参加しました。二一日間でした。それは国内でのことです。

そこで教会のスタッフからセクハラを受けました。最終日に呼びだされて、個室に連れていかれて、肩を抱かれて写真を一緒に撮らされたりだとか、ほっぺたを触られたりとか。それぐらいで終わったんですけど、メールが来ていて、「会いたい」とか、「メールに返信しないと一緒に天国で会えないよ」とか、そういう内容がいろいろと長文で来ました。これは教義に反することをしているんじゃないかっていう恐怖があったので、すごくそれで怖くなって、親とか、同じ修練会の公職者の人に相談したりしました。

それで、その人を別の公職者が見に行ったところ、教本を胸に抱いて、仰向けになって寝て、ぶつぶつおかしなことを言ってたらしいです。それでその人は「霊的になってしまった」んだと説明されました。教会では「霊的になる」ってことをよく言うんです。一般的に言うなら憑かれている、挙動、言動がおかしくなるというような意味だと思うんですけど。それでなぜか、私自身に悪霊が憑いてるから男性からの誘惑が起こるんだって言われ、韓国の修練会に行き除霊をするようにと指示されました。

このセクハラ事件で高校も休みがちになってしまって、卒業式も出られなくなってしまいました。親も、私には悪霊が憑いてるから修練会に行くように勧めてきたので、高校を卒業してから一八歳で韓国の修練会に行きました。お金を払うんですが、教会は修練会の参加費は比較的お金を取りません。四〇日いてたしか一〇万円もしないぐらいで行けたと思います。

◎精神の安定が図れなくなって

その修練会では、朝昼晩一日三回、役事っていう除霊がおこなわれていました。音楽に合わせて歌いながら手拍子したり、体を叩いたりするんです。いっせいに何百人もが集まって、体を叩いて除霊する。それ以外の時間は講義とかびっちり入ってるんですが、そこでは精神が錯乱してしまう信者さんがけっこう出てくるんですよね。若い女の人が、夜、みんなで寝袋敷いて寝ているときにおかしなことを叫びだした場面に遭遇しました。みんなが「霊的になってる」って言って救急車を呼んで、救急車で担ぎこまれる頃には、その人は「うわあっ」て叫んで。

それを目撃した私自身もいつしか不安定になり、精神状態がおかしくなってしまいました。教会への不信やストレスがピークに達して、自分の精神の安定を図れなくなったんだと思うんです。自分の言動が支離滅裂っていうか、自分でも何を言ってるのかぜんぜんわからなくなった時期があります。施設には、霊媒師の中年女性がいて、その人に病院に行きなさいって言われて、救急車が来て、私はなぜかめちゃくちゃ抵抗して、「嫌だ」って、「ぎゃあっ」て叫んだりとかして、そんなこともあって精神病棟に入院しました。

病院で、硬くて狭いベッドにうつ伏せに寝かされて、後ろからぶすっと注射を打たれて、強制的に全身麻酔をかけられて、眠らされていました。牢屋みたいな部屋です。起きた頃には誰もいなくて、ご飯だけは三食いつのまにか置かれていて、動物園かなって。誰もいなくって、自分はどこにいるのか、何をしてるのか、ほかの人はどこにいるのかわからない、すごく不安な状況が続きました。何時間も誰も来なくて、怖くなって人を呼ぼうとするんですけど、ストレスで声が出なくなっちゃうんです。声が出せないからドアを叩いたりして人を呼ぼうとするんですけど、そしたら韓国人の看護師たちが来て、自分を押さえつけてベッドに拘束して、精神安定剤を飲まされて麻酔されて眠らされる、ということが初日から二日目まで続いたと思います。

やっと、医者と思われる人が来て、その人が日本語で話しかけてきたので、こちらも安心したのか、やっとちょっと声が出るようになって、「ここから出たいです」「お願いします」「出してください」って必死で言って。そしたら、相部屋に移してくれました。症状は良くなっていかないんですけど、あの拘束される部屋に絶対に戻りたくないって思って、パニックの症状が出そうになっても必死で隠したり、叫んだり暴れたりしないように自分でトイレにこもったりとかしていました。それで二週間ぐらいして退院できることになりました。

入院中、さっき言った霊媒師の女性に直接、役事（除霊）をしてもらいました。通訳の人もいるんで、個室で三人です。そこで「あなたに従軍慰安婦の霊が憑いてる（から、悪いことが起きてる、病気になってる）」って言われました。それから母親が退院の数日前に、韓国まで迎えに来ました。私にはまだ信仰があったので、修練会に戻りたいって言ったんですが、母親が「もうそんなお金がないの」って言って。でも、その修練会自体は、私は自分のお金で来てたんですよ。だから残りの日数も自分のお金を使って出るから、そんな心配しなくていいと言ったんですけど、母親は「家の生活費が大変だから、あなたの使えるお金はもうゼロなの」と言われました。それで、そのまま日本に帰りました。

◎死にたいと考える毎日

日本に帰ったあとは、鬱のような状態になり、働いたりもしましたが、うまくいかず引きこもることもありました。特に辛かったのがパニック発作で、夜すごい吐き気がしてきて、すごく苦しくて、気持ち悪いのが一時間続いたかと思うと、今度は体が震えだして、涙が止まらなくなって。それまで自分の体で起きたことがないようなことがあって、このまま死ぬんじゃないかっていう恐怖に襲われて、息も吸いづらくなったんです。めちゃくちゃ怖くなって、母親に、「助けて、救急車呼んで、お願い」って言って、救急車が来るんですけど、病院に着いたらあんまり症状が出てなくって、ほとんど治った感じになっている。そういうパニック症状が何度か現れました。

教会に対しても疑問や不信感が積もるようになって、「もう抜けたい」って自分は思ってたんですけど、それでも抜けることって経済的にもすごく大変だし、家を出なきゃいけなくなる。自分は親にネグレクトを受けてきたわけじゃないし、良くしてもらったところもちゃんとあるし、親のことをまだ信じたいって思ってたんですよね。なのですぐに脱会するということではなかったんです。でも、そうやって苦しんでいる私については、母は私の妹に愚痴っていて、それを知ってすごくショックを受けました。自分が信じていた親に裏切られたっていうことがショックすぎて。そのときに死にたいなって思ったんです。

ほんとうに毎日死にたいって考えてたんですけど、でも死んでも親や教会には都合の良いように解釈されてしまう。「霊界で活躍してる」とか「神様の試練を越えられなかった」とか、好き勝手言われるんだろうなと。自分がいま死んだところで、親って、自分が何を思って死にたかったかとか、ぜんぜん気付いてくれないんだろうなと考えると腹が立って。なので死ぬんじゃなくて、取りあえずこんな家、早く出ようと思いました。これ以上いたらほんとうにおかしくなるって考えたんです。それでバイトを細々とやって、お金を貯めて、やっと家を出ました、たしか二〇歳くらいのときです。保証人のいらない安いアパートを探して。

◎**マイナスからのスタート**

それから、じゃあゼロからスタートして良くなったかっていうと、まったくそういうわけではありませんでした。いままで自分が二〇年間教えられてきたことが、もうずっと頭にも心にも染みついちゃってて、ゼロからじゃなくてマイナスからのスタートなんです。症状もぜんぜん良くならないし、またパニック発作みたいなのが出て、そのときにもう一回入院もしているんですよね。体の震えがもっとひどくなってて、痙攣してる状態が続いて、これは絶対に何かおかしいんじゃないか、病気なんじゃないかと思って、神経科に入院させてもらいました。そこで心電図を撮ったり、てんかんの発作なのかとか、いろいろと調べてもらったんですけど、特に異常がなくて。

その病院に勧められて行った精神科で精神安定剤とかを服用したら結構症状が落ちついたので、自分のこれって精神的な病気だったんだと気づきました。でも、自分はこれから精神科に通うことになり、完全に病気の人として生きてくんだなってわかって、ほんとうにつらくて死にたくなりました。

そこで自分は親に向けて手紙を書いたりして、実際に死のうかなと思ってたんですけど、「手紙書いても、この文章を親が読んでも、教会の考えに従って都合よく解釈するだけだろうな」とか、「自分の問題として向きあってくれることはないんだろうな」と考えると腹が立ってきて、何としても死にたくないと思いなおしました。

それから心理学の本を読んだり、自殺したいと思っていた人の話をネットでいろいろ読んで、パニック障害についても調べて、具体的に何が起こっているのかを理性的に考えるほうが、自分にはすごく合っていたことを実感して、そこから症状は良くなっていきました。いまだに自律神経が悪く、たまに吐き気がしたり、めまいがあったりというのは残ってるんですけど、パニックの症状はだいぶなくなりました。脱会してから六年たっていますが、洗脳とか、恐怖信仰のようなものも、いまはほぼありません。ただ、四年間ぐらいは症状がまだ出たりして苦しんできた時期があって、やっぱり簡単に解決できることじゃなかったし、すごく苦しかったなっていう思い出です。

そういう経緯で結局祝福は受けず、つまり合同結婚式には出ませんでした。二〇歳で脱会して二年目にいまの夫と出会って、去年、結婚しました。夫は統一教会に関係がなくて、好きな女性アーティストが一緒で、そのかたのライブに行ってるときに、ファン同士で飲み会とかご飯とかに行ったりがあって、知りあいました。

今回の狙撃事件があってからは、山上容疑者のつらかった過去とか、家族が破産してしまった、高額献金・霊感商法があったということなどを、私の親はいっさい認めずに、「じつはスナイパーが撃った」とか、共産党の目論みだとか、そういう陰謀論を信じています。それで親に対してかなり失望しました。自分を悩ませてきた人たちって、こんな人たちなんだ、こんなに理解できない人たちだったんだと思って、事件以降はあまり連絡を取らないようにしました。今後も距離を置きたいと思っています。

◎被害者をもう出したくない

マスメディアに初めて出たのは事件の直後、朝の情報番組が最初で、顔も出さずに声も変えてもらっていました。自分の経験をツイートしたら思いの外いろんな方に見てもらえて、そういうきっかけで声がかかったんです。そのあと毎日放送（ＭＢＳ）の『よんチャンＴＶ』に出ました。担当のかたを信頼して、そのときは顔出しで出ました。そしたらたくさんのかたから反響をいただきました。出ることにはとても抵抗がありましたが、これだけ多くのかたにこの問題への関心を持っていただけて、良かったと思っています。

自分は被害者をもう出したくない、出さないでほしいって思っています。そのためには絶対法律を作るしかないと、自分は確信しています。最終的なゴールは、団体を規制、解散させるところまでいかないと、絶対この問題は解決しないし終わらないと、当事者の肌感覚でわかっています。なのでゴールは、日本における反セクト法のようなものですが、いきなり新しい法を作るのは高いハードルがあります。それで、いま高額献金規制を訴えたりしています（２０２２年12月10日、通称被害者救済法案が成立）。

献金の問題だけでなく、宗教による子どもへの権利侵害、児童虐待なども、同じような思いを後世に残したくないので、訴えていきたいです。

私は、宗教を信じることや、何かを信じたいと思う気持ちは自由だと思います。しかし、カルト的な宗教、人に迷惑をかける、家族を崩壊に追いこんでしまうような、人をだます悪質な団体が存在することは絶対にまちがいだと思っています。この国から、そういった悪質な団体を規制する法律を国に作ってもらえるよう訴えたいです。

スクールカウンセラーとして、いまは2世たちの苦しみに寄りそいたい

マリコ——エホバの証人

◎外国語が好きなふたりの出会いから

私はひとりっ子です。父は学校の先生で、公務員をしておりました。母が専業主婦で家にいるんですけれども、私が二歳ぐらいのときに本格的にエホバの証人で聖書の勉強を始めたので、私にも物心ついた時には司会者（聖書を一対一で教えてくれる先輩のような相手）がついていましたし、それ以外にも母と集会の予習をして、一緒に集会に行って勉強していたという感じです。

母がエホバの証人の存在を知ったのは大学生の頃だったそうです。母の大学の同級生のお友だちがエホバの証人と聖書の勉強を始め、その人にエホバの証人の雑誌、『ものみの塔』とか、『目ざめよ！』とかを、母は渡されて読んでいたのです。そのお友だちとの緩やかな、雑誌だけ渡されて読むっていう交流がずっと続いていて、おとなになり、社会人になり、結婚して子どもが生まれたタイミングで、いよいよ本格的に勉強してみませんかということになったみたいです。そのあいだに、そのお友だちは先にエホバの証人に入信して

いました。

母自身、聖書とかシスターとか、そういうキリスト教っぽいものがかっこいいな、という意識があったのではないかと思います。また、「なんで生きてるんだろう?」みたいなことは大学生ながらに考えていたところもあって、そこにエホバの証人の教えがカチッとはまったのではないでしょうか。母とそのお友だちも、二人が出会ったのが、じつは外語大なんですよ。なので外国語が好きな、外国志向の女子大生二人が聖書にはまっていったということをイメージしていただいたら、母たちがエホバの証人に取り込まれていった経緯が何となくつかめるんじゃないでしょうか。

母はたぶん、エホバの証人でなかったら、教育ママだったんだろうなと思うタイプです。わりと厳しかったので、何か悪いことをしたらお尻をたたかれるという、エホバの証人の定番の生活をしておりました。

ムチ、つまり道具でお尻をたたかれるのはどんな時かと言いますと、まず母が思う「悪いこと」をしたときに、母が指を一本立てるんですね。二回目のご注意を聞かなければ二本目、我が家では、指が三本たまったら、つまり三回目のご注意を受けたらお尻をたたかれるというシステムになっていました。三回目の指が立った後に、私のほうから「お願いします」と言って、お尻を差しだしてたたかれて、「ありがとうございました」と言って終了しなきゃいけないっていうルールがあり、それはずっと染みついていました。もう幼稚園に入る前からです。

エホバの証人の集会が週に三回あったんですけど、必ず連れていかれていました。そのために聖書の予習をして、毎回必ず手を挙げて、マイクを持ってこられて、私が聖書について「注解」をして褒められるということもずっとしていました。「聖書の勉強バージョン」の教育ママだったんじゃないかなと思います。

私も母の期待に応える良い子だったので、幼稚園児の頃には神権宣教学校というものにデビューしまして、前でマイクを持って自分で作った聖書のお話を、年上のおばさん姉妹とお話しするみたいなことを始めていました。小学校一年生のときには、伝道者という資格も得て、家から家にエホバの証人として回って行くのには資格が要るんですけれども、それをやりに行く資格を得て、小学校五年生のときにはバプテスマ（洗礼）を受けました。そのように励んでいたので、エホバの証人を抜ける二〇歳ぐらいまではその生活が続きました。

◎真剣に信じていた存在

私の場合は、まったくもって真剣にエホバという存在を信じていましたし、ハルマゲドンというものが来ると思っていました。自分は正しいことをしているんだと思っていましたし、迫害を受けるのもエホバが正しいからだと思っていたので、ほんとうは足が震えるような恐怖や、嫌な気持ちなどは味わっているのに、これは名誉なことなんだと自分で思っていました。学校の先生にも毎回、クリスマスはこういう事情でしませんとか、学級委員の選挙はこういう事情でしませんとか、わざわざ聖書を開いて証言しに行くことをやって、私は頑張っている、偉いって自分で思っていました。そういう自分にまったく疑問をもっていなかったです。でも、なぜかそれだけ熱心に教えてくれている母のことが大嫌いで、意識の面でも折り合いが悪くて、仲は悪かったです。

エホバの証人の子どもって、すごく言うことを聞くようにしつけられているので、とにかくいい子なんですね。ほんとうに恵まれていたことなんですけれども、私はお勉強がわりとできましたし、校則もすごく守るし、誰も履いてない白い靴下を履いて——当時、黒いソックスなんかがはやっていたんですけど——、ひとりで校則を守ってる、ダサくて真面目なガリ勉ちゃんという様相でした。だから学校の先生にはどちらかというと、ちやほやされたり、大事にされたりするほうで、いじめられたりとかも、私の記憶ではなかったです。ただ、嫌なこと言ってる人はいたような気持ちがどこかであるので、私が、そういういじめてくる人の存在を意識の外へ排除していただけかもしれません。

さっき迫害という言葉を使ったのは、そんなに恵まれた生活を送っているにもかかわらず、エホバの証人は迫害されるものという意識があったんです。第二次世界大戦のナチスドイツの侵攻で、ユダヤ人と一緒にエホバの証人は迫害されたんだとか、エホバを信じている人が石打ちにされているとか、そういう話や挿絵を『ものみの塔』とか『目ざめよ！』でたくさん読んだり見たりしていたので、もし嫌なことがあっても、これはエホバの証人だからで、私が正しいからだっていう意識がずっと根っこにありました。

◎子どもも心にも傷ついていた

いじめは体験しませんでしたが、中学生の頃、クラスの何かのイベントに――「お化け屋敷」とかそういうものだったと思うのですが――、私がクラス全員の前で参加しないって言ったときに、へんな空気になったことがありました。そのときに、ちょっと好きだった男の子が、「おまえ、エホバの証人ってやつやろ」とぽそっと言いに来て、「なんか、お母さんが言ってた」って言われたことだけは、すごく心に残ってます。

戸別訪問で、友だちの家に当たってしまったことは、何回かありました。ただ私のメンタルは、エホバの名誉のためにやっていて、これは必要なことだって思いこんでいるものですから、「きょうは、聖書のボランティアで来ました。何組のマリコです」って、率先してやりにいくほうでしたね。同級生からしたら、すごくおかしなやつだったと思います。

知らない人の家に行くなかでは、子どもだということで優しくしてくれる人もいますけれども、やっぱり嫌なものは嫌ですからはっきり断られるかたは多くて、「うちの玄関の前で何してるんですか！」って言われたりとか、訪問販売が来たときに皆さん見せるような反応をたくさん示されました。それなりに子ども心に傷ついていたんですけれども、エホバのために正しいことをしてるからこういう目に遭うんだと、自分では思いこんでいました。これが迫害の印象に結びついているのかもしれません。

小学校一年生で伝道者になってから、私としては、早くバプテスマを受けたい、つまり正式に入信したい、と思っていました。父は車で送り迎えをしてくれる程度の協力的な非信者なんですけれども、父が唯一、私に許してくれなかったのが、輸血しませんっていうカードを持つことなんですね。エホバの証人は輸血をしないので、交通事故などで意識不明になったときに勝手に輸血されないためにその意思表示のカードを肌身離さず持っているんです。私はそれも持ちたかったけれど、父がそれはさすがになかなか許してくれなくて、私が何回も持ちたい、これが要るんだということを訴えて、父もようやく許してくれた。たぶん、そのあとがバプテスマだったと思うんです。それを持っていないとバプテスマには至れないので。小学校五年生でバプテスマを受けるとなったときは、ほんとうにうれしかったですし、試験みたいなのがあるんですけど、その本をめっちゃ予習して、完璧に答えてやろうぐらいの勢いで臨んでいましたね。

本人としてはたぶん、幸せだったという気持ちが意識のなかにはあるんですけれども、いま考えてみると、小学校四年生ぐらいから、私はもうすでに不眠症みたいになっていたんだと思います。あと怖いものが幾つかあって、夜の闇が怖かったりとか、救急車が鳴ると、私を迎えに来たんだと思って怖くなったりとか。しかも、私の空想のなかでは、私はどこも悪くないんだけど、救急車が訪問先の家を間違えてやってきて、間違えて乗せられて連れていかれて、どこも悪くないのに体を切り裂かれて、手術みたいなのをされる。そういうファンタジーが私の中心にあって、ほんとうに救急車の音が怖かった。

臨床心理士になったいまとしては、それは心理的虐待を受けた子どもが示す様相で、神経に異常を来たしはじめていたんだなというふうに思います。でも、当時はなんにも思わず、意識上では幸せにエホバの証人をやっていました。

◎友だちにも勧誘をはじめて

中学校に入ると、それまで仲が良かった子たちとクラスが離れてしまいました。ひとりになったんですけれども、やっぱり普通に聖書を持って先生のところに行って、これこれのイベントはしません、聖書にこのように書いてあります、みたいなことはずっとやりつづけていました。

友だちにも勧誘を始めてましたね。いまからすると、すごく迷惑ですけど。仲良くしてくれてる女の子のひとりが、集会に付きあってくれたことがありました。その子が来たとき、二時間も座ってるの、すごくしんどそうにして暇だったので、途中で椅子から立ちあがってみたり、床に座ってみたりして苦しそうにしてたのをいまも覚えていて、ほんとうに申し訳ないことをしたなと思いますね。

中学校のときに、何かのきっかけで宝塚を見て、演劇が好きだなと思いました。宝塚は、ときどき観に連れていってもらっていました。それから、背が高かったら宝塚に入りたい、みたいなことを言ってるグループと仲良くしていて、私は背も足りないですけど、エホバの証人じゃなかったら演劇とか目指せるのになって気持ちが、おそらくそのとき初めてちょっと芽生えてたと思います。それをやってしまうと、伝道ができないので、エホバのためにならないのでできないな、と思いながら諦めていました。エホバの証人のジェンダー不平等な教えや同性愛差別の教義に、無意識のうちにうっすら疑問を持ちはじめていたのは、きっとその頃だと思います。

よくよく考えると、たぶん、ほんとうは目立ちたがり屋だったので、そういう舞台に出てみたいなって気持ちがどこかにあって、高校一年生のときに、演劇部の子たちが練習してるのを遠くから眺めて、うらやましいなって思っていたことは覚えてます。せめて、部活だけでも演劇ができたらなってちょっと思ったんですけど、でも私はエホバのために伝道しなきゃいけない、人々を救うために伝道するんだと思っていたので、そんなことをしている場合じゃないと思って、気持ちを抑えていました。部活は必須だったので、週に一回ぐらいある茶道部に入ってたんですけど、部活も自分の好きなものではなくて、エホバの証人の活動の邪魔にならないものから選んだのは覚えています。

◎たまたま勉強がよくできたために

母親から勉強しろって言われたことは一回もないです。その代わりに、小学校高学年ぐらいから、私が将来何になるか、どんな道を選んだらエホバが喜ぶのかということを母と一緒に考えて、私が「開拓者になりたい」とか、「ベテル奉仕者になりたい」みたいなことを言うと、母が「開拓者になったらいっぱい奉仕するから、週に二日とか三日、お仕事して、あとは奉仕をするよね」と答えて。二日や三日しか世の仕事をしないためには、そこで生計を成りたたせるための稼ぎを得なきゃいけない。そのためには、何を身に付けておこうか、と思案して母に教育を受けていました。当時、高等教育は勧められていなかったものの、専門学校は場合によっては行ってもいいという空気が少し流れていたので、小学校高学年ぐらいのときは、動物好きだったこともあり、トリマーさんになって、週に二、三日働いて生計を立てるつもりになっていました。

ただ、私がたまたま勉強がよくできたものですから、母ももったいないと心の奥底では思ったんでしょうね。もっと能率の良い、週に一日、二日働いただけで稼げるようなお仕事に就くための資格を得たほうがいいかもしれない、というふうに教育方針が変わって、薬学部に行くことになりました。「あなたは勉強ができるし、薬剤師さんがいちばん、女性がアルバイトで稼げる仕事だから、それをめざしたらいっぱい奉仕ができるんじゃない?」と母に言われて、中学二年生ぐらいからは薬学部をめざしはじめました。

いま思うのは、私が勉強できたのも、きっとそれが唯一の逃亡経路だったからだと思います。勉強は、やったらやっただけ点数という見える形の成果が出ました。部活や様々な遊びを禁じられていた私にとって、エホバの証人の活動以外で、自分の能力を試すとか頑張るとか、親に咎められずにそういうことができたのは勉強だけだったんです。

推薦で行ける高校があって、そこに推薦してもらえたので、そのままそこに入って地域で唯一の理数科を選びました。薬剤師さんになって、エホバの証人の活動をするんだと思って。親は私を家から出すと、どんな悪いことが起こるかわからないので、出したくない。でも薬学部には行かせたい。そして、なおかつ金銭的な事情で国公立に行かせたいと思ったんですね。これはたぶん、母のエホバの証人としての思いと、父のわりと教育的な思いと、そういうものが絡みあってそういうことになってたんだと、いまでは思います。

◎好きな男の子ができても

そんなわけで高校一年生のときに、日本でも一、二を争うめちゃめちゃ難しい国公立大学の薬学部を志望校に選びました。家から通える範囲にあって、二次試験の入試科目に私の得意な国語があるのがそこだったんです。多少、勉強をするために時間を割いてもいいということになりました。伝道ばっかり行くのではなくて、ひいてはエホバの栄光になることだからという、こねくり回した論理で。

高校も朝、ゼロ時間目からあるので、母に送迎してもらったりしながら高校行って、めちゃめちゃ勉強して、集会は全部きっちり、回数は減らしたけれども伝道にも行ってという生活をしていたので、ほんとうにすごく忙しかったですし、つねに何かに追われるような気持ちで焦っていました。その大学のその薬学部に行くためには、どうしてもめちゃめちゃ勉強しなきゃいけなかったんですけど、実力がそこまではなかったので、いつも焦ってました。焦燥感ですね。でも、すべてはエホバのためにっていうごまかしは入ってました。

高校時代、やっぱり年頃なので、どうしても恋をしたりはするんですよね。ひとり、とても好いてくれてた男の子がいて、何回も交際を断ってたんですね。私はエホバの証人なのでって、事情もちゃんと説明してました。

その後、二年生か三年生のときに、私が好きな男の子ができました。人に好かれてるときは、私はエホバの証人だからってすぱーんと断ったくせに、自分が好きになるとそうは割りきれない。「私はエホバの証人なのに、世の男の子を好きになって困った」という事態に陥ったのです。そのときは、しれっと何でもない顔をしてその男の子に伝道して、集会に連れて行って、エホバの証人にしようとするっていう、非常に面倒くさいことをしていました。集会では、ふたりとも裏側には恋愛感情がある、けれどそれを表には出さないっていう、非常に面倒くさいことをやっていました。お母さんに怒られたら困るので、怒られるようなトラブルにまでは、発展させませんでした。相手は、そのうち来なくなって自然消滅。無責任なことをやっていたと思います。人の人生を、もしかしたら左右してしまったかもしれない恐ろしいことなんですけども。

ちなみに高校生の頃にもムチはされていたように思います。あんまり記憶にないですけれど。成人してからは、さすがにそれはなくなりました。

◎四国の国立大学に入学

大学は、めちゃめちゃ行きたかった、日本でも有数の大学には合格できませんでした。とても悔しかったです。いまからするとわかるんですが、ちょっと変わった人が多いことで有名な大学なので、もしかしたら、その大学は、私にとって自由のシンボルだったのかもしれないです。

いまでも、その大学の薬学部じゃないもう少し偏差値の低い他の学部にしたいって言ってたら、そしてそれが叶っていたら、エホバの証人を離脱するタイミングがもう少し早まったんじゃないかなと思うんです。そんなことは、つまり薬学部以外を目指すことは許されないし、世の栄光を求めること、つまり難しい大学を勉強するためだけにめざすということも許されないので、言いだすこともできず、結局その大学の薬学部には落ちまして、後期試験で四国の国立大学の薬学部に行くことになりました。

母も、自分をいろいろごまかして言い訳したんだと思います。エホバの証人が、学校教育のために子どもを家から出すのって、たぶんNGなことだと思うんですが、その地域に知り合いの姉妹（女性の信者仲間）がいるから、行っていいことにしていました。

行く前に長老（地域グループの指導者）に呼びだされて、家から出るっていうことが、どれだけほんとうはダメなことかってこんこんと説教されて、その上で四国に行ってもちゃんとエホバの証人として頑張りなさいよと言われました。

◎大学を辞めるまで

四国でも現地の会衆に連絡を取って、エホバの証人のお世話好きな兄弟が住む所を探すところから向こうの不動産屋を一緒に回ってくれたりとかして。だから、初めて行ったその日から、そっちのエホバの証人たちにいっぱいあいさつをして、仲間に入ったんです。だから、地元から四国のエホバの証人コミュニティへ移動したぐらいの感覚しかなかったですね。

サークルなんか入りませんし、アルバイトも禁止されていて、「アルバイトするぐらいだったら、おうちからお金を送るから、あなたは伝道して、ちゃんと勉強をしなさい」というふうに親に言われてました。なので、いっぱい伝道してました。

そんなある日、二〇歳のときに、体が動かなくなりました。めまいがして、たぶん眠れてなかったんです。夏休みに帰省したときに、親もちょっとおかしいなって気がついていたらしいんですけど、夜、まったく寝られなくなって。心持ちがまだ子どもなので、食事もじょうずに作れてなかったですから、食べるものも豆苗《とうみょう》と卵ばっかり食べているとか。

それである日、世界がぐるっと回るように見えて、体が動かなくなりました。伝道には行けなくなりましたし、集会もよっぽど調子がいい日しか行けなくなりました。ついでに、私の誇りというか命綱だった大学にも行けなくなりました。強制的に体がシャットダウンになったんです。慌てた母がやって来て、周りが全員エホバの証人というアパートの一室に引っ越すことになって、母とふたり暮らしになりました。

ほんとうに動けなかったので、大学は休学することになりました。どうしてそうなるのか自分ではさっぱり分からなくて。勉強もしたいし、大学も行きたいし、楽しんでもいるのに、なんで体がこんなに動かなくて、こんなに気持ちが悪くて、頭が割れるように痛いんだろうって。それで、ずっと死にたかったんですね。

夜中にいっぱい薬を飲んで、オーバードーズみたいなことをしてました。上のフロアに住んでる若い姉妹に助けてってメールして、その姉妹が来て吐かせてくれたりとか、まわりの人たちにしばらく迷惑をかけて、結局、大学は辞めることになりました。

◎大学院で心理学を学ぶ

大学を辞めて何もしないわけにいかないので、アルバイトを始めました。当時、ほんとうに病人というか、状態が普通でなかったので、誰も私に何も言わなくて、アルバイトはさせてもらえたんですけど、その職場で好きな男の人ができたりしました。

母とはずっと折りあいが悪かったので、よくけんかしたりしてましたが、好きな男の人がいることも隠しきれなくなって。自分ではエホバに悪いことをしてるなっていう罪悪感を持ちながら、家出を繰りかえしたりしてるうちに、なんとなく集会にも行かなくなりました。どこかでは、ずっと集会に戻ろうって思ってたんですけど、悪いことをしてる意識もあったし、戻れなくてさまよいでたという感じですね。

その男の人と付きあっている途中で私、何回か自殺未遂を本格的にやらかして、精神科に入院もしてるんです。やっぱり病院にいるときに、こちらからエホバの証人の話ってできないんですよね。精神科の主治医にも、心理士の先生にも。

それでもなにかのタイミングで、お医者さんとそういう話になって、私に「信仰はそれぞれ自由だけど、でもお母さんにとってエホバは君をコントロールするために大事な道具だったんだよ」みたいなことをぼそっとおっしゃったことがあって、そこで私のガチガチなエホバの証人フォームにひびが入ったんです。そうかもしれないって、そのとき初めて思いました。

退院して、その男の人と付きあったりしながら、ほかの福祉系の仕事もしていたんですけれども、結局、ほんとうに信仰心がなくなったのは、大学院に行って臨床心理学を学ぼうと思った頃でした。そのタイミングで男の人との関係を母が長老たちに報告して、男性の長老二人に性交渉のことをすべて説明するように強要され、排斥という処分を受けました。そのうち、片方の長老は、私が子どもの頃から知っている人でした。排斥を受けたら、この人はエホバの証人にとって有害な人です、という扱いになるので、口をきいてもいけないし、あいさつをしてもいけない。家族であっても、必要最低限の用事があるときはしゃべっても良いらしいんですけど、それ以外は口をきいてはいけないことになっていますので、とても大変なルールだと思います。ちなみに、明確な決まりはないんですが、排斥されても何年間か反省した態度を示しつづけたら、いつかは許してもらえるらしいです。そのことも排斥の時に説明を受けて、だから頑張ってねと、長老二人に言われました。

私は排斥されても、許してもらおうと思って集会に頑張って行ってたんですけど、そうすると私だけみんなと違うところに席を用意されて、しかも全員に無視されるんです。こんなに私が人生をささげて頑張ってきたのに、無視されるって小学生のいじめかなと思って、腹も立つし、何か幻滅したような気持ちにもなるしで。

◎私をコントロールする道具だった

あるとき、無視されながら集会に行くのをやめて、ニーチェの考えを紹介している本を読みました。エホバの証人は「世の知恵」を取りいれてはならないと言って、哲学は禁忌なんですけれども、初めてここで哲学に触れました。原田まりるさんの『ニーチェが京都にやってきて17歳の私に哲学のこと教えてくれた。』という本を本屋さんで見かけて、表紙が可愛かったので立ち読みしたら止まらなくなったんです。ほかにもニーチェ本人の著作『アンチクリスト』を読みました。ニーチェは「祝福できないならば呪うことを学べ」みたいなことを言っていて、「奴隷道徳」や「ルサンチマン」のことを知り、絶対に善だと思っていたことすら「誰かの都合で決められたのかもしれない」ということに気づきました。

そう、精神科のお医者さんが言ったのと同じです。宗教は母にとって、私をコントロールするための道具だった。その気づきと似ていますね。ニーチェは、キリスト教は政府が庶民をコントロールするための道具だったと言っています。その発想の転換がきっかけで、エホバの証人は真実でないかもしれない。そう考えれば、エホバの証人が男尊女卑であることとか、同性愛を禁止していることとか、すべて納得がいくし、私はそれに納得していない、しなくていいということに気がつきました。私の思考に揺さぶりがかかったんです。ちなみにこの頃、ラーゲルクヴィストの『巫女』を読んだり、アニメの『幼女戦記』を見たりしても罪悪感を感じなくなりましたし、むしろああやって神を呪っていくこと、神への不信感を堂々と提示して良いということを文学や物語に肯定してもらって、その考え方をどんどん吸収しました。

それで、結局は「辞めます」っていうことを母に伝えて、脱会しました。辞めましたっていうか、排斥は喰《くら》ってたんで、そもそも私の籍はもうなくなってはいたんですけど、本格的に辞めたのはそのタイミングです。三〇を過ぎたあたりです。

じつは大学を辞めたあとに通信制の大学に通った時期があり、精神保健福祉士の資格が取れるコースで、心の福祉について勉強をしました。このときお金を出してくれて、行っていいよって言ってくれる父がいたことがありがたいです。そのあと数年、精神保健福祉士として働いて、排斥を喰らって、付きあっていた男の人とはうまく行かなくなり、働きながら今度は自分のお金で大学院に通って、公認心理師と臨床心理士の試験を受けて、合格しました。資格を自分に貼りつけていくしか、生きていく方法がなかったんです。昔、勉強することで自由を求めていたように。

大学院で、すごく記憶に残っていることを話させてください。

大学院では、カウンセラーになるために、いろんなロールプレイをします。そのなかで、入学してすぐくらいに、院生が子どもの役になってプレイセラピーを体験するというものがあったんですね。みんなが知りあいの子どもなどを演じるなか、私は、誰にも言いませんでしたが、こっそり、特に役作りなどせずに、小四の頃の私、先ほどお話しした夜眠れなくて怖くて仕方なかった私を演じました。私としては、特に何も思わず、普通の子を演じたつもりでした。ほんの一五分くらいのロールプレイで、内容もおもちゃのあるお部屋で過ごしていただけです。でも私の「小四少女」を見た先生が、「私だったらあの子は心理的虐待を受けているんじゃないかと思う」とおっしゃったんです。その理由、「こういう様子がその根拠」ということも詳細に教えてくれました。そして、妙に納得したのを覚えています。ああ、私の体験は、虐待と定義されても良いものだったんだと。

あんなに生きづらかった私が、いまではスクールカウンセラーをやっています。

◎それぞれの地獄を生きている

母に関しては、エホバの証人の世界が救いだったんだと思いますが、それに私を巻きこまないでほしかったし、エホバの証人でない自分の人生があったとしたら、どんなだったんだろうと考えるととても悲しい、ということを母には知っていてほしいと思います。でもいま母にエホバの証人を辞められたら、私の人生が無駄になってしまう。本音を言うと、もう死ぬまでやっていてほしいです。だって辞められたら、彼女が間違いを認めたら、私が可能性をぜんぶ潰されたことが、ほんとうにただの過ちになってしまう。それは堪えがたい苦痛です。教団に対しては、じょうずにいろんなことを隠して、まだまだ私が知らない、あるいは気づいていない悪いこともしてるんだろうなと思います。それに対しては、腹が立つというよりも、ほんとうにうまいな、巧妙だなと思いますね。

山上容疑者のことは、擁護するわけじゃないけど、気の毒だと思います。どんな思いで、安倍元総理を殺してしまう瞬間まで生きてきて、その瞬間どんな気持ちだったのか、いまそれをしてしまって、どんな気持ちでいるんだろうと、彼のことを思うと、重苦しいものが込みあげてきます。ただ彼の周りの人も、彼の母を含めて、それぞれに背負っているものがあって、それぞれの地獄で生きているんだろうとも思います。

政治と宗教があのように結びついてしまう世間のあり方は致し方ないのか、それとも、ほんとうにクリーンにできるのか、あるいは世の中そうやってごまかしごまかし進んでいくのか。いま一度、日本のみんなできちんと考えたほうがいいんだけれども、なんだかそんなふうにはならなくて、わかりやすく危険だと思われた統一教会だけを追いだして、金銭を要求したりする宗教だけを禁止して、心を傷つけて魂を殺していく他の宗教には触れずに、臭いものにふたをして、はい、終わりっていう形に決着が付いてしまうのではないか。そのことを、いちばん憂慮しています。

◎専門家たちへの啓発が必要

だからこそ、スクールカウンセラーとしてできることとして、2世の子が来たら真剣に、一人ひとりのその苦しみに寄りそっていきたい。自分が2世ということは公表していないので、子どもの不調を抱える何かの信者である親御さんが来たら、それこそ私が母を救おうとしていないことの贖罪も兼ねて、その信者である親御さんに寄りそいたい。信者にならざるを得なかった苦しみや、一人ひとりの地獄に寄りそって、その地獄から出てくるお手伝いができればと思っています。それがひいては2世を救うことにもなりますし。

それから自分にできることとして、心理士たちに、宗教2世が苦しいっていうことを、啓発していきたいですね。心理士って、私が精神科に入院したときのように、宗教2世に出会う可能性が高い職種だと思うんです。でも2世側が、自分の体験を言ってもわからないだろうとか、あるいは私のように特別なことだとは思ってなくて言わないとかで、2世に出会っていても心理士も医師も気づかないことがある。今回注目が一気に集まりましたが、いままではあまり知られていなかったですし、臨床心理士の事例検討会とか勉強会とかで、たまに宗教2世の事例が出てきても、心理の先生たちもけっこう頓珍漢なことを言っていたりする。私たち心理士は、クライエントがはまっているゲームとかあったら、その人の世界を知るために、それなりに興味を持って調べたりするのだけれど、こと宗教になると、全然調べなかったり表面だけなぞったりで。それぞれの宗教について「そんなことも知らなくてクライエントの話、聞いてましたか?」みたいなことがあったり、ぜんぜん違うことを言ってたりして、私は一当事者として腹が立つことがわりとあります。

やっぱり、専門家のみなさんへの啓発が必要で、アルコール依存症の親とか、統合失調症の親とか、そういう親を持つ子たちについての理解がいままで進んできたように、宗教2世ってこういう感じで育って、こういうことがしんどいんだよっていうことについての理解を求めていく啓発活動をしていきたいと思っています。

マインドコントロールは残っていて、いまでも人が怖い

もふもふうさぎ　——崇教眞光

◎自分が生まれる前に母は入信していた

眞光では、先祖や自分の過去世で犯した罪や穢れを消すために病気・貧困・争い・災害という不幸な現象が起きてると教えています。三日間の初級研修を受講することで、初めて御み霊《おたま》を拝受でき、これを首に掛けることで、人類で初めて一般人が手かざしという、神様の光を手から出すことが許されるとされています。手かざしやお導き（勧誘）によって人を救っていき、奉納することで、過去世の罪や汚れを消していくという、それが眞光の教えです。

母が入信したのが僕が生まれる前、一九七四年です。僕の母自身も家庭環境がかなりややこしかったので、家を出るため専門学校に行って、そのときの先輩からお導きされたのが、眞光に入信したきっかけです。入信したあと、家族全員を眞光の組み手（信者）にして、眞光の御神体を家に御奉斎しました。それが僕の生まれる二年前だったと思います。

父は元暴力団員です。僕の母とお見合いしたとき、もう素行の悪さを母に気づかれてま

したが、父が眞光に入信したのがきっかけで結婚したそうです。結婚してから、特に日本がデフレ不況に陥って、職場環境が悪化してから父の素行はどんどん酷くなり、酒乱で包丁を振りまわすようになりました。父親は発達障害気味で、職場でも人間関係をちゃんと結べないいんですが、デフレ不況放置による弱者切り捨ての被害者だったとも言えます。

父は一〇代の頃に大工の棟梁宅に丁稚奉公していたんですけど、奉公先を飛びだして東京に出て、そこで暴力団に拾われたそうです。原付の免許を取る必要が出て、実家の町役場へ住民票を送ってくれるよう連絡すると、自分に捜索願が出てることがわかり、役場から実家に連絡が行って、家族から自分の父が余命少しだと連絡があり、実家に戻ってきたそうです。

父は自分のことを大袈裟に言う傾向があるため、どこまでほんとうかはわかりませんが、結婚後もいろいろな職業を数ヶ月ごとに転々としていましたね。トラックの運転手とか、工場勤務とかで定職には就いてなかったですし、溜まったストレスを家族にぶつけるような人でした。それから助かりたくて、みんな眞光にしがみつく、という家庭でした。

僕も中学生の頃、母に「離婚してくれ」とお願いしたことがありますが、眞光では離婚は罪を積むと教えているため、離婚したくてもできない組み手が多数いるのです。

◎対人恐怖症に悩まされる

僕が生まれたのは一九八四年で、姉と妹がいます。途中までは、ほかの子どもたちとたいして変わらない生活を送っていましたが、五歳の頃、幼稚園に行っているとき、園内で豆まきの行事がありました。先生が園児に「みんな、豆まきした？」って言って、みんながしたって言うなかで、僕だけやってないって答えでした。眞光では、豆まきは神様を呪うための呪術ということで厳しく禁止されていました。ですから、豆まきをやったことなかったんです。僕だけ豆まきしてないって言ったら、ほかの子から「きみの所に鬼来るよ」って言われて泣きそうになったのを、いまでも覚えています。そのとき初めて、よその子と僕の家はぜんぜん違うんだということに気づいてしまって、それからまわりの子たちと付きあいづらくなりました。それが、僕が対人恐怖症を発症するきっかけとなりました。

あと、僕の家は親が風呂に入らないんです。毎月一回の御神体のお掃除、御奉斎と言いますが、それをするときしか風呂に入らない。眞光では風呂に入るなという教えはありません。だから、僕の家は毒親とカルト宗教の両方合わさった家だと考えてもらったほうが良いです。

小学校の頃になると、周囲の人が毎日風呂に入るのに気づいて、僕は不潔だと周囲から気持ち悪がられました。僕としては風呂に入らないのが当たり前になっていたから、周囲が綺麗すぎるんだと、むしろ反発してたくらいなんですけど。

一〇歳で御み霊を拝受して、眞光の組み手になりましたが、子どもの頃から精神的に病んで無気力状態だったので、親に叩かれながら、いやいや教団活動に参加していました。特に、「恢弘活動」という一軒一軒訪問して『陽光ライフ』という崇教眞光の新聞を渡したりとか、手かざし受けてくださいって依頼する活動は嫌でした。もちろん酷い断られ方をするのが普通ですから、それで対人恐怖症が酷くなりました。二九歳で脱会するまでずっと続けましたが、勧誘に成功した回数はゼロです。

新しく入ってくる人もたまにいますが、若い信者のほとんどは僕みたいな2世ですね。1世、つまり自分から進んで入った若い人も何人か知りあいにいますが、多くは家族が先に入ってしまっていて、ネットで眞光のこと調べたら、やばいと気づいて、家族を引っぱりもどそうとして、逆に自分が引きこまれたというケースです。

眞光は、医療を否定するのがキツいと思います。子どもの頃、インフルエンザで四〇度くらい熱が出ましたが、薬も飲ませてもらえず、病院にも連れて行ってもらえなかった。僕は体が丈夫だったほうなので、後遺症もなく乗りこえられましたが。

中学校にあがると、周囲との格差がどんどん酷くなっていきます。思春期になりますから、特に女子からは風呂に入らないことを気持ち悪がられました。それで対人恐怖症がよけい酷くなっていき、まともに人間関係も築くことができませんでした。

実家に田畑があり家庭菜園をやっていたので、そういうことに興味を持って、高校は農業系に行きました。高校時代に眞光青年隊という青年組織に入ることになり、それで自分のアイデンティティーを教団に向けることが出来ました。それから、少し精神的に落ちつき、学校の成績はあがりはじめました。

高校卒業後は、農業大学校に進学しました。農業大学校は大学とは別物で、専門学校に近いものです。そこは全寮制で、初めて実家を出て、毎日風呂に入るという習慣が身につくことで精神が安定し、これから僕の人生をやり直すぞ！　と思った矢先に問題が発生しました。ライフスペース、パナウェーブ（千乃正法）、法の華三法行などが社会問題になって、その集団がテレビで盛んに報道されたんです。酒乱の父から助かりたい一心で、周囲に自分が眞光の信者だとカミングアウトして勧誘してましたから、学校の先輩や同級生から、おまえはライフスペースの仲間だと決めつけられて、またもや気味悪がられました。

◎自分が信仰の中心になる

家族から離れて住んでいましたが、帰ると父親があいかわらず包丁を振りまわすのが怖くて。母親は父から首に包丁を突きつけられたことがありましたけど、怪我はしてないです。眞光では「神の御名《みな》を穢す」という教えがあり、眞光の組み手なのに、自分が不幸だということを一般の人に知られてはいけないというのがあります。簡単にいうと、手かざしがあるのに、なんで幸せじゃないのか、手かざしとか眞光ってインチキじゃないかって一般の人に思われただけで、「罪を積む」という教えです。だから、うちの父が包丁振りまわしてるってことを誰にも話せなかった。

学校の先生にも警察にもなかなか言えないですし、農大生だった一八歳の頃、最終手段で教団の幹部に相談しました。すると神さまが、「神さまの御用を怠けている」ことを、お父さんを使って知らせてるんだって教えられて。それで僕が「こうなったら死ぬ気で神様の御用をやるしかない」って腹をくって、それが教団にのめりこんだきっかけになりました。それまでは僕の母が、実家での眞光信仰の中心だったんですが、今度は僕が中心になりました。

それからは死に物狂いで眞光活動を続け、周囲からは気味悪がられつづけ、物事がうまく行かないのは神様の御用をしてないからだと考えて。眞光活動を続ける→周囲から気味悪がられて余計に物事が上手くいかなくなる→より一層眞光活動にのめりこむようになる、という悪循環が繰りかえされました。

崇教眞光の本拠地は岐阜県の高山市にあって、子どもの頃から親に連れられてずっと通ってましたが、一八歳から自発的に行くようになりました。でも参拝したら、それから数日間はずっと下痢が続くんです。いまだったらストレスを感じていたんだろうと思いますが、眞光では下痢、嘔吐、アトピー、痰、鼻血など体内から出る汚いものは、「清浄化」という体の毒素が出ている、体をきれいにする現象だと教えてるんです。だから僕は神さまの光で体の毒が溶けて出てきたんだ、良いことなんだと脱会するまで思っていました。

◎職場でのパワハラ体験

農業大学校を出たあとは、二二歳で社会人になり地元の農協に就職しました。ただ、まず営業に回されてしまいました。コミュ障の上に対人恐怖症で人と話すのが苦手だから、成績は最下位でしたね。まあ、いまだったら僕が爽やか系イケメンに見えたから営業にしたんだなと思えますが（笑）。僕は父親と眞光の影響で外面は良かったのです。

農協に就職して一ヶ月後、農協の人事の人に会う機会があったので、なんでここに行かされたんですかって聞きました。そうしたら「おまえ、何考えてるんだ。社会人だったら、自分の決められたところを一生懸命まっとうするの当たり前だろが！」ってかなり怒られてしまいました。農協の先輩に相談したら「おまえ、とんでもないことしたな。この農協では、人事のことに意見するのはご法度だ」って言われて。それから職場ですごいパワハラが続きましたね。

これはまずいと思って、親に農協を辞めさせてくれ、いまならまともな業種に転職できるからと頼みました。眞光では、親の言うことを絶対守れっていう教えがあるからです。だから転職するにしても、親の了解をちゃんと取らないといけないんです。

ところが親からは、「給料泥棒になってでもしがみつけ」と命令されてしまいました。

父親がまともな職に就いてなくて、家が経済的に苦しく、僕は給料を手取りで毎月一八万ぐらいもらってましたし、親はそれを失いたくなかったんですね。教団には毎月交通費も含めて五万くらい入れて、親には三、四万円入れて、残りは自分の貯金にしていました。

いくらパワハラしても辞めないもんだから、上司が僕の母親を農協に呼びだし、お宅の子はこうだから辞めさせたらいいいんじゃないかっていうふうに説得したんですけど、母親はいっさい首を縦に振りませんでしたね。それが何度かあって、農協の人事部長まで出てきて、説得したんですけど、母親は頑として聞きいれなかった。母親にも発達障害の傾向があって、さらに我が強いところがあるものですから。

あまりに酷いパワハラが続くので、あるとき母親の見てる目の前で包丁を職場鞄の中に入れ、「あいつを殺す」と告げて家を出たことがありました。いくら母親の頭が悪かったとしても、さすがに包丁を職場に持って行こうとすれば止めるでしょうし、転職だって許可してくれるはず、と期待していたんです。でも、みごとに期待は裏切られて、止められることはありませんでした。もちろん職場で包丁を出すことはしていませんが、それ以降三八歳になった現在でも母親のことを許してはいません。

農協に就職して四年目で、職場に母を呼びだされて、辞めろって言われていることを教団の幹部に伝えました。そうしたら、「それはありえないことだ。成人してるのに親を職場に呼びだすなんて、普通はしない。異常だから転職したほうがいい」って幹部から言われて、その幹部の言ったことを盾にして、家族の反対を押しきって、やっと辞めることができました。僕の転職に賛成してくれたのは、家族では姉だけです。

◎眞光にはじめて疑問をもつ

二六歳で農協をやめてすぐに農業生産法人に転職しました。農協では保険とか金融の仕事ばっかりだったので、農業できるのがうれしくて。でも僕も記憶に一切ないんですが、農業生産法人の社長によれば、僕は作業中に「ギャー」とか叫び声をあげていたらしいですね。そうとう精神がぶっ壊れてたからでしょうけど。

農業の仕事をやっていましたが、あまり仕事がうまくいきませんでした。農業では野菜を育てますが、野菜が病気になっても、病気であることがわからないんです。眞光では、病気は体の毒素が排泄される、うれしい、正しい現象、喜ばしい現象だと教えてるので、病気は悪いものだっていう認識ができないのです。ですから野菜が病気になっても、これが悪いことだ、対策を取らないといけないという思考にならないんです。

そういうのが繰りかえされて、社長もこれはちょっとまずい、僕を辞めさせたほうがいいんじゃないかというふうに、社長の奥さんとも相談してたらしいんです。奥さんは、辞めさせるのを待ってあげて、なんでこうなったのか、詳しい理由なんかを聞いてあげてって、たしなめたそうで、それで社長が僕に、なんでこうなったのか、ということをいろいろと聞いてくれたんです。

僕が社長に眞光の教義について説明したら、社長は「これはカルト宗教じゃないか」と言うんです。社長は仏教の信者で、他宗教に対しても寛容で、僕が眞光やってることは、まえから伝えてたんですけど、けっこう大目に見てくれてたんです。僕はいつも予定表に眞光の予定を先に書いて、あとでほかの予定を入れていく、っていうスタンスだったのを、社長はまず眞光以外の予定を入れて、眞光を後回しにしろと言ってくれた。

そこで、小さい頃から毎日眞光の道場に行ってたのを、ちょっとずつ減らしていって。まず二日に一回にして、三日に一回にして、一週間に一回、最終的には一ヶ月に一回だけ道場に行くようにしてしまって。そうなってくると、ちょっとずつ眞光の悪いとこが見えだしてきて、初めて眞光に疑問を持てるようになりました。

眞光を辞めたのは、僕が二九歳の時です。その日は社長が家に迎えに来てくれて、本来は眞光青年隊の隊活動で道場に行く日でしたが、それに行くふりをして社長の家に行って、そのまま居候することになりました。僕が行方不明になったので、家でも眞光でも大騒ぎになりました。眞光には脱会という概念がないため、僕は社長と一緒にカルト宗教批判サイトから流用して作成した退会届と御み霊を同封して、郵便で教団に送りました。この日が脱会記念日で、それから第二の人生を歩むことになりました。

僕が家を出て一週間ぐらいたってから、家族が社長の家にやってきて、僕が拉致、監禁されたって非難しました。母親は錯乱してましたけど、父親が諫めてくれました。父親って酒飲んだら包丁振りまわすような人ですけど、酒飲んでないときはけっこうおとなしい人なんです。僕の父親も、僕が眞光をやめることは賛成してくれて。初めてでしたね、お父さんってこんなにいい人なの？　って思ったのは。

◎自分の意志で旅行にも出かけた

その後、しばらくは家族と絶縁状態でしたが、脱会して翌年三月に僕の祖母が亡くなりました。祖母が危篤状態だと家族から連絡があって、家族に隠れてこっそり病院に行きました。もう意識がありませんでしたが、僕は祖母の手を握って、耳元で「家族全員、眞光から助けだすからね」って言いました。するとその二時間後に祖母が亡くなったと連絡が入りました。そのとき、祖母も眞光のことで苦しんでたんだなと感じることができました。

祖母の葬式のときに僕も家に戻ってきて、また家族とはちゃんと連絡取りあうようになりました。たまにですが、家にも戻るようになりました。一年ぐらいは社長の家に居候してましたが、会社の規模もちょっとずつ大きくなって、古民家を借りて、そこを社宅にして、ほかの僕のあとに入ってきた若い人たちと、同居生活することになりました。ふだんの仕事をしながら、ちょっとずつ世間に慣れていく訓練を、社長に手伝ってもらってやっていました。対人恐怖症もましになって、社宅暮らしをするようになってから初めて、白分で稼いだお金を自分のために使うということができるようになり、人生で初めて自分の意志で旅行に出かけるようになりました。

社長とは途中まで仲が良かったのですが、給料不払いが頻発してたり、じつはパワハラ気質もあったりとかで、調べてみると、労働基準法違反をしてるのもわかってきて。眞光時代は給料不払いもパワハラもおかしいとは思いませんでしたが、眞光を離れたおかげで、使うことを禁止されていたネットを使ったり、ある程度自分で考える能力も身に付いてきたので、「おかしいんじゃないか」と意見するようにもなりました。

すると社長との関係が険悪になりだしました。眞光にいた頃は従順だったのに、辞めてからは、反抗的になった。そのためいつ退職するか検討していました。で、二〇二一年一月に父親が自殺したんです。お世話になり申し訳ないんですけど、これを転機に会社を辞めようと決意し、二〇二一年八月に会社を辞めて実家に戻ってきました。いま考えると、農業生産法人の労働体系は丁稚奉公制度だったんですね。

二〇二二年現在、精神障害者手帳三級を取得し、精神障害者雇用の職場に転職して、少しでもお金を節約するため、実家の田畑を守るのも兼ねて、実家暮らししています。結婚相手探しと異性慣れするための環境を求めて婚活も始めました。私の将来の奥さんとなるかたには、「あなたには借金は一円も払わせない。もし払わせるようなことがあれば離婚してもらって構わない」と約束するつもりです。

母、結婚して家を出ている姉、同居している妹はまだ信者で、姉と妹は、癌を患って日々弱っている母親の具合がこれ以上悪くならないように、母親に気を使いすぎているような感じはありますね。僕は母に「子どもの頃に風呂に入らせてくれたら、農協をすぐに転職させてくれたら、もう結婚して子どもがいたかもしれない。孫の姿を見られないのは、あなたの自業自得だ。でも、いつか僕の子どもが生まれたら、必ず墓前に報告するから安心してくれ」と言ってしまいます。ただ、それを言うと母親の癌が悪化するって、妹にはすごく咎められますけど。

◎世論の圧力で動かすしかない

教団からは、強力にマインドコントロールされていたと感じていますし、影響はまだ残っていると思います。幼少期から一般の人とまともに付きあうことができず、いまでも人が怖いです。ですから、いま精神安定剤飲んで職場に行ってます。以前の農業生産法人のときは、全従業員が五人だったので対人恐怖症は出なかったんですけど、いま行ってる会社は全従業員一〇〇人の会社なので。やはり人が多いのはしんどいです。

この前、山上さんの安倍晋三殺害事件がありましたよね。それがきっかけで、カルト宗教の政治汚染や2世問題をテレビで取りあげるようになりました。統一協会の政治汚染からもわかるように、日本はほかの主要国に比べると政治腐敗が酷いため、国が率先して諸問題を解決しようとはしません。その上、日本国民の多くは自分で考えて行動しようとせず、自分と無関係なことだけでなく、生活に直結するはずの政治に対しても無関心です。そのため政治・社会問題を改善しようと思えば、マスコミ沙汰にして世論を動かし、世論の圧力によって渋々でも国を動かすしか方法がないのです。

いままでマスコミが事あるごとにカルト宗教問題を取り上げてきましたが、無関心な日本国民はすぐ忘れてしまいます。今回は重要人物の殺害まで起きているのだから、この件で「反セクト法」制定などまで行くことができなければ、日本は二度とカルト宗教を取り締まれない国となってしまうでしょう。

「正統派」と呼ばれるところでも、カルト化することは普通にある

あやめ ―プロテスタント

◎牧師の娘として生まれて

私はいま三一歳です。生まれたのは、東京都内のとある街です。とても熱心なキリスト教徒の家庭、プロテスタント福音派の家に生まれました。母は大阪、父は関東の出身です。父は宗教2世で親がクリスチャンで、一時的に教会から離れたんですけど、母と出会ったことによって、また教会に行きだしたそうです。母はもともと普通の家庭で育ったんですけど、いろいろ悩んでいたみたいで、教会のチラシを受けとって、それをきっかけとして教会に行くようになったみたいです。父と母は教会の活動をしながら働いてもいて、それで生計を立てています。父も母も福祉関係の仕事に就いています。

子どもは長女、次女、長男といて、私が長女です。ほかの家庭に比べたら、うちはやっぱり厳しかったんじゃないかなと思っています。たとえば部活も、日曜日に礼拝に行けなくなるので、部活は基本的に入らないようにっていう感じで。両親が教会を始めたのが私が小学校低学年のときからなんですけど、それと同時に以前より厳しくなっていきました。

私には牧師の娘らしく振るまうようにって母が言っていて、おしゃれをしたらそういう格好はふさわしくないとか、学校の男の子と一緒に帰ったりしたらあいつは誰だってすごい怒ったりとか、そんなふうでした。

下の子たちより厳しくしつけられました。恋愛についても、妹と弟は彼氏や彼女ができても別に怒られもしなくて、一緒に母と楽しそうに、そういう話もしてたんですけど、私はさっき言ったように、男の子と一緒に帰っただけで怒られたりしたので。

きょうだいのうちでも私は子どもの頃は熱心に信じていて、楽しく教会に行ってたんですよね。子どものときは、同世代の子たちがたくさんいたっていうのもあって、そのときはすごく楽しくて、幸せな毎日を送っていたので、そのぶん両親も、私がクリスチャンとしての人生を当然のように歩んでくれるだろうっていう期待もあって、厳しかったんじゃないかなと思います。

「この世と調子を合わせてはいけない」っていう教義が、印象に残ってますね。思春期のときは部活に入れないとか、そういうのがやっぱりいちばん嫌だったんですけど、はっきりとした違和感を持ったのは社会人になってからです。働きはじめてから、世の中の人は堕落していて悪い人ばかりって教えられてたんですけど、関わってみたら、ぜんぜんそんなことないし、いい人もいっぱいいて、うちは明らかに他の家庭と違うなっていうのを、二〇歳過ぎてから自覚しました。

教会自体はそんなに大きくなくて、信者は二、三人ぐらいなんですけど、子どものときから長い付きあいの女性がいて、その人は「献身者」っていわれる方でした。献身者というのは、正規雇用に就かないで、教会活動のために非正規雇用で働いて、なるべく奉仕の時間を優先して生活する信者のことです。私が高校生くらいのときに、毎週末家に来て、奉仕のためにうちに泊まって、次の日、礼拝に参加して帰るっていう生活が何年かあったんですけど。仲が良かったとはいえ、自分のプライベートな時間がなくなっていったので、それはあとから不満、怒りにつながりました。

小さいときは、基本的にテレビを見るのが禁止で、特定のものしか見れなかったんですけど、だんだんそういうのも緩くはなっていきました。ただ基本的には悪いもの、この世の誘惑っていうふうに教えられてたので、その価値観はずっと持っていました。

学校に行っても、クラスメイトを堕落した人たちだっていう偏見の目で見ちゃうんですよね。布教活動とか、自分がいいことをしているって思いでやってたんですけど、ほんとうは人を心のなかで見下したりしてて。自分は選ばれた特別な人間で、ほかの人たちを救わないといけないっていう選民思想みたいなのがいまだにあって、それはたぶん、生きづらさに影響してるんじゃないかなと思います。

◎ひとりで過ごすことが多かった

子どものときは、私自身が信仰しているために、自分が悩んでるということを自覚してなかったですね。それを自覚したのは、つまり自分の親がキリスト教原理主義者で、自分はそういう環境にいたとわかったのは、いまから三年ぐらい前なんですよね。それをちゃんと言葉にできるようになったのが、ほんとうにここ数年です。

小学校までは普通に友だちもいたんですけど、中学に入るときにまったく知りあいがいない所に入ることになりました。他の子たちはグループとかもだいたいできあがってましたし、私自身はいろんな子に話しかけて、友だちを作ろうとしたんですけど、誰ともしっくりこなかった。結局、特定の友だちっていうのはあんまりできなくて、三年間ほとんどひとりで行動していました。

中学校の部活は、バトミントン部に入りたいって母親に言ったんですけど、「礼拝に出れなくなるのにいいのかい」って、責められているような口調で言われたので、そこまで言われるんだったら諦めようと思って入らなかったですね。

高校を受験するときに、私が精神的に不安定になっていく時期が重なっていて、どんどん成績が落ちちゃったんです。それで、ほんとうは普通科の高校に行きたかったんですけどダメになって、商業科に通うことになりました。自分でしたいと思ってた勉強ではなかったので、何の科目が好きっていうのもなくて、毎日、嫌々通っていました。

中学でほとんどひとりで過ごすことが多かったので、自分のなかで、学校ではうまくいかないんだっていう諦めがあって、高校は毎日行ってたんですけど、ほとんどいっさい誰ともしゃべらずに三年間過ごしました。

部活は中学のときに、親に良くないっていうふうに言われていたので、そもそもあんまり入ろうとも思ってなかったんですよね。それでたぶん、高校二年生ぐらいのときに、ある日、いきなり母親が「部活にでも入ったら」って提案してきたときがあって。そのときは、はらわたが煮えくりかえるというか、中学のときのあの発言はなんだったの？ ずっと自分は我慢してたのに、なんでいまさらそんなことを言うのって思いましたね。

中学高校と、恋愛感情を覚えた相手はいません。いま振りかえって信仰のことを考えると、自分の頭で考えて、納得して信仰してたんじゃなくて、親とかまわりの人たちがやってるし、その人たちの目があって、子どものときから教会に行ってるから、それが当たり前で、生活と切り離せないものになっているからやってるだけだったと思います。

◎情緒不安定な時期に

高校のあとは大学に行ったんですけど、大学でもまわりから浮いていました。社会に出ること自体が怖くて進学をすることにしました。これもやりたいから行くっていうことではなくて、惰性で行ってたんですよね。なので、ほんとうに毎日無気力に過ごしていて、結局一年通って休学して、それから中退しました。

　アルバイトは一時的にはやっていましたけど、大学自体がけっこう離れたところにあって、朝すごい早起きして通ってたので、体力的に持たなくて、一ヶ月か二ヶ月くらいやったぐらいで辞めました。

　一〇代後半はそんな感じで、ずっと不安定でした。中学で部活をやらせてもらえなかったとか、牧師の子だから、ほかの人と違って模範的な振る舞いをしなきゃいけないとか、両親はそういうふうに思っていたし、私もそれを感じとっていました。自分らしく振るまうとかよりも、両親に気に入られるように、牧師の娘として理想的な人間になる、両親の理想の娘にならなきゃいけないと思って毎日過ごしていたので、それが原因で不安定になったんだと思います。

　大学を辞めたあとも、まだ実家に住んでいて、働きはじめたんですけど、その仕事するようになった頃に、礼拝に行くのをだんだんやめて、日曜日にも仕事を入れるようにしました。やっと自分の自由な人生が手に入ったって思うと同時に、自分はすごく罪深い人間だとか、ほんとうに両親とかいままでよくしてくれた教会の人たちとかを裏切っているんじゃないかという気持ちもあって、その仕事を一年で辞めたあとに、引きこもりになったんですよね。そのあいだも、仕事をしてた時期はあったんですけど、結局長くは続かなくて。

　その引きこもっていたあいだっていうのは、いままで溜めこんでいたものがぜんぶ爆発して、ほんとうに情緒不安定でした。両親とけんかばっかりして、暴言を吐いたりとか、教義のここがおかしいとか、なんでこういうことをさせてくれなかったんだとか言ってましたね。

◎地獄という言葉が頭から離れない

両親は、聖書に書いてあることはすべて正しいっていう考え方なんですけど、やっぱり聖書を読んでいると、矛盾したことも書かれています。クリスチャンホームっていうのは理想的な家庭だっていうふうに教わったんですけど、弟が中学の頃に非行に走ったんです。すごいグレて、いろんな問題を起こして家庭崩壊というか、そういう感じになったので、クリスチャンホームが理想っていうのがそもそも、嘘だったたんじゃないかっていうふうに思ったんです。

妹はあからさまにグレたりということもなくて、教会にはある時点までは通ってたんですけど、社会人になってから徐々に行かなくなって、親と対立するということもなくて、そのまま一般のかたと結婚しました。グレた弟は、いまは普通に働いてます。

私が引きこもっていたときに、その弟とは折りあいが悪かったです。両親は最初、弟に激怒してたんですけど、だんだん腫れ物扱いになって、好き放題にやってたので、なんで弟だけこんな自由が許されるんだって気持ちになって、その弟を憎んでたこともあります。

対立というより、私が一方的に憎んでたんですけど、いまは普通です。

父の親戚は何人かクリスチャンで、そうじゃない人もいます。母の親戚はクリスチャンの人はいないです。私がずっと悩んできたので、父の兄、私の伯父に相談したこともあって、話を聞いてもらったことはあります。そのかたもいわゆる宗教2世なんですけど、私ほどものすごく悩んだっていうことはなかったみたいなので、あんまり苦しみは伝わんなかった感じはしますね。

私はおととしの春に結婚して、ようやく実家を出ました。マッチングアプリで知りあいました。仕事や結婚に関して、親に口出しされたことはありません。ただ、結婚の報告をしたときに、母親はちょっと悲しそうな顔をしてましたね。結婚式のときは普通に喜んでくれたんですけど、自分は子どもたちをクリスチャンとして育てたかったからなのか、素直に喜んではくれない感じはちょっとありました。

子どもの頃にマインドコントロールのようなものを受けた感覚はあります。自覚できたのは、引きこもりから社会復帰した頃に、仕事してるときでも、「地獄」っていう言葉が頭から離れなくなって、頭のなかにこの言葉が何回も湧いてきて、そのときにはすごい恐怖心が襲ってくるんです。

社会復帰したきっかけっていうのが、インターネットで宗教について調べたときに、いっぱい2世の人たちを見つけて、そこで自分は「宗教2世」っていうもので、親はキリスト教原理主義者っていうものなんだっていうことがはっきりわかったんです。それを頭で理解して、だんだんわかってきて、洗脳はそこではっきり解けたんですけど、働きはじめてからも、ずっとそういう影響はあって。いまは神さまを信じていないし、死んだあとは無になると思ってますけど、教会から離れてクリスチャンとして生きないっていうことは、ほんとうにとんでもない悪いことだっていう観念の影響はなかなか消えませんでした。

◎一般の人に宗教2世問題を知ってもらいたい

信仰してる人たちは、正しいと思って信仰していると思うし、何を言って伝わるのかわからないので、そういう人たちよりは、一般の人に「宗教2世問題」をもっと知ってもらいたい。ポスターとかカードとか、そういうものを作って、2世で悩んでいる人がそういうものを見かけて、宗教2世問題のマンガとか本とかの存在を知ることができるようになったらなと思います。

うちの教会で配ってたチラシとかにも、「ここは統一教会とかエホバの証人とはいっさい関係ありませんよ」っていう文言が書いてあったんです。でも、「正統派」と呼ばれるところでも、場所とか親によってはカルト化することは普通にあると思います。プロテスタント系の日本基督教団が宗教2世のための窓口を作っていると聞きました。カルトから正統派に移行する、そういう人もいることは知っていますが、それが一部の人にとってはいいと思うんですけど、その救済方法だけでは不充分だと思います。

私が宗教2世問題を知るきっかけになったのは、いろんなかたがインターネットで声をあげてくれて、マンガとか本とか、書いてくださってたからですけど、本音をいえば、もっと早く知ることができていれば、ひとりで悩む時間も短かったと思うので、いま以上に広まってくれればと思います。いま悩んでいる人とか、いま子どもだけど、これから成長して悩む可能性がある人とかが、もっと早くわかるようになってほしいです。

家族を大事にするための組織が、家族を犠牲にしている

サキ——創価学会

◎朝晩の勤行とお題目

私は四人姉妹の長女で、母親が台湾出身です。母は日本の短大に入り、父とはバイト先が一緒で、それがきっかけで出会い結婚しました。私が子どもの頃、父には外に愛人がいて、それが私が一〇歳になるぐらいまでは続いていました。母は頼れる人が少ない状態で育児をし、かなりストレスが強い状態だったと思います。

元々、父方の祖母が創価学会員でした。祖母は東北に住んでいたのですが、離婚して、関東に移ってきていて、こっちで再婚をしています。入信した経緯は聞いてないのですが、いまも健在です。祖母から母へ勧めて入信したということです。父親のほうは、祖母の信仰にはずっと反発してて、入信してなかったそうで、母の入信にも反対したそうです。母は母で、父と別れることができると思って入信したと言っていました。

私が五歳だったとき、自分と一歳の妹が一緒に入信しました。母からは「この信心をしてなかったら、あなたを殺して自分も死んでいたかも」と、よく言われました。父は愛人

がいるだけでなく、怒りっぽく暴力を振るう人でした。仕事もなかなか安定せず、途中から自営業を始めたのですが、お金の問題とか、そういう悩みもよくこぼしていました。

宗教活動に関して、私は朝晩の勤行をやっていましたし、お題目も唱えてました。私が小学生の頃は、創価学会が日蓮正宗から破門される前だったので、朝、親と一緒に正宗のお寺に行くこともありました。『聖教新聞』の配達も手伝っていました。少年部、小学生の会員で集まる活動にも行っていましたし、学会の合唱団にも入っていました。宗教団体の、仏教の説話などを説明しているマンガがあって、それを読んで、「謗法《ほうぼう》」を犯したら「無間《むげん》地獄」に落ちるとか、やってはいけないこととか、そういうのを自分から勉強して取りいれていました。勤行の前にやる気を起こすために読んで、動機づけしていたようです。

子どもの頃は、宗教教育への違和感はありませんでした。団地で『聖教新聞』を入れないでくれって貼り紙をしている家があって、朝、新聞を配達していたら、その家の人に会ってしまったことがありましました。「聖教新聞はうちに入れないでね」と言うと、私が上の階へ上がってからまた降りてくるまで、その人はドアの前に立っていて、新聞を入れられないように見張ってたんです。そういうときに、ちょっとだけ世間の目を感じました。

自分にほんとうに信仰心があったのかというと、父親がキレやすくて、暴力におびえているという状況があり、母も怒りっぽいけれど宗教をやってると機嫌がいいので、親が喜ぶからやっていたという感じじゃないかと思います。

◎読書が趣味だった

小学校四年の時、創価中学の受験を勧められて、母親が喜ぶと思って受験することにしました。母が受験に関してはすごく熱心でしたね。あとは創価中学に入った人の未来部（小・中・高の創価学会員が所属する組織）の体験とか、受験して合格して、成績優秀なので奨学金も貰えた、親孝行で素晴らしい、みたいな話は良く聞かせてくれて、私もそうなるのを期待していると言っていました。母親には受験勉強の状況をチェックされて、こんなんじゃ受からないって厳しく言われたりする一方、父からは、受かってもうちは貧しいから私立の中学には入れられないと言われました。母は、受かればどうにでもなると思っていたようですが。

小学生の頃の私の趣味は読書でした。童話や物語、人魚が出てくる話とか、ファンタジー系のものを好みました。あと、親から習い事に行かされていました。書道です。その先生は非会員なんですけど、近所の学会の人も、子どもをそこに通わせていて、新聞や選挙を頼んだりすることがありました。いま思うと子どもを使って、会員でない人を囲いこんでいたようですね。

学校の家庭訪問のときに、母親が「うちは創価学会です」って言うのがちょっと嫌だなと思っていました。小学校の修学旅行のときは、日光に行って、同じ学会の同級生と手を合わせたり祈ったりして、いいのかな、いいのかなと言いながら、やるしかないから取りあえず手を合わせていました。特にそれを親に怒られたりとかはしなかったんですけど。

創価中学には結局受からなくて、公立の中学に行きました。一年のときは演劇部で、二年から別の中学に転校してしまったので、そのあとは写真部にいました。部活では集団より個人で動くような感じで、あまりまわりの人と密に関わっていなかったです。写真は風景を撮ったり、それから一番下の妹が一二歳年下で、当時は一歳とか二歳で可愛かったので、妹の写真をよく撮っていました。

中学のときは修学旅行が京都で、他宗のお寺だから親が怒りそうで嫌だな、みたいなことを学校の先生に言ったら、創価大学出身の先生が学校に何人かいるから、聞いてみたらって言われました。先生からは、「あなたは宗教が問題じゃなくって、みんなと一緒に修学旅行に行くのが嫌なんだ」って決めつけられてました。ほんとうに宗教のことで、気が進まなかったんですけど。実際には、お寺やお祭りに行ってもなるべく手を合わせないとか、お賽銭はあげないってルールで乗りきっていました。

◎宗教のことで本格的に悩むように

高校は都立高校でした。母からまた創価高校を受けないかって言われたんですけど、受験しなかったです。中学受験のときみたいに、親が熱狂的に干渉してくるし、まわりにも受けるからって言いふらして、近所の学会の人と顔を合わせるたびに、「創価高校受けるんだって？　すごいわね」とか「祈っておくからね」とか、いろんな人から言われそうで、それがプレッシャーだなというのと、自分が真剣に受験したいのか考えてしまうので、結局受けなかったです。妹三人も、母から受験を勧められはしましたが、創価中学や創価高校は受けませんでした。

高校は演劇部に入って、そこが自分の居場所になりました。家よりもずっと居心地が良かったですね。宗教活動よりも、仲間同士カラオケに行ったり、部活をやっているほうが楽しかった。学会の高等部で役職を勧められましたが、演劇部で副部長になることを理由に断っていました。でも、高等部の会合とかのイベントのお手伝いはよくしていて、ほかには女子部のお姉さんたちが、同じ高校生で活動してない会員の家に訪問するのも、一緒に行っていました。それから教学試験といって、日蓮大聖人様が書いた「御書」の内容の理解度を確認する創価学会の試験を受けて、それは受かりました。

高校のとき、やっと宗教のことで本格的に悩むようになりました。男子から告白されたんですけど、誰にも相談できなかった。初めて自分自身について悩んで、自分がまわりに合わせてばっかりで、からっぽかもしれないって思ったんです。宗教も自分で始めたものでもないし。相手からなんで自分が好かれてるのかわからなくて、自分でも自分の長所がわからなくて。宗教も親に言われてやっているけど、自分がそんなに好きかと言うとわからず、どうしようと思いつつ、何も変えられる気がしなくて、そのままにしてましたね。

いま思えば、相手からの好意を受けとれるくらいには、自分で自分のことを好きになりたかったんじゃないかと思います。でも、親に逆らうことを考えるのは避けようとしてしまうので、その方法が見つからず、何も変えられなかったのかなと思います。

当時は、学会の女子部の年上のお姉さんたちから「何か悩んでない？」ってよく言われていたのですけど、自分が悩んでることを話しても、その人たちの回答がなんとなく想像できてしまって、相談はしなかったんです。「いまは男の子より、活動を優先しなさい」とか、そういうことを言われるんじゃないかと思って。

◎彼氏と付きあって活動から離れる

高校では理系クラスに進みました。数学や化学はわりと得意なほうでした。あれは解けている手応えがあるのがいいですね。数学が得意だから、最初は数学科に行こうと思っていたんですけど、私は親の一声ですぐ何をしたいかを変えてしまうので、「数学科へ行って何をするんだよ」みたいなことを言われて、結局、工学部の化学科のほうに行きました。一年浪人をしてからですが。

うちの親は父も母も、昔からすぐ「出ていけ」というのが口癖だったんで、浪人中にそれを言われるのはすごくきついと思って、父が自営でやってる店の手伝いも、宗教活動もまじめにやっていました。

そのあと大学に入って、そこで彼氏ができたんですけど、宗教が、特に創価学会が大嫌いな人だった。だんだん活動から離れはじめて、家族や近所の会員の人との関係で、いろいろと嫌なことが起こるようになったんですね。母親から、「浪人中はあんなにいい子だったのに」みたいなことを言われて。

彼氏には付きあって一週間ぐらいのときに、私が学会の会合があるから早く帰ろうとしたら、「なんで?」って言われて、家の宗教のことを話しました。彼は、付きあうことになってから、毎日会うたびうれしそうだったのが、テンションがものすごく下がって、その反応がショックでした。彼からは「宗教に入ってどんないいことがあるの?」って訊かれて、自分なりに答えても論破されることを繰りかえしたり。その人との会話で傷ついて泣くことも多かったですね。

「信仰したら病気が治ったっていう体験を発表してる人がいて」って言ったら、すごく笑われていました。「お昼に電話相談に答えているみのもんたのほうが、よほど人の役に立っている」とか「すがるな」とか言われて。「私からものすごく重要でやりたいんだっていうのが伝わってこない」とも言われました。付きあいはじめてしばらく、一緒にいるときや電話で話すときは、そんな会話ばかりでした。

母は母で、私が毎日大学で彼氏と一緒にいて、活動からどんどん離れていくことに危機を感じたようです。もっと早く帰ってくるように、門限を守るようにと書いた紙を渡してきて、あと、私が活動が嫌になって離れたがってるみたいだと学会の人に話し、女子部の人たちが頻繁に家庭訪問に来たり、バイト先にも来て、私が帰る時間まで待っていて、車で会館に連れて行かれて、取りかこまれて諭されたりしていました。

◎父ともっと話したかった

父は当時未入信でしたが、「お母さんの言うことを聞きなさい」と言われましたし、暴力も振るわれるので、自己主張するのは怖かったです。家のなかで非常に居心地が悪くなり、交際相手のそばしか居場所がないような状態になって、この時期がつらかったですね。学費を止めるって脅されましたし、学会の人たちからも「親のすねをかじっているくせに」と言われていました。

一方で母親が学会に、前から多額のお金を納めていて、それはおかしいなって思っていました。父親に言うと、父親がもっと荒れて、家庭が崩壊するんじゃないかとか思ってしまって、言えずにいたんです。ある日母から、彼氏と別れないんだったら出ていけって言われて、実際に出ていき、一週間ぐらい学校で寝泊まりしていたり。このときも、父に電話をしたら「帰って来ないと学費を止める」と言われて帰りました。ほんとうは、父ともっと母の宗教についてどう思うかとか、話したかったんですけど、帰ったあとに父から、「学費もローンもきついし、家の中は荒れ放題だし、もうお前たちにはうんざりだよ」と言われて、もう何も期待できないと思いました。

この人間関係がきつい状況は私が二五歳で結婚して、家を出るまで続きました。就職してからは、平日の夜、学会のお姉さんたちが家庭訪問に来て、私と話すために夜の一〇時ぐらいまで待ってるんですよ。だからその時間を過ぎるまで外で時間を潰してから家に帰る。一〇時過ぎには学会が嫌いな父親も帰ってくるんで、そしたらお姉さんたちが退散するからって、そんな生活でした。

仕事に慣れた頃に、新しく配属された上司が学会員だったんですよね。それが、すごいストレスになってしまって。私はその上司からは好かれていました。創価学会がやってる美術館のボールペンをくれたりとか、ふたりで大阪まで出張に行ったことがあって、そのときは新幹線の隣で学会の本読んでいて、向こうから「これ、創価学会の本でね」とか説明されたりしていました。職場で話を聞いてくれる先輩からは、あなたが学会員だったことは絶対言わないほうがいいって言われて、私も言わないようにしていました。結婚して退職するときに、上司が自分で書いた絵を額縁入りでくれて、『聖教新聞』も渡してきて、絵を額縁から外してみたら、その裏にも聖教新聞のアンダーライン引いた切り抜きが挟んであったんです。当時はストレスでわからなかったんですけど、いま思えば、学会の人はみな良いことだと思って一方的なことをすると、げんなりしていたんじゃないかと思います。

大学時代からの彼氏と結婚しましたが、七年で離婚しました。子どもはいません。最初は実家から脱出できたと思ってほっとしましたが、夫と一緒に私の実家に行くと、親と夫の応酬でごたごたしてましたね。私よりも旦那さんが、私の代わりに親と戦ってくれてたのかなと、いまでは思うんですすが

結婚祝いには、学会の人が鉢植えをくれたのですが、夫には「絶対家に入れるな」って言われたし、私も鉢を見ると学会のことでもやもやして嫌だったので、鉢は外に放置しました。誰か欲しい人が持って行ってくれたようで、植物には罪がないわけだし、少しほっとしました。

選挙の時期には確実に、母から依頼の電話がかかってくるから、自分は直接受けるのが怖くて、しばらく電話線を抜いたままにしてたり、メールで来た選挙の頼みをやっと断ったりしていました。

◎「僕はあなたの味方だから」

夫から、私の家はほんとうに気持ちが悪いって、ずっと言われていました。母の発言にも、夫の発言にも傷ついていました。母と夫の価値観のあいだで、自分がうろうろしてる感じで、自分自身がないように思って。どちらも我が強いので、両方の顔色を窺い、私がいない感じがするようになっていたんですね。

その頃、母が父に「もう入信してよ。いいでしょ」って感じで迫って、父がそのまま入

信してしまいました。でも結局、父はなんの活動もしてないです。名前だけ入って、特に何も変わってないんですけど、母はすごく喜んで、あなたにも一緒に信心してほしいとまた私に言ってきて。夫は夫で、おまえの家はほんとうに気持ち悪いって言ってきて。

そんなとき、既婚者の私をすごく口説いてくれた人がいたんです。付きあわなかったんですよ。一回だけ男女の関係はあったんですけど、ほかの人と付きあわせるようにして、別れました。でもその人がときどき連絡はくれて、何か困ったら僕に頼ってと言われていたので、父の入信のとき、いままでにないくらい気持ちが落ちこんだので、その人に連絡をしました。

その人からこう言われました。「僕は宗教は良くわからないけど、ご両親は大切にしてね。距離を取って、見守るスタンスでいればいいんじゃないかと思います。あと、サキさんが自分で考えて決めたことだったら、どんな選択をしても、僕はあなたの味方だから。安心して、ゆっくり考えてください」と。どっちを選んでも味方だと言われたことで、いままでずっと楽でなかった気持ちが救われて、自分はずっと誰かからそう言われたかったんだと思って、うれしかったんです。それがいちばん、欲しかったものだったんだなと。冷静に振りかえって、その人がどんなつもりでその言葉を言ったのかわからないにしても、私にとっては、自分が欲しかったものに気づかせてくれた体験だと思っています。

やがて、夫は自分の趣味繋がりの女友だちとよく遊びに行くようになりました。放っておけば夫も恋愛をして変わるかも、いまの状況が変わるかもしれないと思って放っておいたら、実際その女友だちのひとりと両思いになりまして。それで離婚することができました。

離婚と同時にちょうど仕事も辞めることになり、いったん実家に戻って、昔からの知りあいと交際を開始しました。同じ大学で、元夫のことも知っている人です。学生のときに、私の家の宗教のことも話したことがあって、そのとき言われたことが嬉しかったので、この人なら大丈夫と思っていたのですが、そのときのやり取りを相手は忘れていたようです。ある日急に、「自分は創価学会に対してよく思っていないが、あなたと結婚したいと思っている」って言われました。私が学生時代、宗教でどんな思いをしていたか、そんなことを話したのも忘れていたようで、相手の発言で私にはトラウマ反応が出ました。

元夫よりもずっと柔らかい言葉で言われたはずなのに、数日寝こんで、しばらく具合悪くなって起きあがれなくなりました。交際相手は私との結婚を考えていて、いろいろ話したがりましたが、宗教の話などをしていると、結婚してたときの嫌なことを思いだして意識の逃げ場がなくなり、具合が悪くなることが多くて、結局交際を続けられなくなって別れました。

◎自分が投票したいところに投票します

そのあとは、エホバの2世の方と一回お付き合いをしたことがあります。通信教育の大学に入りなおして、心理の勉強をしたかったんですが、そこの卒業生ということで知りあいました。その人が書いているブログに宗教2世のことが書いてあったんです。その人と話がしたいと言って会って、月一回会うようになって、そのままお付きあいすることになりました。

同時期に、東日本大震災が起こりました。震災後、家族の顔を見ると安心するので、頻繁に実家に帰るようになったら、母はもう宗教とか勧めてこないと思っていたのに、それは勝手な期待だったようで、以前のように選挙を頼んでくる。私は、当たり前のように頼まれると、当たり前のように引きうけてしまうので、すごく具合が悪くなりました。そのあと、ひとり自分の家に帰ってから、母に「選挙は今後ずっと自分が投票したいところに投票します」っていう手紙を送ったんです。私が出したその手紙のことで、母と妹や妹の旦那さんのほうで大騒ぎになっていました。私は必死で、言いづらいから手紙にしたんですけど、ものすごく変なことをしたように受けとめられてしまって。

さらに妹経由で、エホバの2世の方と付きあってることを母に知られてしまって、「そんなの、やめなさい」とか「そのうち相手は宗教に戻るかもよ」とか言われました。私もいままで交際相手から「創価学会に戻るんだろう」と言われてきて、それに傷ついてきたので、まったく同じようなことを母が、私が付きあっている別の宗教の2世に言っているのがショックでした。母から「また一〇年ぐらいしたら一緒に活動してるかもね」って言われて、もう私は戻らないとわからせないといけないと思って、脱会届を正式に出しました。震災の年、二〇一一年のことでした。

結局そのエホバの証人のかたとは別れたんですが、それを知ったときの母親が、めちゃくちゃいい笑顔をしていて、これは絶対に一生忘れないようにしようと思いました。それから実家には一年ぐらい帰らなかったですね。祖父が危篤になったときに、そのきっかけで戻ったんですけど。

実家に帰っていないあいだ、一度台湾に行って、母方の祖母に、母がずっと献金してたとか、学会のことでいろいろ苦労したことを話したことがあります。祖母からは、私はそんなのどうとも思わない、創価学会は悪い団体ではない、あなたの母はすごく大変だったんだからわかってあげなさい、みたいなことを言われて、自分には味方がいないという感覚が強くなりました。

◎他人ごとじゃなかった山上容疑者

学会の人とは、活動から離れはじめたときも、何をしゃべっても結局教義で返ってくるから、対話にならなかったですね。自分の頭で考えてる言葉じゃなくて、みんな同じようなことを言うと思っていますし、私が知る範囲ではそうでした。

教団に対して思うことは、お金がない人たちからお金を取るようなことをするのは、やめてほしいということですね。あと、子どもを入れるなとも思います。自分で信仰を決められない年齢の子どもを入れるのはどうなんだろうかと。創価学会の子どもの育て方についての記事に、お経をあげているときに子どもが泣いても子どものそばに行ってはいけない、宗教のほうが大事だと子どもが認識するようにしなさいと書かれているのを見たことがあります。そんな教育だと、子どもは親に守られてるという安心感は持てないですよね。家族を大事にするために組織があるんだったらいいけど、逆に組織を大事にするために家族が犠牲になっていると思います。母も、娘である私の結婚や恋愛がうまくいかなかったことに、責任は感じてないようですし、会合では、辞めた人へのバッシングは強いですし、宗教から離れた人の不幸を喜ぶように信者を導くのはどうなのかと思っています。

最初、山上容疑者の家が統一教会だ、母親が多額の献金をしていると聞いたときは、人ごととは思えなかったです。自分も、学会に関してそんな事件が起きたら母も目が覚めるかしらって思ったことがあるので、他人ごとじゃない感覚でした。

宗教2世は、親という権力を持つ側に、抵抗しづらい状態のまま育ってきてしまっているので、基盤が不安定になりがちです。生きづらくて当然で、人生を生きやすくするための、再学習も大変です。親側に、組織が影響を与えているのですから、家庭だけの問題ではなく、組織に責任があることだと思っています。

教義や信仰心を利用した性暴力にも焦点があたってほしい

朱莉　―　新宗教

◎「掛けもちOK」の宗教

私の母は、私が小学校にあがるときに精神疾患を発症して、精神病院に入院しました。そこからは、父方の祖父母の家で育ちました。私が宗教とつながったのは、就学以前の頃でした。祖母が会員で、集会に連れて行かれたのが最初の経緯です。教団は小さいから、教団名を出すと私が誰か関係者にわかるので、単純に「新宗教」とさせてください。

祖母がよく話していたのは、教祖が私を見て、「すごい霊感があるね」「この子は透視能力があるよ」と言っていたことです。それを聞いて、祖母がとても嬉しそうに話していたのが印象に残っています。祖母は習い事で知り合った友人から紹介されてこの宗教団体に入会しました。ずいぶん長いあいだ祖母は、祖父からいまでいうＤＶを受けていて、そのストレスから血圧が高かったみたいなんですけど、この宗教に通いはじめたら血圧がさがったので、熱心な信者になったそうです。

この宗教の教義の中心は、人との和で、特に家族の和が中心で、それに基づいた教えでは、まず親に感謝、何があってもまずは親への感謝が足りないっていうふうに言われました。あとは「神の法則」（ここでは造語で記します）っていうのがあって、たとえば左手をけがをすると、目上の女性、つまり母親や祖母に恨みがあるでしょうと決めつけられたり。そういういろんな法則に従って生活をしなければいけなくて、それがつらかったです。ほかにも、スパゲッティを食べたら一緒に食べた人と別れるとか、電車に乗るときは右足から乗らないと物事がうまく運ばないとか、横縞や水玉の模様は心がけが良くないことが現れているとかもありました。

この宗教は、他宗教と「掛けもちＯＫ」というのが変わっていて、「うちは人生を豊かに生きていくために、より良く生きていくために法則を勉強するところで、宗教団体ではない組織だよ」と言っています。創価学会の信者さんとか、キリスト教のシスターなんかもこの宗教に関わっています。また、この宗教はよく地震で人を脅すんです。小さい頃に阪神大震災があったんですけど、「我が強い人が多いから、街が地震に遭う」って教えていました。だからあなたたちの感情が悪かったり感謝が足りないと、この大きな地震がきたときに家がぺちゃんこになって押しつぶされて死んでしまいますよ、と。

小学校の頃にまずあった葛藤は、給食を食べられなかったことです。給食を食べてはいけないという御触れが出たんです。給食を食べると経済的に貧しくなるよ、お父さんも出世しなくなるよって脅すんです。だからお弁当を持参していました。給食を食べてはいけないとされた理由は、給食を作る人は、遺伝が悪いって主張する教団なんです。うまく言えないんですけど、家系的に悪い人がそういう仕事をするんだと。職業差別ですよね。その人たちが作ったものを子どもが食べると、子どもの無垢さが汚れてしまうっていうふうに言われてました。うちのおばあちゃんはそれを気にして、お弁当持参になりました。でもそのあと、別の信者から、お弁当作りが大変とか子どもがいじめられるとかの不満が出て、「周囲との和を大事にする」という教義から、その方針は撤回になりました。

◎巫女のような立場に

私は教団内で巫女みたいな扱いになって、いわゆる透視、リーディングって言うんですけど、占いみたいなことをさせられていました。気づいたらいろんなことを信者のみんなに聞かれて、たとえば「転院するんだったらA病院とB病院のどっちがいい？」とか、当て物みたいな感じのことで、教団が売りの一つにしていた教祖やその弟子（先生）がやっていたことの真似です。一年生の夏休みにちっちゃい机と座布団が設けられて、そこに座らされて。でも霊能力が先生より私のほうがある、みたいなうわさが立ってしまって、それで教祖が危険視したことから特別扱いがなくなりました。

日曜の集会は地元の教団施設でやっていて、学校の体育館のような建物に、多いときは一〇〇〇人や二〇〇〇〇人が集まっていました。そこで「元気回復」（ここでは造語で記します）と呼ばれている時間がありました。先生が特定のエネルギーを出すことによって、その場にいる人たちの体質が変わる。たとえば、癌が治ったりとか、アレルギーが治ったりとかするというのが売りでした。先生がいろいろ手招きとかすると、信者はトランス状態になって、まるで発狂したみたいに走りだしたりとか、踊りだしたりとか。日本語しかしゃべれない人なのに、いきなりヘブライ語、ギリシャ語、ペルシャ語で呪文を唱えだしたりとか、そうなっていました。その時間は夕方にやられていて、教団の説明ではこの団体につながっている遺伝が悪いから、元気回復の時間に動けば体質が改善される、そのための特別な時間です。悪い遺伝を出すと、人間は欲望のままになって、理性が吹っとぶと。それで、本番はダメなんですけど、性的なことを一部の人がやって、みんなで見ているんです。性器と性器での交渉には至らないようなことを。

とりあえず小学校低学年時代の私の体験に絞ると、そのぶっとんだ状態になったら、おとな男性が私に抱きついてくるんです、下半身を裸にして。私は逃げるんですけど、逃げちゃだめって叱られて、性器をそのまま口の中に入れられて。もっと日常茶飯事だったのは、女の人たちのスカートのなかに入れられて、私やほかの女性信者の顔に性器を押しつけてくるということがよくあって。それで体質が改善して、悪い病気が治るって言われていました。母が精神疾患なのは秘密にされていたので、私の場合は祖母から、お母さんのようにならないためにこれに耐えなければいけないと言われていました。

◎集団暴行を受けた事件

中学三年生の頃、教団のなかに片思いをしてた男性がいました。一四歳のときの二七歳なので、だいぶ年上ですよね。公立学校に通っていて、受験勉強をしていた一二月、学力調査のテストがあって、私は思いっきり成績を下げてしまったんです。精神的にもいろいろ大変で、勉強ができなくて、集中もテスト中できなくて、それで成績が落ちたんです。そしたら「しつけ」って称して、集団暴行をされて。ふだんは性行為まではしないということだったのに、そのときは別でした。

中学三年生なのでもう生理がきてて、妊娠できる体っていうのはわかっていたのでパニックになりました。何人か男性も女性もいて、集団だったんですけど、私は三人の男の人が相手で。ほかの男の人とはオーラルセックスでしたけど、私が片思いをしていた人とは挿入もあって。あとからストレスが大きく、生理がちょっと遅れていたので、それをその人に報告したら、教団のせいだとめっちゃ文句を言ってきて、それで私が教団を辞めさせられたって感じです。レイプがあったかないかって言ったら、なかった、合意の上だったということにされて、それで辞めました。ちょうど受験もあった時期だったので。

辞めて良かったです。あの教団は結婚も、統一教会の合同結婚式みたいな大規模じゃないですけど、相手は教団の教師が透視で決めるんです。そして結婚後は旦那さんを立てなきゃいけない、妻が旦那さんに従うというのが教義です。夫が求めたら、妻は性行為を絶対に断っちゃいけない。それなのに男性は浮気や不倫はOKで、妻は禁止で、家族の発展のために耐え忍ぶことを妻に強いています。

その事件は二〇〇〇年代だったので、児童相談所があったにはあったんですけど、そこに連絡する考えはなかったです。私が覚えているのは、それが起きたのはクリスマスの前、一二月の上旬なんですけど、翌々週くらい、年度の最後の会に行ったときに、先生から呼びだされて薬をもらったんです。いま一錠飲めっていうふうに言われて。そのあとに時間を置いてから、もうひとつの薬が複数。三錠か四錠だと思うんですけど、それを飲みなさいっていうふうに言われて。なんの薬かわからなかったけれど、私は堕胎薬だったんじゃないかと思っています。薬を飲んだら、しばらくしてから、猛烈におなかが痛くなって出血もあって、死ぬかと思ったんです。だから、堕胎薬だったと思うんです。祖母に言ったら、ぜんぶ私のせいにされましたね。あんたが遺伝が悪いからって。要は、お母さんが精神疾患なので、それも私の遺伝かお母さんの遺伝のせいだって言われました。

脱会後は、普通に県立高校に行きました。ランクが良くない県立高校だったんですけど、学校生活が楽しくて、しかも土日も集会に行かなくてよくなった。ただ、一年生のときは不登校になったりして、いま思えばPTSDの症状が出ていたんでしょうね。過呼吸になったり、しんどくなって自己治癒的にリストカットとかしていました。最近、私より年下の同じ教団の出身者と話していると、私が抜けたあと、私が体験したような性的な行事はなくなったと言っていました。

◎誰に話してもわかってもらえなかった

二年生になったら担任が変わり、クラスも変わって仲のいい友達と同じクラスになったので、普通に学校が楽しくなりました。生徒会もやり始めて、学校の中でも役割ができて、友達ができて、そこからは世界史にはまって模試の世界史で全国一位を取ったり。

大学は大阪です。私は将来志望する職業に就くために、かつ専門の勉強ができて、しかも関連する免許が取れるところを希望して、大阪の私立の大学に行って勉強しました。そこではひとり暮らしをして、祖母から離れたので人生が変わりました。いまの夫と出会ったのが大学二年生の春で、部活経由で知りあい、二九歳で結婚しました。

いま私は妊娠中です。中学の頃にひどい体験があったけど、あからさまな男性恐怖にはなりませんでした。いまでも人間が怖いというのは、漠然とあります。人間ってトランス状態になると何をするかわからない、みたいな。フラッシュバックに苦しむこともありますが、私は小さい頃から解離があって、いまは解離性同一性障害の診断を受けています。いわゆる多重人格ですね。私はつらい体験をしているとき、別の人格になってやりすごしたんだと思っています。性暴力を受けたときも、「これは私じゃない」って思っていました。どこか自分を上から見おろしていた、離人症の感覚がありました。そうやって自分を防衛していたんだと思います。

精神療法を受けても、苦しみが理解されないことが多くて。私も、あまりにつらかったからか、ヘラヘラ笑って話すくせがあるので、嘘を言っていると誤解されることもあります。スパゲッティを食べたら人と別れるとか、パイナップル食べたら棘で苦しむとか、「神の法則」をネタにして、仲良くなった人にしゃべっていたので。そういうところが、治療者にも出てしまって、自分を卑下するように話すから、治療する側になかなか切実さが伝わらなかったのかもしれません。宗教のことは夫にわかってもらうのは難しいし、あのひどい体験のことはちゃんと話していません。

今までも教団でスカートをかぶせられたりしたということを、小学生の時から信頼できる立場のおとなに話したことはありましたが、そういうことを保健の先生に言っても、「そんなことないでしょ、夢でも見たの？」って言われてしまいました。巫女になって当て物をしているって先生に言っても、嘘つきだと言われたりとか。教団の話は、人に話してもわかってもらえない話なんだって思っていましたし、教団からも話すなと言われていました。話すと悪いことが起きると、マインドコントロールをされていたんですね。たとえば今でも、明日地震が来たら、それも直下型の大地震が来たら、私が話したせいだとか思っちゃいます。天災だけでなく、つねに私や夫や大切な人に何か悪いことが起きると、自分の行動に結びつける思考の癖から抜け出せていないため、地震を使ったマインドコントロールは、私のなかで強く残っていますね。

◎性暴力はまだある

五歳のとき、妄想状態の母から包丁を持って追いかけられたことがあって、母からはいまでも大変そうなＬＩＮＥが送られてきます。教団や祖母のことは、わからないことが多すぎて、いまでも考えこんでしまいます。祖母はマルチ商法もやっていたので、その人間関係もあって宗教から抜けられなかったのかなとか。祖母は少し前に九〇代で天寿を全うしました。

最近の宗教2世に関する報道を見ると、教義に縛られている様子が話題になっていて、マインドコントロールの問題で自分を重ねあわせています。私はいま妊娠しているので、バランスよく食べなさいってお医者さんや助産師さんに言われるんですけど、それができなかったりとかするので。これ食べても大丈夫かな、食べると夫が職場で嫌なことないかな、とか考えてしまうんです。

私が性暴力のサバイバーなので、ほかの宗教でも性暴力がいろいろあるんじゃないかなって心配になります。いまは献金とか、そういう経済関係のことがすごい注目されていますけど、それ以外にその宗教の教義を理由にした性的虐待が起きている宗教があるんじゃないか。教義を使った性的虐待が気になります。そのなかでも特に宗教と性暴力の問題は、政治と宗教や、献金問題の次にきてほしいと思いますね。とてもしんどいことを話したと思うので、今日はたくさんセルフケアをやってから寝ようと思います。

【追記】

以上のように本文を一度仕上げましたが、私が主体的に自分の人生を歩むための回復にとってどうしても大きな阻害になっていることがあり、ここで告白をしたいと思います。私は児童期に教団で、自分そしてその信者のためになると言われ、それを盲信し、性的なものを含む虐待行為に加わり、苦痛を感じる一方で快感や優越感も感じていました。また直接献金を促したわけではないけれど、物の購入や入会を勧めたりもしました。この話を聞いてくれた人は、それも一つの被害体験なのではないか、と言ってくれます。ですが、いまの私はそれを受けいれるのに時間がかかっています。やはり他人に対して、たとえそれが宗教的な意義を持ったとしても加害行為をしたという事実は、脱会してからずいぶん経つにもかかわらず、いまでも自己イメージに大きな混乱をもたらしています。自分の加害性、これは私だけでなく多くの宗教2世の回復の過程で直面する耐えがたい苦しみにも共通するテーマではないかと感じてもいるので、ここに書きました。ご理解いただけたらと思います。

宗教2世とマルチ商法2世の類似する苦悩

ライオ――マルチ商法

◎母親がマルチ商法にハマって

私は長女、長男、次男という三人きょうだいの一番末っ子です。私が生まれる一年ほど前に、母親がマルチ商法の販売員になりました。当時から大きなトラブルがあったわけではなく、一〇年ほど暮らしていたのですが、布おむつを子どもの頃は必ず使うようにとか、プロテインやサプリメントを毎日毎食必ず飲まされるとか、そういったことはありました。あとは子どもの私たちが所属するコミュニティ――友だちの親や習い事の先生がたなど――には、必ず製品を紹介していました。その結果、私が友だちと疎遠になったことはなかったんですけれども。

マルチ商法にハマっていたとき、母は平日の夜はセミナーやミーティングなどに出かけていましたので、家に帰ると親がいなくて、それによる寂しさは経験しました。それからマルチ商法をやっていることで、両親のあいだではつねにもめていて、お互いに浮気をしあって離婚しました。

母はもともとは、ちょっとした収入が入るところがきっかけだったと思います。最初はマルチ商法をやって良いかと、夫に、私の父親に打診して始めたみたいなんですけれども、そのうちに空気清浄機、鍋、浄水器、食料品、洗剤など、ありとあらゆる製品を、自分の家のなかでも、その会社の製品に取りかえていくようになりました。実際にお金を大きく稼げることは三〇年間に一度もなくて、多くても月数万円程度でした。周囲には否定されていって、懸念を示す人たちとやりとりを続けるなかで、よけい意固地になって、自分がやってきたことは人生そのものだといまは捉えて、マルチ商法をやめることはまったくありません。

私がおかしいのではないかと思ったのは、小学校四、五年生ぐらいの頃で、母の様子が変わりました。きっかけはその頃に建てた一軒家です。マルチ商法の特徴として、見栄を張る、夢は大きく持とうというところがあるので、かなり背伸びした金額の家でした。ローン返済のために、母はマルチ商法にさらにのめりこんでいきました。一軒家を建てた直後にマルチ会社の海外本社に出向いたこともあり、モチベーションが高まったようです。

具体的には、料理教室のようなものを開いて、私たち子どもたちの友人の親などを家にお呼びして、製品を使ったデモンストレーションをおこなうという形です。マルチ商法で、目的を告げずに家に呼んで、製品の購入を迫ったりした場合は違法になります。ただ小学生の頃は、マルチ商法の違法性というところまで認識をしていなかったので、明確に法律との兼ねあいをわかりはじめたのは、成人を迎えてからですね。

デモンストレーションでは、たとえば、マヨネーズが体にいいということを証明するために、その会社のマヨネーズと市販のマヨネーズを同時に水に漬けて、片方は水に溶けにくいけど、マルチ会社の製品は水にすぐに溶ける。なので、体にいいですよね、というような表現を使って売りこむ。ほかには歯ブラシを使ったデモもありました。歯ブラシが歯を傷つけないことを示すために、アルミホイルやティッシュペーパーの上で歯ブラシをごしごしとこすります。マルチの製品であれば、特に傷は付かない。市販製品であれば破れるといった例を見せていきます。

◎両親は離婚し、ひとり暮らしに

母は特に親族に対して、実演した相手が製品を買うのを拒絶すると、その人への態度が一変するところがあります。ときには罵倒することもありました。最初は父方の母親、つまり私の祖母とのあいだで、それが起こりました。もともと嫁姑関係は非常に良好だったと聞いているんですけれども、祖母は母がプレゼントしたマルチの製品を受けとってくれないなどして、仲が悪くなっていきました。母は自分の子どもである私たち、祖母からすると孫にあまり会わせないようにしてしまいました。母は祖母の悪口を言うようになったので、私たちにも祖母の印象は良くなくなり、祖母の家にあまり遊びに行かなくなりました。母はそういうことを誰彼かまわずやってしまうんです。

私が中学生の頃、父親が職を失いました。父はその期間に母親に頼まれてマルチの販売員になって、辞めた職場の元同僚や、お客さま先にデモンストレーションをしに行っていたようですが、長く続けずに終わりました。母からは今月の目標はいくらにするのなどと問われていたこともあり、ただちに離婚するぐらいギスギスした関係にありました。高校三年間は、私は母方の祖母の家の近くの高校に通うことになり、実家を離れていました。

大学に入ってからは、一年間ほど実家に住んでいました。大学に入学して子ども三人の授業料などの目途がついたところで、父と母は離婚しました。マルチが原因で話が通じなくなって、お互い浮気をしあって、家庭裁判所での裁判を経て離婚しました。私は一年たってからひとり暮らしをして、母親から離れて住むようになりました。

でも週一回は、必ず帰っていましたので、そのたびに製品のデモをされました。成人したら、母の親しい友人に会ってくれということで、マルチのセミナーに連れて行かれることもありました。セミナーでは組織内の「偉い人」のムービーを観るなどして、権利収入の必要性を説かれます。それを得られる手法が、このマルチ商法ですよと紹介されます。ほかの参加者は、基本的に何回もそのセミナーを聞かれているかたのようで、成功時のストーリーなどを聞いたときには非常に盛りあがります。最後に、それぞれの参加者が自分の目標を掲げて会を終えるのですが、こういったランクを目指しますなど、それぞれが発表しあって解散となります。

あとは「アップ」の開催するランチ会に連れていかれるということはありました。アップとは、母親の所属するグループのリーダーで、母をマインドコントロールした女性です。母親に対して優しく声をかけ鼓舞しつづけます。内緒でセミナーに連れていかれる先も、アップのご自宅やアップのかたの夫が経営される休日の病院などでした。母親はアップを崇拝し、私の大学進学や大学での研究成果なども、つねに報告していました。

母親のランクは最下層だと思います。プレゼンテーションも正直うまくありません。まわりに対して一生懸命説明はするんですけれども、「また始まったか」と冷淡に受けとられています。母親は数名しか会員にしていないので、お金も稼げずです。

◎母親から入金をせがまれる

母親は、じつは手に職はあり仕事もやっていて、お金はないなりになんとか過ごしていたんですけれども、家のローン返済のために生活自体は非常につつましやかでした。小遣いもほとんどもらえず、末っ子だったこともあり、何か新しい物を買ってもらった記憶が正直ありません。いつもお金のトラブルを抱えていました。

大学の授業料は、離婚後の父親に請求をずっと掛けていました。私が使った教科書代などは、その都度母親に必ず報告させられて、それを家庭裁判所での調停結果にもとづいて、母親が何度も父親に請求していました。それでまかない切れない部分は、私も兄も奨学金でまかない、姉も兄も私もなんとか大学を出られました。三人とも国公立の大学一本のみを受験して、その後それぞれ就職、姉は幼稚園の先生、兄と私はＩＴ企業に入りました。私もそうですけど、兄も大企業に勤めています。

私は二〇代後半で結婚しましたが、妻を母に会わせても、必ずデモンストレーションをして製品を紹介して、サプリメントを飲ませて、ということがセットになりますので、通常の会話がなかなかしづらいんです。

また成人後は、非常に多くの借金を求められるようになりました。三きょうだいの子ども時代の貯金は、すべて母に取られました。社会人になってからは、きょうだい一人ひとりに対して、母親から借金を求められていました。私の兄は、毎月定額で五万円を入れてくれと言われていましたし、私は二、三カ月に一回ぐらい、今月は一〇万円入れてくれとか、ボーナス月は一五万円だとか、それぞれ入金を求められていました。

兄と私で、それぞれ七〇〇万円と三〇〇万円ほど入金した実績があります。そういう母親のもとで育ったので、親にお金を入れることがおかしいとも思っていませんでした。子どもにもマインドコントロールは及んでいたわけです。結婚後、私がお金を入れるか入れないか悩んでいたときに、妻から「毎月そんな親に入れないといけないの、おかしいんじゃない？」って言われました。そこで考えなおして、カウンセラーに話を聞いてもらいに行って、親にお金を入れつづけることがおかしいということを、初めて腑に落ちて理解できたんです。

母のお金の使い道は、マルチの商材のほかに、家のローン返済もありました。例の大きな家は、子どもが家を出て母のひとり暮らしになっても、なかなか手放そうとしてくれなかったんです。ですから、金銭トラブルの要因がマルチ会社だけにあると言いきれない部分もあります。

◎何を言っても無駄だった

いつから芽生えたのか分からないんですけれども、自分の母親に対しては、何を言っても無駄だという感覚があります。成人するまでは、マルチ商法絡みで兄弟間の体験にそこまで大きな違いはなかったと思いますが、成人したら、長女である姉といちばんこじれていました。嫁入り道具という形で鍋などのマルチの製品を渡していました。あと、布おむつで教育してきたこともあって、姉の子どもにも布おむつを使うようにお願いをしたりとか、健康を意識した子育てをお願いしていました。

姉が結婚した当初は、実家の近くに住み、うまく付きあっていましたが、家がすぐに近いぶん母親もすぐに行けちゃうんですよね。それで行ったときにプレゼントした鍋が使われていなかったら、なんでだとか、サプリメントをもっと飲まないと健康に悪いから赤ちゃんが産めないとか、そういったことにつねづね口を出すようになり、姉が拒絶しつづけていましたね。

あるとき母親は、私の姉では新しく産まれた孫を育てきれないから、自分で孫を引きとって育てますと言いだして、姉が不在のときに姉の家に孫向けのメッセージを書いた紙を貼ってきたんです。それに対して、姉が子どもを誘拐されるのではないかと恐怖を感じて警察に駆けこんで、このままだと、いつ自分の子どもが母親に連れて行かれるかわからないということで、絶縁することになりました。マルチ商法を続ける限りは復縁しないと決めたんです。

途中で姉から相談があり、私の叔母、母の妹に仲裁に入っていただいたんですけれども、その際に言われた言葉に対して、母は妹から人権侵害されたというふうに主張して、叔母にも暴言を吐いていました。最終的に姉は、七年ほど前から母と一切連絡を取っていないです。年末年始に親族で集まるときにも、母親を除いたメンバーで一度集まって、翌日に姉を除いたメンバーで集まるという、そういった工夫をしている状況です。

兄はうまく母と距離を置きながら接しています。私は、近くに住んだら絶対にダメだと思っているので、就職と同時に地元を離れています。自分の結婚相手に対しても、直接連絡先を交換するように母親から言われたんですけれども、必ずマルチ目的の料理教室の誘いなどをすることは、過去の経験から分かっていますので、連絡は必ず私を通せと言っています。

母親は、父親との関係も切れて、姉との関係も切れて、完全にいまマルチとのつながりが生活のメインになっているので、そこで得られた情報は、自分のすべてだっていうふうに解釈している。逆に言うと、私たちがどんどん洗脳を強めていってしまった部分があるかもしれない。ビジネスでお金を得たいっていう思いも、多少なりともあるとは思うんですけれども、信じてきたマルチ商法と健康知識は、自分の人生そのものだというところが大きいのかなと思います。

◎マルチ2世はたくさんいる

折に触れて母親には、これは悪徳商法なんだと情報を提示したりとかもしているんですけれども、本人にはまったく通じていないです。違法勧誘が横行しているなどの情報を渡すことで、少しでもマインドコントロールが解けたりしないかと思っていた時期もあったんですけれども、見向きもしない。そういう情報を与えれば与えるほど、セミナーの連絡を送ってくるので、かえって逆効果なのではないかと感じています。

数年前に、親族みんなで母親に家を売るように迫りました。母親を呼びだして、このまま じゃ生活が破綻してしまうので、もっと小さいところに住むようにと、兄と私とで考えを整理して説得したんです。それでなんとか母親を引っ越しさせて、お金の苦労がなくなったので、おのおのの生活が落ちついた状況になりました。

私の家は宗教が理由とは異なりますが、類似した問題があると考えています。子どもの頃の被害は、宗教2世の方々と違って限定的でしたが、マルチ商法では成年後の被害が多いと思っています。被害は限定的ということで声があがりにくいんですが、私の母親で言うと三〇年の歴史がありますし、かつて非常に盛んに勧誘が行われていた時代があったと思っていますので、マルチの2世はたくさんいらっしゃると思っています。

安住の地で暗部を見ても、外の世界の生き方がわからなかった

大沢――ヤマギシ会

◎ヤマギシ会との出会い

自分は両親三人家族でして、関東の都市部の出身です。父親が夜の職業で働いていて、母親がパートで働いている人で、ふたりともどちらかというと気性が激しくて、よくヒステリックになるというか、いわゆる毒親だったんですね。

当時はインターネットもなく、発達障害も認知されていなかったのでわからなかったのですが、いまネットとかで調べてみると、あきらかに父には自閉症、ADHDの傾向があって、境界知能だったのかもしれません。会話がかみあわなかったり、言動がおかしかったり、あるいは食べ物をぼろぼろこぼすとか、手をちゃんと洗わないとか、トイレに行ってもこぼしまくるとか、そういうことがすごく多かった人ですね。

母親には統合失調症、当時の精神分裂病の傾向かADHDがあったと思います。口に出していらいらしたりとか、パートから帰ってくると、ご飯が炊けてないからとかでいきなり怒りだしたりとか。昔のことを怒りだして、ずっとぶつぶつ独り言を言っていて自分に

八つ当たりしたりとか、そういうのがすごかったですね。

自分自身はそういうなかで引きこもっていって、小学校、中学校では不登校になっていました。それで、中学一年生のときと中学三年生のときの担任の先生が――別々の先生です――どちらもヤマギシ会の会員だったんです。その関係でヤマギシズムの楽園村というところを、いいところだよと勧められて、自分自身もヤマギシ会の楽園村に何回か参加したら、自分の性格が明るくなった、変わることができたと感じられました。その様子を見た先生方や地域のヤマギシの会員さんたちが、自分にヤマギシズム学園のいわゆる高等部を勧めてくれたんです。

両親はどちらもヤマギシ会とは無縁でしたから、私は「ヤマギシ2世」とは言えません。幸福会ヤマギシ会は山岸式養鶏会として一九五三年に生まれ、一九六〇年代のヒッピー的な価値観とマッチして広まりました。それから三〇年くらいしてヤマギシズム学園ができて、自分はその二期生です。幸福会ヤマギシ会という組織ができたのは一九九五年です。

高等部は学校法人ではなくて、無認可の学校でした。要は紙と鉛筆のない、もうちょっと実学的な学びのある学校をやっていこうという趣旨です。その前に幼年部というところがありまして、ヤマギシの幼稚園は一年生で子どもたちを家族から離して、一年間の寮生活をやっていたんです。その後、何年かして高等部というところができました。

自分たちの下に三期生が入ってきて、人数もだんだん増えていって、その後、中等部ができたり初等部ができたりで、幼稚園から大学までできあがったんです。どれも学校として認可されていませんでした。初等部、中等部と言っても、それとは別に学校に通って義務教育を受けます。高等部では、普通の高校に通っているメンバーは当時はいません。村人の子で、高等部に入れなかった子や行きたがらなかった子は、一日村の中で作業をしたりして過ごし、普通の高校にも行かせてもらっていませんでした。現在では事情が異なるようなのですが……。高等部では、ほとんど一日中作業とか、一応クラブ活動とか、実学と称して授業みたいなのも多少はあったんですけどね。自分は多少ドイツ語をやったんですけど、ぜんぜん身につかなかったです。

◎こっちの世界こそほんとうの世界

まず関東から三重県の豊里市に移住して、生活を始めました。基本的には朝五時とか六時ぐらいに起きて、農作業があるわけです。研鑽会というミーティングがあって、ホワイトボードにきょうの作業は養鶏場ですとか、牛舎の糞出しですとか書いてある。その作業というのは、一応実学という方式を採っているんです。実りながら学ぶという考え方で、普通の中学や高校とは違い、座学で勉強するのではなくて、自然のなかで牛の世話とか鶏の世話とか豚の世話などをしながら学んでいく。そうやって生き方を学んでいくという方式だったんですね。

朝が早いですが朝食はなしで、まず二、三時間ぐらい、長いときは四時間ぐらい作業をやって、多少休憩は挟むんですけれども、やっと朝ご飯というか昼食というのが一〇時、一一時ぐらいにある。それも食堂に行って、みんなで一斉に食べるような形になってましたね。

ふだんは全国から集まった子どもたちが、だいたい一五人から二〇人ぐらいかな、班に分かれてヤマギシ会の宿舎に泊まって、鶏の世話をしたり、研鑽会をやったり、みんなと一緒にご飯を食べたり。卵かけご飯とか卵ミルクとかで生卵を食べたり、好き嫌いなく何でも食べよう、みたいな感じで。

研鑽会というのは、いろいろなテーマに沿ってやるんですけど、たとえば外は暗黒社会だ、ヤマギシ会のなかこそほんとうの世界だというようなことについて、意見交換する。外の世界は、戦争をしていたり醜い争いがあったりする。そういうことをひとつひとつ、意見として出していくわけです。ヤマギシのなかだったら、みんな朝起きて、一緒にご飯を食べて、有機農法で健康的なものを食べて、男は男らしく、女は女らしいことをやっている。こっちの世界こそほんとうの世界だよね、ということをみんなで話し合うんです。

良かった思い出といえば、一応学校だったので、クラブ活動みたいなのも合間にちょっとあったんです。自分は母親の影響もあって歌が好きだったので、合唱クラブをやっていて、それは楽しかったですね。いちばん真ん中のパートで歌わせてもらったりして。

あとは、ときどき夏の楽園村というのがあって、農業体験のようなイベントです。特に八月の大型楽園村のときには、全国から一万人ぐらい集まっていたことがあって、自分もそこに行って明るくなって変わることができたんですよ。スタッフもやらせてもらっていて、楽しかったですね。

楽園村では子どもたち相手のゲームもやっていて、『おかあさんといっしょ』みたいな感じで、じゃんけんゲームみたいなのとか、自分が楽園村の歌のお兄さんの役を務めて、「アブラハムは七人の子」をやったりとか。あとはサッカーしたりとか、ボール遊びとかですね。

でもふだんの高等部の生活では、ゲームをすることはもちろん、部屋にテレビとかも一切なかったし、マンガも禁止でした。あとは男は男らしく、女は女らしくというのがあって、いわゆるジェンダー区別って言ったらいいんですかね、男がやるんだったら短い休み時間に外でサッカーだとか。自分はそういうのが得意ではなかったので、あまり合わなかったですね。

◎特殊なタイプだったかもしれない

自分には親の遺伝で発達障害があるからか、男は男らしくという価値観についていけない。農作業がすごく多かったんですが、男は頻繁に力仕事を与えられるわけです。サツマイモがたくさん入った箱を三個も四個も持たされるとか。牛舎で牛糞出しというのがあるんですけど、それを台車に乗っけて山盛りの糞を毎日出しに行くとか。建設現場みたいなところで資材がたくさん入っているものを、また台車に乗っけて出しにいくとか、いろんなことをやらされました。

時代がいまと違いますから、そういう発達障害のことはわからないまま、ほんとうにへとへとになってやっていたわけです。そのたびに、みんなから力がないと責められたりしていて、大変でした。男だけの研鑽会があったときでも、男は男らしくなくてはいけなくて、自分たちが世界を作っていくんだとか、力をつけて、体力をつけてとか、そういう意見を、まわりの人たちがばんばん出していくわけですよ。そんななかで、自分もみんなに合わせて、思ってもない意見を出すしかなかったですね。

近年の子だったら、親から言われてとかの2世の子たちが多いんですけど、自分の時代には、事件を起こす前のオウム真理教とか、そういった新興宗教的なもののセミナーとかが、いちばんはやっていた時期で、自分の場合は、さっきも言ったように親からの逃避として、そういうものに関わっていた。

僕の場合は特殊なタイプだったかもしれません。まわりの同級生でも、ヤマギシの2世がいたり、志の高い人間が多かったんですよ。「幸福社会」を作っていくぞとか。たとえば、兄に生徒会長と副会長がいたりとか、帰国子女の男の子がいたりとか、あとは高校の進学校に通っているものすごい頭のいい子がいたりとか。そういうなかで自分はやっていたので、同じようなタイプの人間は高等部にいなかったんですよね。

最初の半年間は仲のいい子たちと三人部屋で、小さい部屋だし、下の学年の子とかもいなくて人数も多くなかったし、まだ楽しかったんですけど、半年後ぐらいからだんだん苦しくなっていきました。それでも村のなかに三年間いちゃったんですね。

◎外部からの連絡はシャットアウト

やめようと思ったことも何度もあったんですけれど、引きとめられるんですよ。年に三回ぐらい里帰り的なものがありました。ヤマギシズム学園というのはほんとうに年中無休で、病気しなければ毎日、働きっぱなしのところなんですね。で、年に三回とか四回ぐらい「家庭研鑽会」っていうのがあって、一泊三日ぐらい、村の子は親がいる村に帰っていって、都市部から来ている子どもたちは、大阪なり東京なりの実家に帰っていくという時期があります。

その家庭研鑽の時期に、村が嫌になって、一週間ぐらい戻らなかったときがあったんです。でも、「帰ってきなさい。ここは、やることがある場所なんだから」と電話がかかってきたりして。自分は逃避で行っていましたが、ほかの子たちには、「幸福社会」というテーマがある。それでついていけないと感じました。でも引きとめられて、卒業までいてしまったんです。

ヤマギシ会で、不審を感じることはいろいろありました。送られてきた手紙は毎回、開封されてるんです。検閲みたいのをやって、そのあと本人に見せてくれる仕組みで、場合によっては電話とかがかかってきても通さない場合もあったりして。外部からの連絡とか、そういったものを極力シャットアウトするような形になっていました。

高等部の三年生最初ぐらいまではまだ良かったんですが、閉ざされた空間がだんだん苦しくなってきた。刺激もないし、テレビも当然観られないし、会う人間もぜんぶ同じなわけですよ。なので、だんだん鬱病みたいになっていっちゃったんですよね。

高校として認定されていないから、そのあと大学なんかには行けなかったです。SNSもない時代ですから、どう動いていっていいかわからない。大学に行こうと思って、まず高校から通おうと思ったんですが、自分に学力がなかったり、家庭環境のせいもあって、ダメで、結局一年くらいでまた村に戻っちゃったんですよ。

外の世界に住みながら参加できる、若者のための楽園村という、二泊三日の農作業をやって研鑽をするという会があったので、そこに参加しました。ヤマギシ会で紹介してもらったところで、五ヶ月ぐらい社員として働いたりもしていたんですよ。車の免許とかも取って。でも外での生き方がわからないんです。関わり方とかも対応の仕方もまるで村と違うので。買い物の仕方もわかんないから、いきなり、ばあってお金を使っちゃったこともあるし。

結局、ヤマギシ会の村人になるのがいちばんいいと思って、今度は研鑽学校という閉ざされた空間で一五日間ミーティングをする会があって、そこでいろんなことを話しあって、また村人に戻っちゃったんです。だけど、村人になったらなったで、また苦しくなって、鬱状態に入って結局三ヶ月で出てしまいました。

そのときに、もう自分はダメだ、決別しようと思って、一切ヤマギシ会には関わるのをやめたんです。

◎いまも取れないマインドコントロール

そのあと、とにかく自分を変えなくちゃいけないと思って、まず実家に戻ったんですよね。だけど、親は精神疾患的なものもだんだんひどくなっていって、むちゃくちゃ不安定な感じで、お酒ばっかり飲んでておかしくなっていたんで、ここには居られないと思って。深夜のコンビニで働いて、何とか五〇万ぐらいお金をためて、埼玉に移ってひとり暮らしをして、その後も職を転々として、自分のやれそうなコンビニから、レストランとか少しずつやれる仕事を増やしてって、派遣などをやっていまに至る感じですね。結局、まともに就職とか、ぜんぜんできなかったですね。いまも無職です。家族はいません。

父親のことはずっと避けていて、父方の親戚の手紙で父親が死んだことを知ったのですが、そのときに初めて重症筋無力症という難病だったことを教えられました。家の物はぜんぶ処分して無縁仏に葬りましたって、その手紙には書いてありました。その親戚から一回だけ電話がかかってきたんですけど、僕の荷物を勝手に処分されたそうですが、返してくださいと一言ぽつんと言ったら、そんなのもうどうでもいいからって、ガチャンと切られてしまいました。それがショックでしたね。結局、親戚とも連絡を取ることもなく、いまに至るという感じです。母親ももうたぶん、亡くなっているのかもしれません。音信不通になっているのでわからないんです。

ヤマギシ会のマインドコントロールは、いまも取れていません。いまだとヤマギシ会の書物がいっぱい出てるじゃないですか。僕はもともと、ヤマギシズム学園に自分は救われたと思って入ったわけですよ。ここが安住の地だと。みんな優しかったし、特に村人でない地域の人や地域のお母さん方は優しかった。でもいまはヤマギシの暗部を知っているから、フラッシュバックじゃないですけど、あそこに行って失敗したな、ヤマギシズム学園さえなければというふうに思います。

だから、自分のなかで思うのは、ヤマギシズム学園じゃなくて、例えば地域の更生施設でも保護施設でも、ともかくちゃんと普通にお金を稼いで、社会で生きていく方法を教えてくれるところに一〇代の頃に行っていれば、ああいうふうにずるずると二〇代前半までヤマギシ会に関わらずに済んだんだろうなということです。いまだにヤマギシ会的な考え方みたいのは、自分の頭の片隅には残っていると思いますね。

根本的なのが、お金の要らない仲の良い楽しい村なんです。でも現実問題として、お金を稼がないと生きていけないんですよ。それにお金が要らない仲良く楽しい村と思っても、いま振りかえってみたら、ヤマギシ会のなかもいろいろあるわけで、脱走者がいたり、不審死があったり、引きこもってるような子がいたりする。あとは、子どもたちのあいだでも精神疾患みたいなのにかかっている子がいたり。小学校五年生、六年生になってもおねしょをしてる子がいたり、物が盗まれたり、髪の毛むしり取ってる男の子がいたり、片腕のない子がいたり、そういうのがいっぱいあったんですよ。

でも、そういうことに、村のおとなたちはぜんぜん目を向けてなかったんですよね。それを訴えたこともあったんです。初等部の世話係みたいなのを、お兄さん役として担当していたことがあったので。物を盗まれるとか、そういう子どもたちの声を高等部の係の人に伝えたんだけど、子どもはそういうこと言わなくていい、おとなが考えることだとシャットダウンされてしまったのが、記憶に残っています。

◎思っていることを言える場所がなかった

最近の宗教2世問題について思っているのは、いまでこそ、インターネットが普及しているから、ツイッターとかでも声を上げることができるじゃないですか。当時はインターネットもなかったし、調べることもできなかったので、上のおとなたちが言ってることがすべて正しいと思っちゃうんですよね。だから、それを信じて突きすすんでいって、結果としてこれはまちがっていたんじゃないか、おかしいんじゃないかとなって、そのわだかまりというのがずっと残っていますね。何と言ったらいいんでしょう、後悔というか、わだかまりというか。

たぶん宗教2世の子たちも、そういった子どもの頃のわだかまりとか、後悔とか、悔しさとか、ずっと残ってるんだと思います。宗教2世もそうだし、虐待を受けた子どもたちもそうですけど、思っていることを言える場所がなかったですよね。ほんとうは違うんじゃないか、これはまちがってるんじゃないかっていうわだかまりをずっと抱えたままおとなになってしまって、精神面にも影響を受けている人たちがすごく多いのではないかと思います。僕もそうですけど。

信仰優先で家族が崩壊するのは、オウムも他のカルトも同じ

中山尚――オウム真理教・ひかりの輪

◎統一教会から逃げだした体験

私は一九六六年生まれで、大阪生まれの大阪育ちなんですわ。小さい頃、口蓋裂で産まれてきまして、それで小さい頃から劣等感を持って育ってきました。両親は散髪屋をやっとったんですけども、おやじのほうがけっこう酒乱でね。小さい頃から、母親がよう殴られてました。近所でも有名で、おやじが暴れてると、家族揃って逃げだして、近所でかくまわれるみたいな、そういうような生活をしてました。父親は満州帰りいうこともあったんですかね、人間の弱さっていうものを、まざまざと子どもらにも見せてきました。まわりの人たちなんかは、お父さんひどいよね、お母さんのほうが好きでしょう、みたいな感じで言ってくるんですけど、私はおやじに対して嫌いやってことは、よう言わんかった性格なんですよね。複雑な思いは持っていたんですけれども。

大学に入ったときに、統一教会の原理研から声を掛けられました。偽装勧誘っていうんですかね。すでに霊感商法も世間で話題になってましたが、私の場合は、そこで信仰を持っ

てる人が強く見えたんですよね。これだけ社会からバッシングされているのに、これだけ強い信仰を持って頑張っているというのが、それは一体どういうことなんだろう、みたいなことを考えて、興味本位でビデオセンターにまで付いていったんです。

その後、新人修練会っていうのがあるから、そこにも参加しろっていうことで行ったんですけど、私も反発しつつ、自分でも無理くりに反対してるような、そんな感じになってきて。まわりが「これ、やっぱり真理やで」とか言いはじめていってるなかで、理屈の上では反発できないようになっていってる自分も感じて、ほんまに怖くなりまして、あわてて逃げて帰ってきたっていう経験があったんですよね。

大学は卒業しましたが、就職にあんまり興味も持ってなかったと言っていいんですかね。バブルでみんな浮かれてるなか、自分は宗教とかの精神性があるものに関心を向けていて、会社は三ヶ月くらいで辞めてしまったんですよ。自分のやりたいことが分からないって、いまでいう自分探しですね。職も何年か転々とするんですけど、二〇代の終わりにオウムの地下鉄サリン事件がありました。

オウムも雑誌か何かで見たことがあって、けったいな宗教があんねんなって思ってる程度の認識だったんですけど、事件があったときに、学生時代に統一教会でハマりこむ寸前まで行ったことが自分のなかでは重い経験として残ってましたんで、オウムの信者が他人とは思えんかった。当時のオウム報道はすさまじいほどの情報量でしたが、オウムのことをもっと知りたい、オウムの人たちって何考えてんやろう、オウムってなんなんやろうということで、オウムの機関誌の『ヴァジラヤーナ・サッチャ』を読みはじめたんですよ。でも事件以降、そういうのが書店から一掃されていったんで、これは焚書坑儒みたいな言論弾圧やって意識もあって、より一層オウムのことが知りたくなって、サティアンショップっていう、大阪道場の下にあったオウムのショップに飛びこんでいきました。

◎オウム真理教に入信

入信したのは九六年の三月、地下鉄サリン事件から一年後ですわ。大量殺人を犯した教団だということは知ってたんですけど、だからこそ関心を持ったんです。当時はまだ裁判もおこなわれてなかった段階ですが、被疑者の段階で犯人と決めつけて報道してる姿勢っておかしいんちゃうか、みたいなこまっしゃくれた考えからです。日本だって第二次世界大戦のときアジアに侵攻していって、多大なる迷惑を掛けてきた。その根本となった天皇制っていうものを、いまだに掲げてる日本人が、オウムの信者に対して「いまだに麻原、信じてるから危険なんや」っていうようなこと言えるんか、みたいな話です。

死刑もそうですよね。ヴァジラヤーナ、ポアの思想。目の前に悪業を重ねている魂がいる、この魂は生きているとどんどん悪業を重ねていってしまう。これをポアするのは、つまりその人の命を奪うのは、結局その人のためなんだみたいな理屈で殺人をやってたんですけど、それも国のやる死刑の理屈と重なってきてね。これだけの犯罪を犯した人間やねんから、この人に死をもって償わせるのは社会のためなんだっていう理屈と重なって見えた。麻原が危険であったとしても、麻原を殺すなっていうのが、われわれ社会と対峙していく側の主張にならないとおかしいんちゃうんかとか。そんなことを、オウムに入る前でもどんどん言ってたんですよ。そしたらまわりの反応が、こいつ頭のおかしいやつや、おまえオウムなんか？　みたいな感じで、どんどん孤独になっていったんです。

それで、より意地になってしまって、とことんオウムってものを知ってしまおうじゃないかとサティアンに飛びこんだ。でも統一教会のときと一緒なんですけど、信仰しようっていう気はさらさらなかったし、麻原がもし証拠不十分で出てくることがあったら、俺は逃げようと、そんなつもりで飛びこんでいったんですよね。オウム真理教はその後、解散命令が出て、アーレフに変わっていきます。一九九九年に、三年間広島刑務所に入っていたオウム幹部の上祐史浩が出てきて、オウムが解体されたあとに残って共同生活を続けていた信者と一緒に作ったのがアーレフです。

私がアーレフにいたのは二〇〇七年までで、そのあとさらにアーレフから分裂して上祐史浩が作ったひかりの輪に、二〇〇七年から二〇一六年ぐらいまでいました。上祐は最初は雲の上の存在でしたね。オウムのなかで正大師って、麻原に次ぐ地位で、しもじもの人間がしゃべれるような人じゃなかったんです。しゃべろうと思ったらお金を払って、お布施して面談を申しこむっていう手続きが必要で。

◎アーレフからひかりの輪へ

上祐がアーレフの代表となって、まず被害者賠償を結ぶとともに勧誘活動とかも始めて、それで「麻原外し」を始めていったんです。麻原色を弱めて、自分がリーダーとして、要するにグルとして振るまっていけば、観察処分も逃れられて、改革できるということでやっていったんですよね。

そのやり方について行けない信者もかなりいて、一時、上祐は軟禁されてしまうわけです。表舞台から外れていくんですけど、そうすると今度はアーレフがどんどん衰退していって、せっかく結んだ被害者賠償も払えない状況にまで、経済的に落ちこんでいきました。アーレフはこのままじゃつぶれるっていうことで、ふたたび上祐が動きはじめたところ、さらに新たに反発もあって、そこから分裂騒動になったのが二〇〇五年です。それでひかりの輪が設立されました。

上祐がそのとき言ってたのは、事件はわれわれがやったんだと。世間からしてみたら当たり前のことなんですけど、内部の人たちって、そこがあやふややったんですよね。麻原は何もしゃべってくれないし、しゃべったとしても不規則発言してるし、現実が見えてないなかで、当時の信者は事件をどう受けとめたらいいのかわからないって人たちがほとんどだったんですよ。グルの崇高な考え方があるんだから、自分らしもじもの人間が推しはかったとしても、それはわかるはずがないっていう人もいましたし、巨大なユダヤのフリーメーソンあたりがわれわれをハメたんだというような、いまアーレフが言っているような陰謀論を言う人もいましたし。

真実はわからないと言われているときに、上祐はわれわれがやったんだ、まずそこから認めていこうと言った。それを認めた上で社会融和して教団を存続していくことこそが、グルの意思だろうと。グルが言ったのは地上救済で、われわれがごりごりに固まって、閉じこもってるだけでは救済はできないわけだから、もっと社会と融和して、われわれの教えをどんどん広めていこうじゃないか、ということで、ひかりの輪ができたんです。私も、もともと事件に関心を持って飛びこんだがゆえに、上祐の言うことにどんどん引かれていって、それでひかりの輪に移ったんです。

オウムからアーレフまでいて、ひかりの輪に移ってからも、約二〇年間、基本的には居心地は良かったです。あらゆるカルト集団がそうなのかもしれないですけど、内部では人当たりがいいし、信仰してる限りは、あるいは信仰してるふりをしてる限りは、大切にしてくれますし。そういう意味では、社会になじめなかった自分にとっては、ものすごく居心地が良い空間だなって思っていました。だからこそ続けてきましたけど、逆に言えば、この社会では居場所をなかなか見つけることができなかった、ということが一面ではあったんだろうと思います。

◎妻は私を信じてくれていた

じつは入信するときに、交際相手がおったんです。彼女と一緒に最初は通ったりしてたんですよね。彼女のほうは教義に関心なくて、自分がどんどん引かれていったんですけど、そのあと、できちゃった婚で結婚してくれました。九六年三月に入信して、それから一ヶ月くらいで妊娠がわかって、六月に結婚して、一一月に子どもが産まれてきて。妻が、オウムに通うのはええけど、家族のこともあるから趣味の範囲で止めとってくれ、オウムに使うお金は月一万円ぐらいにしといてくれって話があって、それを妻と約束してたんですよ。結局それが、入れこもうとしてる自分の歯止めにもなっていた。月一万円以上はオウムに使わないという距離感で付きあえた。

妻は、オウムのこと認めてなかったです。ただ「あんたがやることやから、それは好きにしたらええねんちゃうの」っていう感じでした。ただし、「こっちにまで持ってこんといてね」とも言っていた。妻が私を信じてくれたっていうのがあればこそ、私も自制心持ってオウムと付きあえたところはあるんですよ。泊まりでの修行は絶対やめてくれって言われてましたんで、やりませんでしたし。

ひかりの輪では、宗教が宗教を反省して新しい団体を作ろうってところに未来性を感じて、アーレフ時代は付かず離れずだったのが、ひかりの輪にはのめりこんでいきました。奥さんが、動けなくなっていく難病の脊髄小脳変性症っていう病気を発病して、いまはもう施設に入っちゃってますけど、当時はまだ家にいて、介護もしながら、子どもの世話もしながらの生活で、自分もものすごく疲れていたっていうか、必死だった時代でした。それだけにひかりの輪の立ちあげがまぶしく見えて、夢中になったんです。

でも、ひかりの輪で疑問に思うことが出てきて、それをネットで暴露していったんです。初めは、「こいつら何も分かってないから改革していかなあかん」みたいな、そんな思いでしたけど、そのうち上祐との対立が深刻化していって、最後は出入り禁止にされてしまいました。ですから私の場合は、自分から教団のおかしさに気づいて辞めるっていうんじゃなくて、組織と対立していって追いだされたっていう感じですね。

わたしの改革論は、絶対わかってくれるはずやと思ってました。団体運営として教義っていうものがあるじゃないですか。ひかりの輪でも上祐の言ったことが教義になるんですけど、そこでは、人はみんな仏さんなんだ、だからひとりの人間をグル＝神とあがめるんじゃなくて、ひとりひとりがみんな神さんなんだ、みたいな教えがあるんですよ。でも、そう言ってるにもかかわらず、「あの人は精神的におかしいから」とかで、信者同士が排除しはじめるんですよね。ちょっとでも迷惑行為をしてると思ったら、排除しはじめる。面倒くさい人間はどんどん排除していくので、「それはおかしいでしょ」ということを教義に従って言うんですけど、それは理想論だよ、みたいに反論される。結局、美辞麗句を並べて信者を騙しとっただけやないかって、あとあとなって気づきはじめました。

◎自分で判断できるようになるまでやめとけ

子どもは女の子と男の子がいますが、宗教の話はほとんどしたことがありません。上の姉ちゃんに関しては、生まれたときに先天性の食道閉鎖症、要するに生まれながらに食道が切れていたんで、生まれてすぐ手術もして、何年も阪大病院に通っていました。通院の帰りに、オウム時代の大阪道場に連れていったことがあるんですよ。小学校、入っとるか入れへんかっていうような時期だと思うんですけども。そのときに子どもの様子が異様におかしかったんですよね。それを見て、やっぱりまだ早いかな、みたいな感じで、それ以降は連れていってないです。

道場での日常会話ではどうしても、カルマがどうのとか、そういうような話は出てきたんですけど、だからといって家庭には持ちこみませんでしたし、子どもらがしっかりとした自覚を持つまでは、こういう信仰を勧めようとは思ってなかったです。ですから、私自身もオウムはゴリ押ししてないつもりではおるんですけど、子どもらにとってはどう映ってたかっていうのは、ちょっと怖くて聞かれへんなっていうのはありますね。

子どもの信仰に関しては、上の姉ちゃんが、高校受験のときかな、友だちに誘われて崇教眞光――手かざしの――あそこに誘われたことがあったんですよ。そのときに私が、「いま未成年やから、自分できっちり責任取って、自分で判断できるようになるまでやめとけ」って言ったんですよね。オウムの名前は出さずに、オウムの信者の話を例に出して説得しました。そういうのは気いつけなあかんし、友だちから勧められたからといって、そういうのにはついてったらあかんし、ついてったとしても自分で判断できる成人になるまで保留にしとけって言いましたね。

昨今の宗教2世の報道については、これもう、ひとごとではないって思ってます。私の場合、オウムというあれほどの事件を起こした団体だったがゆえに、子どもを通わすことに抵抗があった。嫁はんも反対してたっていうのがありましたし。これが統一教会みたいな場合、子どもに幸せやからって思いこんで押しつけてるわけですが、それでも私の場合とぜんぜん違うっていうより、紙一重やと思うんです。けっしてひとごととは思わずに、私もどこかで子どもに押しつけていたかもしれないと思うと、いまの2世問題を何とかして解決に向けて動いていくのは、われわれの世代の役目じゃないかなって考えています。

◎信者であったことはまちがいだった

オウムでもアーレフでも、2世の子らをよく見かけました。アーレフ時代は在家の人らも、けっこう連れてきてましたね。その後、熱心に頑張っている信徒さんのところだったんですけど、上が姉ちゃん、下が弟さんやったかな、結局男の子のほうは宗教が嫌いで、親の信仰に耐えられずに海外に逃げたっていう話もありました。上の姉ちゃんのほうは、そのまま帰依信徒みたいになって、ばりばり頑張ってるみたいで。オウムに関しても、そうやって家族がばらばらになっていってる例は、やっぱりありますね。

また別のパターンですけど、お父さんは在家のまま、事件前に母親が子どもを連れて出家したという家族がありました。事件後、子どもはお父さんに引き取られ、お母さんは捕まって三年ほど獄中に入ってたんですけど、出てからまたアーレフに戻りました。その父親に引き取られた息子さんが年頃になってね――高校も行ってなかったんかな、彼――ひかりの輪を立ち上げるっていうときに、やっぱり事件のことが知りたいっていうことで、ひかりの輪に来るようになったんです。アーレフの主流派と上祐派っていうたら、ものすごく仲が悪いんで、母親に「自分、ひかりの輪に通ってます」と言ったら激怒されて、それ以来、音信不通みたいな感じになっちゃったみたいです。

ほんとうは、家族も含めて一人一人が幸せになりたいって思って、みんな信仰を始めるものなんでしょうけど、結局、家族よりも信仰を優先させるがばかりに崩壊していってる家庭というのは、間違いなくオウムでも存在しますし、ほかのカルト宗教なんかでも同じなんだろうなと思って、いまの宗教問題を見ています。

オウムのなかでもね。被害者賠償せなあかんと形では言ってたんですけど、そういうことを社会融和のために使ってましたから、私がなんぼ理屈を付けようとも、信者であったことはまちがいだったたって、いまでは思っています。辞めてから、いろんなことに気づけました。被害者の世話役やってた人の集いがあって、毎年やってはったんですけど、ひかりの輪をやめてから初めてそこに参加しました。まわり、みんな被害者ですよね。そういうような場所に参加して、話を聞かしてもらってるうちに、いたたまれんような気持ちになりましてね。あんときはほんとうに、自分の考えが根本的に間違ってたなっていうことを気づかされました。でも、それは辞めてからの話なんです。

たまたま人を殺さなかった、とある宗教2世の話

紫藤春香 ―― 新宗教

◎誰の目にもとまらないささやかな宗教

わたしは宗教2世だった。とある「新宗教」の。

「新宗教」と聞いて、あなたはどのようなものを思い浮かべるだろうか。やはり今話題の統一教会だろうか。それとも創価学会、あるいはエホバの証人だろうか。生長の家・幸福の科学・眞光教・天理教・実践倫理宏正会……。さまざまな「新宗教」をあなたは思い浮かべるかもしれない。でも、あなたの推測が当たることはおそらく一生、ない。

この国には、メディアで取り沙汰されるよりも、もしかしたら政治家や宗教学者が把握しているよりも、はるかに多くの「新宗教」がある。土着の、場合によっては各家庭独自(!)の、知られざる「新宗教」が、この社会には無数にある。

わたしの母が帰依していた新宗教は、Wikipedia の「新宗教」の一覧にすら載っていない。わたしが2世として関わった新宗教は、そのような誰の目にもとまらぬささやかな信仰で

ある。

とはいえ、その信仰はきっちり過酷なものだった。「伝統宗教」とは一線を画した、非現実的な教義を持ち、理不尽としか言いようがない実践を持っていた。

物心がつくよりも前から、わたしは週末になると、車で片道二時間ほどかけて、とある山へ連れて行かれた。そこでまた長い時間をかけて七つの社がある神社を丁寧に参拝し、その後八〇歳か九〇歳のイタコ婆さんの家に向かう。

婆さんの家にはいつも、一〇～二〇人ほどの信者が集まっていて、お茶とお菓子を手に、雑談をしながらイタコ婆さんの登場を待つ。そのうちに、よたよたと現れたイタコ婆さんが、よっこらしょと言って、「仏壇」の前に座る。

「仏壇」は、面積にして二畳分、二メートル以上もの高さがある。壁一面にみっちりと、さまざまな仏像・仏具、無数の蠟燭が並べられている。そんなクソでか仏壇の前で、イタコ婆さんはお経を唱えはじめる。続いて信者も唱える。わたしも唱える。

全員でお経を唱えているうちに、イタコ婆さんがトリップ状態になる。そのうち、婆さんは信者の中から一人を選んで前に呼び出し、背中をさすりながら、霊的な何かを通じて降りてきた「お告げ」を語る。「お告げ」をもらい、救いを得た信者たちは、全員もれなく泣いていた。母もわたしの隣で一心不乱にお経を唱え、涙を流す。

小学生のわたしはといえば、正座をしながら、ただ時間が過ぎるのをじっと待って耐えた。隣で自分の母親がお経を唱えながら号泣している姿は、シンプルに怖い。子ども心にドン引きだ。それに、本当は経など読まず、イタコ婆さんが飼っている大きなシェパードと遊びたい。というか、そもそもこんなところに来ず、家で本を読んでいたい。

だが、素直に同伴し、隣に座って経を読むほうが、母の機嫌が明らかにいい。わたしは、母の機嫌のためだけに、「新宗教」に従うふりをし続けた。母のために覚えたその経は、今でも空で暗唱することができる。

一時間ほどして、読経の時間が終わる。信者たちがご祝儀袋に入った三万円をイタコ婆さんに手渡して、会はお開きとなる。イタコ婆さんには、一度の会で三〇～六〇万円の集金があるわけだ。それが毎週のように行われている。

わたしの週末はこのように退屈な宗教儀式によって奪われ続けた。友人と鬼ごっこで遊んだり、ゲームに興じたり、お出かけする時間なんてなかった。気がつくと、友人を作ることすらできなくなっていた。

◎苦痛だった火渡りの行事

加えて、年に何度か、大規模な修行イベントにも参加しなければならなかった。それらもまた、過酷で苦痛だった。

なかでも最悪だったのが、「火渡り」と言われる行事だ。文字通り、焚き火の上を裸足で歩く、という儀式である。

日本全国には、火を取り扱う伝統的な祭りがいろいろとある。それらは大抵、一八歳以上のおとな（主に男性）が、自由意志の下、参加するようにできている。しかし「新宗教」は、そしてこの行事に参加している我が親は、そんな良心は持ち合わせていない。

わたしは赤ん坊の頃から、母に背負われて火を渡るという「予行演習」を経て、六歳からは一人で「火渡り」をするようになった。一応は「子どもだから」ということで、順番は最後の方に、つまり焚き火がやや落ち着いた頃に渡ることを許されてはいた。それでもやはり、少女だったわたしの目の前に広がるのは、黒く、赤い、熱々の炭の道である。

母や他の信者は、わたしに「目をつぶったり走ったりしては、かえって危ない。安全のためにも、まっすぐ前を見て、ゆっくり渡りなさい」という助言を授ける。そもそも渡らないのが最も安全だし、せめて靴を履かせてくれればよいのだが……。

当時のわたしには、信仰の自由も、拒否権もなかった。親に見捨てられれば生活がままならない、脆弱な地位にあった幼いわたしは、恐怖を抱きながらも教えに従い、言われるがままに火の上を渡った。当たり前だが、裸足で火の上を歩く行為は、とてつもなく熱く、痛い。真っ赤な炭が、足の裏で「ジュリ！」「ザリ！」「ビキ！」と音を立てる。渡り終える頃には、足の裏は火傷でただれていた。

わたしは「火渡り」の他にも、さまざまな宗教儀式に参加させられた。裸足で山を登らされたり、早朝から風呂場で冷水を浴びせられたり、白装束で滝に打たれたりした。

最近、滝行が〝スピリチュアルな〟レジャーとして人気と聞く。だが、滝行の経験者としては、まったくおすすめできない。友人が一度「滝行しようと思うんだ」と気軽な感じで言ってきた時、わたしは全力で止めた。GWの五月頃であっても、滝の水温は一〇度前後と冷たく、水の勢いは想像よりも強い。またたくまに体温は奪われ、首の損傷すら引き起こすこともある（案の上、友人は風邪を引いて高熱を出し、寝込んだ）。

ついでに腹立たしいのは、少女がこんなにも身体を痛めつけ、儀式に参加したところで、「女は不浄の生き物」という教義に基づき、教団内では永遠に蔑まれるのである。教えに従順な母は、不満気なわたしに対して、女は「わきまえる」のが正しいのだと、熱心に説き続けた。

母はわたしに、「信仰は強制されてするものではない」と言う。その言葉を鵜呑みにするほどピュアで、それでいて勉強熱心で、年齢の割には賢かったわたしは、中学生になるタイミングで、無神論を唱えた。「神様なんて本当はいないんでしょう？」「こんなにつらい思いをして尽くしても、女だからというだけで神様に嫌われるなんておかしい」「教えの方が間違ってる」。そう口にした。

それを聞いた母は目をひん剝き、みるみる青ざめ、激怒した。

その日から母は、毎日のように、わたしに呪いの言葉を吐き続けた。「おまえがこの家を滅ぼす」「おまえのせいでこの家は終わる」「おとなになったら不幸な自分に気がつくだろう」。親の呪いは、見事に効いた。おかげさまでわたしは今に至るまで、独身・子なしの反出生主義者である。

◎暴言、体罰、性的暴行

母がわたしに与えたのは、言語的な虐待だけではない。わたしの日常には、「しつけ」と称した暴言のほか、体罰が、そして性的暴行があった。

教えに背く不届きな輩は、子どもであっても「家」に仇なす「敵」となる。だから、どのような手段を用いても、「矯正」されなければならなかった。親にとっては、「信仰」がとにかく優先順位の一番にあり、それ以外の道徳とか倫理とか正義とか常識とか子どもの人権とかは存在していなかった。

宗教2世にとっての困難、その一つは「閉鎖性」にある。多くの非現実的な、あるいは反社会的な宗教は、信者に選民意識と優越感を植え付けて洗脳する。そして信者である親は、その手法を覚え、模倣し、自らの子どもにさえも手法を駆使し、囲い込む。

「うちはうち、よそはよそ」。親から、この言葉を何度も聞いた。「うち」では信仰が当たり前であり、疑う必要などない。なんなら信仰がない「よそ」は不幸な立場ですらあるのだ、と。

成長し、友人ができ、「よそ」の世界を知る年頃になれば、いやでも実家の異常性に気がつく。しかし、「うち」が異常であればあるほど、若き2世は、「よそ」との違いに羞恥心を抱く。家の宗教のことを誰かに話したらきっと「キモチワルイ」と言われて、嫌われてしまう。SOSの発信はなかなか難しい。

加えて、週末などの時間を捧げたこと、偏った考えを訴えてきたこと、強引な勧誘活動を手伝ってきたこと。そのことで、よき友人や助言者となるべき人は、身近にはいない。違和感を抱いたとしても、自力で抜け出すことは相当に難しい。「新宗教」は、自分の「実家」であり「故郷」であり「居場所」だった。それらの縁を切ることは、容易ではなかった。

わたしにとって運が良かったのは、わたしの大学進学前に、親が全財産を使い果たさなかったことだ。実家の屋内には、三つの神棚、一つの仏壇が、そして庭には、一つの社があった。他にもお布施や仏具などにいくら使ったのか考えたくもないが、数百万から一千万は下らないだろう。それでも我が家の経済状態は保たれていた。おかげでわたしは教育と職業訓練の機会を得た。

イタコ婆さんは「女は不浄だ」と言っていた。しかし教育によって、イタコ婆さんとは異なる考えを知ることができた。

◎自由にしてくれたのは学問だった

大学で学んだ法学は、わたしに、基本的人権、子どもの権利、信条の自由などを教えてくれた。フェミニズムは、わたしに、「女は不浄、ではない」と教えてくれた。さまざまな学問は、実家から自立し、縁を切ることを叶えてくれるだけの、市場価値のあるスキルをわたしに与えてくれた。わたしを自由にしてくれたのは、信仰ではなく、学問だった。

わたしの「新宗教」そのものはマイナーであり、「あの火、マジ熱かったよねー」などと分かち合えるようなものではない。しかし、「宗教2世問題」が世間に知れわたり、当事者が少しずつでもつらさを吐きだし、共有し、社会全体で解決策を探っていく動きが生まれつつあることには、希望を感じている。入っている宗教が違えど、さまざまな「2世のしんどさ」に、共感を覚える。

わたしの人生には、無数の分かれ道があった。

高校生の時、話を聞いてくれる教師が身近にいなかったら。父が倒れた時、母が祈りにさらなる救いを求めていたら。大学進学前に、実家の貯金が使い果たされていたら。司法試験だけでなく、就活にも失敗していたら。支えてくれるパートナーがいなかったら。就職氷河期が自分の世代にも続いていたら。「わたしは宗教2世だった」と過去形で語ることができずに、今でも戒律の檻に閉じ込められ、「不浄な女」として火の上を歩いていたかもしれない。

新宗教から脱出できたわたしには、恵まれた条件があった。自分の「神」を手放せたこと。親を嫌い、距離を取ること。わたしにとって、これらは大事な、平穏への入り口だった。しかし、より悪くなる可能性など、いくらでもあったのだ。

想像してしまう。親が財産を全て宗教に注ぎ込んでいたら。恋愛や友情に恵まれず、孤独状態であったら。私が一〇年早く生まれていたために、就職氷河期に直面していたら。そんな時、親の信じる宗教のイベントに、著名人や政治家が応援メッセージを送り、「お墨付き」を与えていたら。そして、もしもわたしの手元に銃があったなら。

わたしは暴力には絶対反対だ。暴力をふるうこと、それはかつてわたしに暴力をふるい、抑圧した母に負けることを意味する。実際、九九・九%の宗教2世は、あのような蛮行はしない。とはいっても、誰もがほんの一瞬、心が弱くなるときがある。闇が、隙間に入り込む瞬間がある。誰もがその闇に、抗えるわけではない。

そんな時、引き金を引く指を止めるだけの、ささやかな力がほしい。そのために、ほんの少し、ほんの少し、誰かに助けてほしい。それだけなのだ。だからこそわたしは、人を頼る。友人を、恋人を、そして社会を頼って生きている。

◎**あんなものクソだったと言えるように**

今、あちこちで上がっている脱会者の声や2世の声に、お願いだから耳を貸してほしい。

セキュリティ対策とか国葬とかそうした議論に割くリソースと同じかそれ以上に、新宗教の問題にも取り組んでほしい。今日もどこかの家の子どもが、「信仰」の名の下に、親から暴言や暴力を受け、経済的基盤を失い、友人も失い、孤独に苛まれているかもしれないことに、思いを馳せてほしい。

わたしにも具体的で明確な殺意があった。もちろん親に好かれたい、愛されたいという気持ちはあったが、それと同じくらい、親に死んでほしい、なんなら親をこの手で殺したいと思った。教祖や協力者にも、やはり殺意がよぎった。ただ、わたしは人を殺すことは経済的な後ろ盾や社会的な地位を失うことだと理解していた。だからわたしは我慢した。お金と地位のために、我慢しただけだ。

最後に、「人殺しの宗教2世」になりたくない、という若い人が、もしこれを読んでいたら、その人に呼びかけたい。

どんなに時間をかけてでも、逃げる備えをしてほしい。「逃げることなど無理だ」と、諦めないでほしい。実家を出て、家族や信者以外の人と話をして、友だちを作ってほしい。友だちがいないから相談ができない、ということはない。相談をすることから友だちになることだってあるし、カウンセリングでも、弁護士でも、NPOでもいい。もがいてもがいて、いずれ誰かに「あの時つらかった」と言えることを目指して、生きてほしい。

信仰以外の考えを頭に入れ、あんなものはクソだったと言えるようになろう。自分の人生を少しでもマシにすることに集中しよう。自由と権利の行使に怯えず、豊かな生を全うしよう。

そして神無き世界で、誇りを持って、それぞれの静かな死を迎えよう。わたしたちは、あの世で再会することはない。だが、それでよい。祈らねば断られる「天国」など、こちらから願い下げなのだから。

（初出　二〇二二年七月一五日　https://note.com/chuck_abril17/）

2章

宗教2世・海外での最新研究状況

宗教的虐待、毒宗教、健全な宗教団体、宗教的トラウマ症候群、宗教的児童マルトリートメント

横道誠

はじめに

安倍晋三銃撃事件ののち、マスメディアから取材を受けるうちに、海外の宗教2世研究がどのようになっているのか尋ねられたことがあった。筆者はドイツ文学の研究者で、外国文学を愛好してきたが、宗教社会学などの専門家ではないため、うまく答えることができなかった。ほかにマスメディアの取材を受けている人のインタビューなどもよく読んでいたが、誰もこのあたりについて話していなかったと思う。そこで大阪大学大学院人間科学研究科に所属し、日本の宗教2世について研究しているイタリアからの留学生、マルティーナ・ボッタッツォさんに、情報を提供してくれないだろうかと相談した。ボッタッツォさんが共有してくれた英語の文献情報、ウェブサイト情報、若干の論文ファイルをちらほら見ていくと、海外（実質的にはアメリカと言うべきだが）では「宗教被害」の問題の一環として「宗教2世」が論じられていることがわかった。筆者はボッタッツォさんに感謝しつつ、それらを調べることにした。

1　宗教2世、宗教的虐待、毒宗教

日本では「宗教2世」という言葉が広く使われている。これに対して、「カルト2世」

と呼ぶべきだという意見がある。

筆者は「宗教2世」を使用しているが、これは筆者が主宰する自助グループに集まる人々の出身教団が、必ずしもカルトと見なされていない場合もあるからだ。カルトと見なされにくい新宗教でも、ときには伝統宗教でも、家庭環境によって、より具体的に言えば親次第で、カルト化している空間がある。だから筆者は、宗教2世問題にカルト団体が深く関与していることはまちがいないにせよ、これは宗教に普遍的につきまとう問題だという考えを取っている。

これに対して、「2世問題」は一部のカルト集団に関する問題であって、宗教一般の問題と考えるべきではなく、したがって「カルト2世」と呼称するべきだという考え方もある。その際、筆者はカルト団体だけの問題ではないと説明したりするが、それも一部の宗教団体のカルト性の問題だと反論される。なるほど、筆者としても、自分の自助グループに相談に来る人は、自己啓発セミナーやマルチ商法の2世の場合もあるから、つまり必ずしも「宗教」の2世ではなく、「カルト商法」にハマった親のもとで被害を受けた2世も含まれているから、「カルト2世」という言い方も全否定しようとは思わない。

このような事情もあって、「宗教2世」に該当する言葉があるのかという疑問があった。海外ではアメリカの国際カルト研究協会（International Cultic Studies Association、略称はICSA）がこの問題の情報収集の中枢を担っていると知ったため、英語にあるとすれば、

「宗教2世」ではなくて「カルト2世」に当たる語ではないだろうかと予想された。しばらく同協会に集められた記事を読んでいると、「第2世代の成人」(Second-Generation Adults、略称はSGAs)という言葉を何度か見かけたので、これが「カルト2世」に当たる語だと気がついた。

マスメディアで「宗教虐待」や「宗教的虐待」という言葉がよく使われ、筆者もこれをよく口にしてきた。日本では藤田庄市の本に『カルト宗教事件の深層——「スピリチュアル・アビュース」の論理』(春秋社、二〇一七年)がある。一部で「スピリチュアル・アビュース」は藤田さんが鋳造した語と誤解されているが、これは英語圏で使われている〈Spiritual Abuse〉をカタカナにしたものだ。日本語にするなら「霊的虐待」だろう。同様に〈Religious Abuse〉(レリジャス・アビュース)という語もよく使われていて、訳せばこちらが「宗教的虐待」となる。ウィキペディア英語版では、〈Religious Abuse〉で項目が立っていて、本稿を執筆している時点(二〇二二年一二月)で、この項目の日本語ページはまだ生まれていない。この語を「宗教虐待」と訳すこともあり、まったく不可能というわけではないが、「宗教弾圧」に似た印象を与える、つまり宗教団体を虐待しているような印象を与えるため、「宗教的虐待」と訳すのが望ましいかもしれない。

英語の本によく見かけた語のうち、宗教2世に関する日本の報道で使われてこなかったのが「毒」という形容だ。つまり英語圏では「毒親」のように「毒宗教」といった言葉が頻繁に使われているのだ。

「毒親」という言葉は、もとは英語の〈toxic parents〉で、「子どもにとって有毒な親」を意味する。一九八九年にスーザン・フォワードが *Toxic Parents: Overcoming Their Hurtful Legacy and Reclaiming Your Life*（『毒親たち――彼らが与えた傷つきの遺産を乗りこえ、自分の人生を取りもどす』）で導入した用語が、日本で広まって、アダルトチルドレン（機能不全家庭で成長した子）と対になる語として定着していった。アメリカ人たちの議論では、「毒宗教」（toxic religion）だけでなく、「毒教理」（toxic teaching）、「有毒な宗教的教理」（toxic religious teachings）、「有毒な宗教環境」（toxic religious environments）といった語をよく目にした。これらの「毒」を使った宗教論もこれから日本で盛んになっても良いのではないだろうか。ただしアダルトチルドレンでも、自分の親を「毒親」と呼ぶのにためらいがある人がいるように、自分が所属していた宗教や教団を「毒宗教」や「毒教団」と呼ぶのにためらいを感じる宗教2世は、確実に存在すると思われる。

アメリカの「宗教被害」に関する情報で、よく話題になるのは、モルモン教、ユダヤ教、エホバの証人、ファミリー・インターナショナル（旧「神の子どもたち」）、サイエントロジー、イスラム教、ハレー・クリシュナ運動、家庭連合（旧「統一教会」）などだが、国際カルト研究協会に寄せられた報告を見ていくと、日本のオウム真理教はもちろん、禅宗の一部なども批判の対象になっている。

2　反セクト法、カルトの定義、健全な宗教団体の特徴

安倍晋三銃撃事件後のマスメディアの報道で、フランスの反セクト法が繰りかえし紹介された。セクトとは「教派」などと訳されるが、この法律の場合は「カルト集団」を指していると言って良い。中島宏の論文「フランス公法と反セクト法」（『一橋法学』第一巻第三号、二〇〇二年）によると、セクトの識別には、以下の一〇の基準がある。

（1）精神的不安定化
（2）法外な金銭要求
（3）元の生活からの意図的な引き離し
（4）身体の完全性への加害
（5）児童の加入強要
（6）何らかの反社会的な言質
（7）公序への侵害
（8）多大な司法的闘争

（9）通常の経済流通経路からの逸脱
（10）公権力への浸透の企て

このうち「（5）児童の加入強要」をセクトの識別要件にしている点が、日本の宗教2世問題にとって直接関係する事項と言える。

この反セクト法は、セクトないしカルト団体を具体的に指名することを断念し、ある団体や個人のどのような挙動が禁止対象になるかを規定したものとして有益だ。このような規定を作ることで、特定の宗教団体の弾圧につながる可能性も塞ぐことができる。

日本では、「そもそもカルトとは何か」ということも取り沙汰されてきたが、それもこのようにいくつかの基準を設けることによって説明していくことが望ましいと考える。

なお「カルト」（cult）という語の語源は「文化」（culture）と共通し、ラテン語の動詞〈colō〉（耕す、土地の世話を焼く、保護する、守る）を名詞にした〈cultus〉（耕作、守護、崇敬、教団）に遡る。ラテン語から派生した言語のひとつ、フランス語の〈culte〉は「宗教」や「崇拝」を意味し、これが英語の〈cult〉の語源になった。

オクスフォード英語辞典オンライン版（OED Online）には、〈cult〉の第一義として「神的存在に敬意を表す行為または行動。宗教的な崇拝。今では稀な用法」とある。この場合の「カルト」は宗教的な礼拝行為一般を意味する。第二義（a）には、「宗教的な崇拝または畏敬の特定の形式またはシステム。とりわけ、特定の人物または物に向けられた儀式または秘儀で表現されるもの。多くの場合、ofまたは修飾語を伴う」とある。この場合の「カルト」も一般的な宗教のいずれも包摂する。

だが、第二義（b）には「（とりわけ宗教的な）信念や実践を保有する比較的少数の人々のグループで、よその人から奇妙または不吉と見なされたり、構成員を過度に支配していると見なされたりする」とあり、これが日本で一般に「カルト」という語に感じられる定義だろう。第三義には「拡張された用法として、特定の人物、物事、または想念に対する集合的な強迫観念や強烈な賞賛」とあり、これも「カルト映画」や「カルト漫画」などの用法が日本で用いられている。問題は第二義（b）だが、「よその人から奇妙または不吉と見なされたり、構成員を過度に支配していると見なされたりする」グループとは、曖昧模糊なイメージでしかない。外部からそう見えるとしても、内部ではそのように受けとめられていないだろうし、また外部からの観察も、時代や地域が異なれば、別様な像を結ぶだろう。

日本脱カルト協会は、公式ウェブサイトにカルトの定義を掲載している。引用してみよう。「カルトは人権侵害の組織です。組織に依存させて活動させるために、個人の自由を極端に制限します。つまり、全体主義的集団です。そして、①各メンバーの私生活を剝奪して、②集団活動に埋没させる。そして、③メンバーからの批判はもちろんのこと外部からの批判も封鎖し、④組織やリーダーへの絶対服従を強いるといった特徴がみられますが、これらの特徴は表面的には隠されていますので、集団の外部から見ても区別がつかないことがふつうです。カルトは、こうした人権侵害の正体を隠すためにマインド・コントロールを用いることが多いです」。明快な文面で、よく参照されてきたものだが、カルトとは何かを考える人すべてに承認されている定義とまでは言えない。

筆者自身は、カルトの本質を宗教的な熱狂に見ていて、その意味ですべての宗教にカルト的なものが備わっていると考える。神道がいう「八百万《やおよろず》の神」、仏教の輪廻転生、キリスト教の原罪と贖罪の教義なども、それらが「メジャー」だと見なされているから尊重されるが、歴史上の歯車が少し狂って、それらの宗教が衰退したり滅亡したりしてしまっていたら、つまり「マイナー」なものだったら、ほとんどカルト的に見えるだろう。しかし一般に伝統宗教は、過去のことはともかく、少なくとも現在では、私たちの日常や常識を侵犯しないようにさまざまな配慮をおこなっており、またそのようにすることで支持されている。その点で、多くの伝統宗教は、やはり「カルト的」とは言えない。

ジャンジャ・ラリックとカーラ・マクラーレンは、二〇一八年に刊行された *Escaping Utopia: Growing Up in a Cult, Getting Out, and Starting Over*（『ユートピアからの脱出――カルト内で成長し、脱会し、再出発する』）でカルトをつぎのように定義している。「カルトとは、個性と批判的思考を抑えつけ、ある人物または教条への集中的な協働と服従とを要求し、カルトの世界観や、指導者が要求し必要とするものを支持して、個人の自律性を制限または排除する団体または関係性のことだ」

簡潔にして要を得た定義と言えるため、彼女たちの説明をさらに見てみよう。カルトは（1）超越的な信仰体系、（2）カリスマ的な権威、（3）コントロールのための諸制度、（4）影響を与えるための諸制度という四つの観点から識別できると説かれ、それぞれの観点は以下のように説明される。

（1）多くのカルトでは、超越的な信仰体系あるいはユートピア的理想への献身が、日常生活の中心的な焦点となっていて、構成員は自分自身をより良い、そしてさらに献身的な信者へと変貌させるために努めることになる。（2）カルトの指導者あるいは指導者チームは、構成員をカリスマ性で痺れさせ、誘惑的なユートピア的ヴィジョンを与え、協働を要求し、外部の人々やあまり協働的でない構成員を悪魔呼ばわりし、持続的に感情を操作することで、爽快感を与えつづけようとする。（3）カルト的な団体が構成員をコントロールする仕方は、強制的で寛容さを欠き、厳格な規則を設定し、振るまい方の規範を設定し、持続的な規律に支配させ、それらが構成員たちを強固にコントロールされた宇宙的な時空に封じこめる。（4）成功している団体では、その影響力によって構成員は所属感と連帯感や統一感を味わえるものだが、カルト集団ではそれを、個人の独立性と自律性を奪うことによって成立させている。

ラリックとマクラーレンは、この四つの観点から、健全な宗教団体がどのようなものかを説明し、カルト集団の特色と対比させている。

まずは、(1)超越的な信仰体系について。健全な宗教団体では、

・構成員が質問して、疑い、自分の考えを持つ権利を有する
・信仰体系が異なる信仰や異なるアイデアを許容する
・構成員は平等に扱われ、服従したり完璧であることを期待されない
・信仰体系が個人の自律、尊厳、自由を認める
・構成員は自身の個性、財産、人間関係、個人的時間、私生活を保持する
・信仰体系は人々やアイデアを閉めだすよりは、むしろ含みこむ
・構成員は排斥されたり、友人や家族を忌避するように強制されることのないまま、団体を去ることができる
・信仰体系が構成員を世界から孤絶させたり、隔離したりするのではなく、むしろ世界に向けて解放する

つぎに、(2)カリスマ的な権威について。健全な宗教団体では、

・指導者または集団が言動を点検し、平和裡にバランスを取っている

・構成員は価値ある個人として扱われ、弟子、奴隷、ゲームの駒にされない
・指導者にユーモア感覚があり、人間味のあるリーダーシップが備わっている
・構成員は自身の個性、家族関係、責任、私生活を保持する
・指導者または団体が構成員のアイデアや信念を高く買い、促進する
・構成員が質問し、疑い、カリスマ的な権威に異議を申したてる権利を持つ
・指導者または団体が責任を持って葛藤や異義の申したてを収め、けなしたり、罰したり、排斥したりしない
・構成員が望むままに団体を入退会する自由を有する
・指導者または団体は異なるアイデア、異なる信念、異なる団体について熟考し、それらを推奨する
・指導者は批判的思考や知的探究を奨励する
・団体は外の世界や信者でない人たちに開かれている

続いて、(3) コントロールのための諸制度について。健全な宗教団体では、
・制度が民主的で、すべての構成員が、ルールや規範をどのように策定し、実施するかについての発言権を有する。
・構成員は質問し、疑い、制度に異義を申したてる権利を持つ

・点検され、バランスが守られているために、制度は流動的で、応答的で、公平なままになっている
・制度は平等性を支え、ルールの上に立つ者として何者も君臨しない
・制度は公平さ、正義、慈悲深さを内包し、誰も屈辱的な目に遭わされず、いじめに遭わず、排斥されない
・構成員たちは、制度が提供する組織構造や規律を良いものと考えている
・制度が与える所属感や仲間意識に健全な感じがある
・制度は、構成員たちが、自分の個性を消さないままに統一された集団的アイデンティティをはぐくむのを助けている
・団体が批判的思考を推奨し、制度外から来るアイデアを歓迎している

最後に、（4）影響を与えるための諸制度について。健全な宗教団体では、
・制度が人々に、彼らがあるがままで団体から歓迎され、重要視されていると感じさせている
・制度は健全な共同体、チームワーク、仲間意識を推奨し、団体のプロジェクト、目的、決定について議論したり討論したりすることに開かれている
・構成員たちが互いにロールモデルになり、心のうちで競争するにしても、要求されて

ではなく自己選択による
・個人的な勤勉や優越が祝福され、その人の功績になる
・団体が自意識や個人的責任感を奨励し、公然と内面を露出するように要求しない
・制度がプライバシー、自尊心、独立、親切さを支えている
・コミュニケーションは直接的で開かれ、秘密主義は推奨されない
・構成員は他者についてスパイをしたり、他者を密告したりすることを求められない
・構成員は、団体の結束を実現するためのやり方に異義を申したてる権利を有する
・優越するために努力することは団体にとって価値あることだとしても、求められるものは過酷でなく、失敗した人が罰せられることはない
・献身が団体にとって価値あることだとしても、団体は気楽にやっている構成員をも許容する
・制度は公平さを内包し、個人を気にかけ、組織外の人間を受けいれる
・団体は、健全な所属感を与え、協働が現実的なレベルであるようにする
・団体は、人々が変容すること、そうなるように生活を捧げることを求めない
・指導者たちと、組織内の特別な人々は、ルールの上に君臨することなく、彼らが団体の規範を乱したり、無視したりすれば、異義を申したてられる

いかがだろうか。筆者は上に挙げた諸項目を訳出しながら、自分がかつて所属していた宗教団体はつくづくカルト的だったと思い、成長後に所属したさまざまな教育・研究に関わる組織もしばしばカルト的だったと改めて感じ、冷や汗を流してしまった。以上の指摘を踏まえれば、伝統宗教であっても、その内部のグループの一部はしばしばカルト的だということも明らかだろう。

実際のところ、アメリカの「宗教被害」研究では、キリスト教内部のグループがカルト化した事例がしばしば取りあげられている。ジャネット・ヘイムリックが二〇一一年に刊行した *Breaking Their Will: Shedding Light on Religious Child Maltreatment*（『彼らの意志を打ち砕く——宗教的児童マルトリートメントに光を当てる』）では、キリスト教内部の宗教虐待も多く扱ったため、賛否を呼んだようだ。ニール・ダムガードが編者を務めた二〇二一年のエッセイ集 *Wounded Faith: Understanding and Healing From Spiritual Abuse*（『傷ついた信頼——霊的虐待を理解し、治癒する』）ではキリスト教の教えを使った回復の手立てがさまざまに記されているが、キリスト教で傷ついた人がキリスト教で回復できるのかという問題に関して、筆者には疑問が残る。

3　事例紹介

海外の宗教2世問題がどのようなものか、日本では一般にほとんど知られていない。そこで、国際カルト研究協会に集められた個人報告のなかから、宗教2世がおこなった証言をひとつ紹介しておくことには、それなりの意義があると思われる。そこで以下では、「アリス・A」と署名する女性の「私の声——カルト後に話すことを学ぶ」と題する報告を訳出する。そこからは、アメリカの宗教2世がどのような体験をしたのかと同時に、どのように回復を遂げてきたかがなまなましく描かれている。

＊

私は、自分の両親が離婚するより前の生活を覚えていません。私はたった二歳でした。私のもっとも古い記憶というと、小規模で緩やかに組織されたカルトの指導者だった祖母が、私たちと一緒に暮らしていた数年間に関するものです。多くの二世と同じく、私は自分がカルトの内部で育っているとは思いもしませんでした。それに、私たち家族の生活とほかの人たちの生活とのあいだに、大きな食い違いがあることがわかっても、祖母が言っていたような、父が欠勤しているせいで私たちの生活が悪化したとか、卓越した信仰心のために、私たちはほかの人たちより優れているとかの説明を受けいれてしまいました。健全な家族とはどのようなものなのかと、自分たちの家族に疑問を持ち、自分たちがどのような機能不全に陥っているのかを認識するには、充分な背景を持っていませんでした。私は自分自身の考えをちゃんとわかっていました。そしてカルト内部で生きる幼い子どもながらに、コミュニケーションに対する自分の幼い試みは、しばしば相手の耳に入らないということを、少なくとも部分的には理解していました。

祖母はコミュニケーションに高い敬意を払っていましたが、私たちに自由な発言を許さないという独断的な態度も捨てず、その点で我が家には鋭い矛盾がありました。祖母は私たちが非常に幼い頃から、正しい文法規則を叩きこんでくれて、語彙を増やすようにずけずけと勧めてきました。祖母の目標は、私たちがそのうちに人前で話すようになった際、たとえば、前置詞で文を終わらせてはいけないことを知っているような学識ある人たちだけに向けられるようなこと、尊敬と賞賛をもって発言が迎えられるようにすることでした。私は子どもの頃、自分がいずれ人前で話す人になるのではという彼女の推測に疑問を抱くことはまったくありませんでしたが、内心ではひそかに、特にそうしたいと思っていませんでした。母はちゃんとした言葉を選ぶことに重きを置いていましたが、私たち子どもの発言の内容自体には、ほとんど関心を示しませんでした。自分の考えや思いを表現させてもらえないことに、もどかしさや寂しさ、惨めさを感じていたのを覚えています。

子どもの頃、祖母が私を理解していないとわかっていても、その対応の正しさを疑うことはほとんどありませんでした。親となったいまでは、私はようやく自分の声を見つけることができています。私たちのカルトを離れてから娘が生まれるまでのあいだ、私は祖母のルールのいくつかに従いつづけたものの、祖母がほんとうに正しいのかと不安になりました。しかし生まれてきた娘を抱きしめたとき、私のなかの原始的で強力な力が目覚めたのです。自分自身の身を守るためには囁くことすらできなかったうちなる声が、娘を守ろうと思ったときに、雌獅子のように咆哮したのです。私は充分な存在ではない、私は生まれつき利己的だ、とか愛されていない者だとかいう考えが、どういうわけか自分にとって無関係になりました。私はその時点では充分に自由だったので、私の赤ちゃんはこの世界が提供するすべてのものに匹敵すると信じることができました。そして、自分自身の回復のために努力しはじめた私にとって、娘は通訳のような存在になりました。私の体を構成するすべての分子が娘の権利を信じきっていて、私も少しずつ、それらの権利が私のものだと信じられるようになりました。

以下は、娘に冠されると私が信じる権利の数々です（私も、そして私たち全員も同様の権利を持ちます）。

私は、娘には必要なものを所有する権利があり、それが満たされると期待する権利があると信じます。

成長する過程で、私は祖母が幼い子どもたちを、赤ん坊ですら、甘やかさないようにと警告するのをよく耳にしていました。私は幼くして、具合の悪いものを要求してはいけないと学んできました。あまりに頻繁に物を欲しがったり、「わがままにも」助けを求めたりしないように心がけました。一二歳でカルトを脱会したあとも、おとなになるにつれて、私は自分のために何かを要求することに苦心しつづけました。まったく合理的な便宜を図ってもらうことにも、自分の嗜好を伝えたり、援助を求めたりすることにも、罪悪感を感じていました。そこに、私の赤ちゃんが生まれたのです。朝の二時に赤ちゃんがおなかを空かせているということが、信じられないほど不具合だということは、親なら誰でも知っています。ほとんどの親は、それが少しもわがままのせいでないことを理解しています。赤ちゃんの小さな胃袋は、より頻繁に食べ物を必要としています。赤ちゃんは、ママに抱っこされることによって、呼吸、体温、心拍数を調節しているのです。赤ちゃんの小さな体は、ママが頻繁に触れてくれることで、長い闇夜を安全に過ごせると感じ、すやすや眠れるのです。つまり深夜だとしても、赤ちゃんには必要なものがあるのです。私の娘には必要としていたものがあったのです。娘が必要としていたものは邪悪ではなく、急を要していて、愛情を込めて徹底的に満たされるに値するものでした。祖母は、赤ちゃんは堕落させられる存在だと言っていました。しかし私の心は、赤ちゃんには自分の欲求を満たしてもらう権利があると熱烈に主張したのです。

私は、娘には広範な感情を所有し、それらを懸念することなく私に表現する権利があると、信じています。

私の子ども時代の家庭で公然と許されていた感情は、幸福と感謝のふたつでした。祖母は恐れと怒りはどちらも罪であると主張し、私が小さな頃に、私の悲しみは永遠に「癒された」のだと（つまり、二度と感じることは許されないのだと）ぺらぺらと「証言」してくれました。まれに私が「悪い」気持ちを表現しようとすると、祖母はそれらをはっきりと禁止事項だと指摘しました。悲しみ、飽き飽きした思い、寂しさ、気だるさなどは、どれも恩知らずかわがままが形になったものでした。怒りや不満は高慢さが形になったものでした。恐れは「信仰の欠如」で、祖母の教理では悪魔による苦しみへの道でした。私はすぐに、自分が感じていることの多くを抑えるすべを学びました。おとなになってから、自分の子ども時代が、当時自分でそう信じられていたほど幸せではなかったことを発見して、それは苛酷で驚くべき認識となりました。

私はいまなお、自分の感情に名前をつける方法を学んでいて、そうする権利があるのだと自信を深めているところです。でも娘に対しては、なんの疑いもありません。娘は感じることを許されていると、私は知っています。私は娘が自分の気持ちを表現することを奨励し、そうするための前向きな方法を学べるように助けることに尽力しています。ある種の感情が「悪い」ものだと主張したり、否定的な感情を隠すべきだと言ったりしないように注意しています。ある感情が別の感情よりも楽しいものだということは、娘に伝えてあるんですけどね。「楽しいことが好き。でも、ときには悲しいときもある、それでいいのよ」と娘に語っています。自分の気持ちに正直にしていることで、娘に責任転嫁することはありません。娘に、自分の気持ちを言葉にしてほしいと思うことが、私自身がこの課題に取りくむ上で、もっとも強力な動機づけのひとつとなりました。

私は、娘には自分の考えを持つ権利があり、たとえ私の意見に反対であっても、罰を恐れることなくその考えを共有して良いと信じています。

私の子ども時代の家庭では、意見の食い違いはすべて罪とされていました。祖母の主張に疑問を提示すれば、それは信仰の欠如と見なされました。反論すれば、それは「故意の不従順」となって、罰が必要とされました。だから娘が小さな足を踏みならして私をにらみつけ、「ママ、それは違うよ!」と宣言するとき、私は立ちあがって応援したくなります。その場では口論にイライラするかもしれないけれど、娘の小さな体に激越な精神と強い声が宿っていることに、喜びを感じているのです。私はいつも娘に我が道を行かせているわけではありませんが、いつも娘に我が道を行かせるように最善は尽くしているのです。

私は、娘には敬意をもって扱われる権利があると信じているのです。

私の祖母は、大半の人を侮蔑していました。祖母と一緒に用事を済ませていると、ほかの子どもたちが親と一緒にいたのを覚えています。赤ん坊が泣いたり、ちっちゃい子が癇癪を起こしたり、年長の子どもが「口答え」したりすると、祖母は私に面と向かいつつ、その子の親に聞こえるような大きな声で、「そんなことをやっちゃいけないって、おまえは教えられるなあ」と高慢な口調で言ったものです。私は直感的に、祖母は失礼な人だと思っていました。一方で、もちろん私は祖母を完全に信じていたのです。ですから、そういう場面では、私はいつもよその子の親たちと祖母の両方に対して、居心地の悪い恥ずかしさを感じていました。そして、どんなときであれ、私はそういう挙動を真似てはいけないとわかっていたのです。

別のときには、祖母は昼食前に手を洗わない女性について嫌味な言い方で話したり、誰かの知能の低さを残酷な冗談で表現したりしました。祖母は実際のところ、いじめの首謀者だったわけです。彼女の人間関係の一員として、私はいつも彼女の意見に賛成し、「永遠に増えつづける避けるべきリスト」を、自分自身でメモしていました。祖母がよその人にも私にも敬意を払わなかったために、私は、彼女の厳格な基準を満たす場合にだけ、自分は良く扱ってもらえるに値する存在なのだ、というメッセージを内面化することになりました。そう信じたことで、その後、私はあたかも当然のことかのように、不当な扱いを受けても、それを容認するようになりました。

ほんとうは、虐待されて仕方のない人なんか、どこにもいないのです。ほんとうは尊敬が、良いおこないに対する報酬というわけではないのです。すべての人が、人間だというだけで、尊敬に値するのです。私は娘に、自分は尊敬に値すると知ってほしいのです。誰かが自分を軽蔑して扱ったとしたら、抗議することが許されていると知ってほしい。自分自身のために立ちあがる強さと勇気を持ってほしい。自分の価値に自信を持ってほしいのです。私は、娘には自分らしく生きる権利があり、自分がありのままで完全に愛されるべきだと信じています。

私は子ども時代に、自分自身を検閲することを学びました。ごっこ遊びのような無邪気な振るまいが罰せられたとき（その遊びのテーマが、なんらかの形で「邪悪」な、あるいは「わがまま」な動機と見なされた場合）、完全に自分でいることはとても難しいことでした。私は祖母が聞いたら喜ぶと判断したことをしゃべり、祖母が怒ると判断したことは秘密にしていました。私は友だちとやった遊びについて話しながら、祖母に嘘をつくことを学びましたが、それは友だちと遊ぶのを禁止される危険を冒すことでした。私の信仰の欠如と解釈されるような質問はしないようにすることを学びましたが、それで私は困惑し、孤立してしまったのです。

私は、つねに自分を検閲していただけでなく、祖母がよその人に私について嘘をつくことも許していました。子どもの頃の私のもっとも重要な仕事のひとつは、祖母の顔を立てることでした。祖母がやっていたことのひとつとして、私を喩え話の題材にする場合がありました。祖母は私の人生の物語を、ことわざの「大きな魚」の物語のように再話したのです。つまり祖母は、私の子ども時代の出来事を、過剰なほど脚色していました。私の「信仰心」を自慢し、そこからは「輝かしい」ご利益《りやく》が得られると誇張して、自分の教理をより効果的に証言できるように、話を持っていきました。祖母は祖母が望んだことを何でも言ったし、やったと主張することができました。私の事例をつうじて、よその人を指導しながら、望んでいる結果を主張することができました。彼女は自分の物語のなかに登場する女の子を私の名前で呼んでいましたが、その物語は、私自身や私の人生とは、ほとんど似ても似つかないものでした。実生活での私の仕事はと言えば、彼女が私について主張することにけっして異議を唱えないことでした。良く言えば、混乱したまま黙って見ていることが許されたわけですし、悪く言えば、彼女が語る私の姿を信じるようになってしまいました。私は子どもの頃、自分のほんとうの個性を押し殺してしまったのです。

かつての私とは逆に、私は娘に自分らしく、ありのままの自分でいてほしいと思っています。自分が何者かという問題に正直でいて、尊敬を求める自由があって、周囲から無条件の愛を期待する自由があるように育ってほしいのです。いきいきと空想し、大きな夢を描き、世界に向かって自分の道を切りひらいてほしい。失敗することがあっても、それで自分を決めつけないでほしい。自分が愛されるに値する人間だという、基礎的で根本的な信念を抱いてほしい。他人の計画に道を塞がれることなく、自分らしさを発見できる子であってほしい。自分が誰かのためにどうやって役立つかということはどうでもよく、自分が誰なのかということを重要にしてほしいのです。

最近、私は娘に「愛している」と言いました。よくやっていることです。すると娘はにっこり笑って両手をあげて、「私も大好きよ！」と叫びかえしてくれました。私は、娘のはしゃぎっぷりを見て笑って、「あなたはすごい人」と言いました。娘は両手をさげ、頭を片方に傾けて、立ちどまって、うれしそうに自信たっぷりに「私はすごい人よ」と言ったのです。娘が自分自身に向かって冷静でしっかりとした愛を表現しているのを見て、私は言いあらわせないほど幸せな気持ちになりました。

私は成長過程で、私たちの家族の機能不全を意識したことはありませんでしたが、祖母が私の話を聞こうとしないことに、不満を感じていました。自分が伝えようとしたことと、その受けとられ方とのあいだにズレがあることを、自覚していたのです。思いかえせば、祖母が感じていた「行儀の悪さ」の多くは、発達段階ごとのコミュニケーションの試み（赤ちゃんが泣く、ちっちゃい子が癇癪を起こす、年長の子どもが批判的思考を持ちはじめる）だったと思います。私は、娘がコミュニケーションを取ることは、許容されるものと確信しています。娘に声を出してもらうことを決意したのです。時間が経つにつれて、私自身の声も見つける決意をしています。

＊

力強いエンパワメントの力を宿した証言と言って良いだろう。彼女が体験したつらい思いを学問的な用語によって要約するのは、彼女の報告に対してやや遠慮を欠く行為かもしれないが、それをあえてやれば、つぎの段落で説明する内容になる。宗教2世の生きづらさの核心部分について、以下で確認していきたい。

4 「宗教的トラウマ症候群」と「宗教的児童マルトリートメント」

「宗教被害」研究の分野で欠かせない概念は、「宗教的トラウマ症候群」(Religious Trauma Syndrome、略称RTS)だ。これは二〇一一年にマレーネ・ワイネルがイギリス行動認知心理療法協会の*Cognitive Behavioural Therapy Today*(『最新認知行動療法』)に分割発表した論文「宗教的トラウマ症候群」(“Religious Trauma Syndrome”)で提唱した概念だ。ウィキペディア英語版では、すでに項目が立っているが、本稿を執筆している時点で日本語版ではまだこの項目のページはない。

ワイネルによると、権威主義的で独断的な宗教的共同体の生活様式から離脱し、教えこまれたことから受けたダメージに苦労して対処している人たちが、この宗教的トラウマ症候群に罹患する。宗教的トラウマ症候群の影響は長期にわたり、フラッシュバック、否定的な感情状態、社会的機能の低下といった問題を伴う。

中心にあるのは心的外傷《トラウマ》だが、ワイネルによると、それは二重構造になっている。宗教の名のもとに制限された有毒な生活は、生涯にわたる精神的なダメージを与える可能性がある。多くの場合は、家父長的で抑圧的な環境に置かれることで、感情的・精神的な虐待に加え、身体的・性的虐待が重なっている。

宗教を離脱することは、ある世界から別の世界へと移ることを意味し、その人に大きなストレスを与える。自分の人生を再構築しなければならない上に、それまでに受けていた社会的支援を大規模に、かつ突然として失うことになる。脱会した当事者は、世俗の世界を忌避するように教育され、保護されてきたため、自律的で独立的な思考をはぐくむ個人的スキルが未発達になっており、苦しむことになる。

ワイネルは、宗教的トラウマ症候群では、典型的にはつぎのような症状が見られるという。

(1) 混乱、意思決定の困難、自分自身で考えることへの苦慮、人生の意味や方向性の欠落、自意識の未発達

(2)「この世」にいるという不安、パニック発作、天罰を受けるのではないかという恐怖、抑鬱状態、希死念慮、怒り、苦々しい思い、裏切られた感覚、罪悪感、悲嘆や喪失感、感情表現の難しさ

（3）睡眠障害、摂食障害、薬物乱用、悪夢、完璧主義、性的なものに対する嫌悪感、否定的な身体イメージ、衝動を制御できないという問題、喜ぶのが難しいこと、いまここに存在することの困難さ
（4）家族と社会的ネットワークの崩壊、孤独、社会との関わり方の問題、人間関係の悩ましさ

しかし、この宗教的トラウマ症候群という提唱に、なにか過剰なものを感じる人もいるに違いない。というのは、ワイネル自身が言うように、この症候群は、恐怖を引き起こす死や重傷に直面したり、経験したりすることによって生じる心的外傷後ストレス障害（PTSD）とかなり類似しているからだ。より正確には、複雑性PTSDにさらに似ていると言えるだろう。複雑性PTSDはジュディス・ハーマンによって提唱された概念で、捕われの身で生き残ることによって、PTSDが複雑化したものを意味している。精神疾患の診断基準を与えるアメリカ精神医学会の『精神疾患の診断・統計マニュアル』の最新版DSM‐5（二〇一三年）には収録されていないが、精神医学界でDSMに準じる影響力を持つ『世界保健機関の国際疾病分類』の最新版ICD‐11（二〇一八年）にはすでに採用されている。

「複雑性PTSD」としておおむね説明できる病理に新たに「宗教的トラウマ症候群」と

名づけることは、精神医学の観点からは利益が少ないと見えるかもしれないが、「宗教的虐待」が精神医学的な悪影響を及ぼすものであることが周知されていない日本では、これまでにほとんど議論されてこなかった問題が、「宗教的トラウマ症候群」と名づけられることで広く知られるようになるならば、それはかなり価値あることではないだろうか。

ワイネルは、メンタルヘルスの専門家に宗教的トラウマ症候群の深刻さを認識してほしいと訴えている。宗教は大きな個人的苦痛をもたらしうること、家族の分裂や社会関係の壊滅を引きおこしうることを専門家は直視しなければならないし、患者は宗教問題からの回復に向けた治療を受ける必要がある。宗教批判をタブーから解放し、思いやりを持って人間としての義務を果たすことは、専門家の倫理的責任だと述べる。

ワイネルがこの論文を発表したのと同年、ジャネット・ヘイムリックは前掲書で「宗教的児童マルトリートメント」(Religious Child Maltreatment) という概念を提唱した。「マルトリートメント」は「不適切な処遇」を意味する単語だ。ヘイムリックは、宗教的児童マルトリートメントの例を、以下のように挙げている。

・宗教的な文書や教義を伴った虐待的な肉体的懲罰を正当化すること
・子どもたちを危険な宗教的儀式に参加させること
・宗教的権威を利用して子どもたちを虐待し、彼らを沈黙させておくこと

・神の介入を信じることで、子どもたちに必要な医療を施さないこと
・怒れる神、罰する神、永遠の地獄堕ち、悪魔つきや悪霊つきといった宗教的観念で子どもたちを脅すこと
・子どもたちに有罪を宣告し、彼らにうしろめたく恥ずかしいと感じさせること
・宗教的権威の背景を精査することなく、その権威のために時間を割き、他方で子どもたちの安全を疎んじること
・子どもたちに宗教的観念を植えつけること
・宗教または宗教団体のイメージを守ろうとして、児童虐待について認識せず、報告しないこと

この「宗教的児童マルトリートメント」についての考え方も、日本では知られていないため、広まってほしいと願う。

おわりに――回復と心的外傷後成長

宗教2世の状況が、前述のような特徴を持つ「宗教的トラウマ症候群」によって説明されるなら、その回復の仕方も複雑性PTSDに似るだろう。筆者は、この宗教的トラウマ

症候群や複雑性PTSDの専門家ではなく、罹患している当事者のひとりにすぎないから、回復方法を語るのは、筆者の力量を超えているが、ダムガード編の前掲書でパトリック・J・クナップが「回復の段階」というエッセイを寄稿しているから、これを紹介しておきたい。それによると、宗教被害の当事者は、つぎのような過程を踏んで回復していくという。

(1) 必要なものもまるでわからない状態
(2) 感情や認知の断線を経験する状態
(3) 非創造的だが、昂揚した言動を呈する状態
(4) 人間関係に依拠した回復チームの同定に苦慮する状態
(5) かつて自分を虐待した集団の外に人生を探り、発見する状態
(6) 自分の回復を保持し、他者への過剰な支援にあくせくする状態
(7) ほかの脱会者のために、持続的で、情報提供に富んだ、共感的な環境を提供する状態

筆者としてはさらに、回復の歩みを励ます概念として、「心的外傷後成長」(Post-Traumatic Growth、略称PTG)を紹介しておこう。筆者は最初の単著単行本『みんな水の中――「発達障害」自助グループの文学研究者はどんな世界に棲んでいるか』(医学

書院、二〇二一年）で、発達障害者で宗教2世の自分には心的外傷後ストレス障害があると語りつつ、この概念に言及した。トラウマを生む経験を負ったことで、私たちは苦しんでいるわけだが、しかしその経験は私たちを人間的に成長させたのではないか。日本でも伝統的に「艱難《かんなん》汝を玉《たま》にす」と言う。トラウマに苦しんでいる私たちは、これらの言葉を希望として抱き、サバイバーとしての自分たちが得た達成に目をこらすべきではないだろうか。

そう考えながらアメリカの「宗教被害」研究を読んでいると、その心的外傷後成長に触れた記述に出くわして、筆者の考えが外れていないという自信を得た。ラリックとマクラーレンは、心的外傷のサバイバーのじつに七割が、なんらかの心的外傷後成長を報告しているという研究を提示している。ボニー・ズィーマンは二〇一八年の *Shunned: A Survival Guide*（『忌避――サバイバルガイド』）で、宗教被害のサバイバーは、つぎのような時間に目を向けることで、心的外傷後成長に気づくことができると述べている。

・自分自身の本質的な強さと弾力的回復力を認識し、我がものとしているとき
・人生をその神秘、美、応報のすべてを含めてたっぷり楽しんでいるとき
・心的外傷や喪失が多くのドアを閉ざした一方で、ほかのドアは逆に開いているかもしれないと認識するとき

・苦しんだ結果として高まった共感力を使って、新しい人間関係を築くことができるとき
・実存的危機を意識的に乗りこえることで、価値観を見つめなおし、押しつけられた信仰や相続させられた信仰を変え、人生のまったく新しい目的を立ちあげるとき

ダムガード編の前掲書で、パトリック・J・クナップとヘイディ・I・クナップは「宗教的虐待によってもたらされる夫婦のダメージと回復」と題するエッセイで、日本の器に施されてきた「金継ぎ」の技術に言及している。一部が欠けた日本の陶器は、それで生涯を終えるとは限らず、金箔や銀箔によって補修され、その補修の美しさも含める仕方で、器は新たな評価を得て、再生を始めることになる。クナップたちは宗教被害を受けた夫婦の絆について、この喩え話を出しているのだが、ひとりの個人の心的外傷も同様ではないだろうか。私たちの傷は、その後の回復をつうじて金や銀で補修されていき、結果として全体のたたずまいは、私たちが傷を負う前よりも魅力的になっているのだ。

◎資料集

①文献

A, Alice, "My Voice: Learning to Speak After the Cult," *ICSA Today*, Vol. 2, No. 3, 2011, pp. 16-19

American Psychiatric Association (ed.), *Diagnostic and Statistical Manual of Mental Disorders: DSM-5*. Washington, DC (American Psychiatric Pub), 2013 〔邦訳〕米国精神医学会編『ＤＳＭ‐５ 精神疾患の診断・統計マニュアル』染矢俊幸ほか訳、医学書院、二〇一四年

Damgaard, Neil, *Wounded Faith: Understanding and Healing From Spiritual Abuse. Bonita Springs*, Florida. (International Cultic Studies Association), 2022

Forward, Susan with Craig Buck, *Toxic Parents: Overcoming Their Hurtful Legacy and Reclaiming Your Life*. New York (Bantam Books), 1989 〔邦訳〕スーザン・フォワード『毒になる親』玉置悟訳、毎日新聞社、一九九九年

Heimlich, Janet, *Breaking Their Will: Shedding Light on Religious Child Maltreatment*. Guilford, Connecticut (Prometheus), 2011

Lalich, Janja and McLaren, Karla, *Escaping Utopia: Growing Up in a Cult, Getting Out, and Starting Over*. New York / London (Routledge), 2017

Winell, Marlene, "Religious Trauma Syndrome," *Cognitive Behavioural Therapy Today* (British Association of Behavioural and Cognitive Therapies), Vol. 39, Issue 2, May 2011, Vol. 39, Issue 3, September 2011, Vol. 39, Issue 4, November 2011

Zieman, Bonnie, *Shunned: A Survival Guide*. Scotts Valley, California (Createspace), 2018

中島宏「フランス公法と反セクト法」『一橋法学』第一巻第三号、二〇〇二年

藤田庄市『カルト宗教事件の深層――「スピリチュアル・アビュース」の論理』春秋社、二〇一七年

②参考ウェブサイト

International Cultic Studies Association (https://www.icsahome.com/)

OED Online (https://www.oed.com/)

"Religious Abuse," Wikipedia (https://en.wikipedia.org/wiki/Religious_abuse)

"6B41 Complex post traumatic stress disorder," ICD-11 for Mortality and Morbidity Statistics (Version : 02/2022) (https://icd.who.int/browse11/l-m/en#/http://id.who.int/icd/entity/585833559)

3章

識者たちによる宗教2世論

宗教2世問題の歴史的宗教文化的展望

島薗進——宗教学

◎宗教2世の「当事者」と「自覚者」

二〇二二年七月八日の安倍元首相殺害事件をきっかけに、宗教が個人に押し付けられることによる被害、苦難に関心が集まった。「信じない自由」と「信じる自由」が表裏一体のものだとすれば、宗教研究の歴史では前者はあまり注目されず、後者に注目が集まる傾向があった。前者に注目するのは比較的新しい視座である。宗教研究という文脈でも「宗教2世」への関心は、この新たな問題意識の重要な現れでもある。

安倍元首相殺害事件によって、旧統一教会による家族崩壊で苦しんだ犯人のそれまでの人生が知られるようになることで、多くの人々が「宗教2世」という語を身近に感じるようになった。「宗教2世」という語は今年になって急に使われるようになったわけではなく、以前からある程度、使われてきたものである。ところが、この語の指すものの輪郭を示すのは容易ではない。わかりやすいのは、「宗教2世」という自覚をもち、「宗教2世」へのよびかけに応答しようとする人々の存在である。これらの人々は「宗教2世自覚者」とよべるだろう。

荻上チキ編『宗教2世』（太田出版、二〇二二年一一月）は宗教2世自覚者に対する調査を踏まえて、現代日本の「宗教2世」の実態に迫った画期的な書物であり、調査研究書と言えるだけの成果を上げている。きっかけはＴＢＳラジオの「荻上チキ・Session」番組で「宗教2世」特集を続けたことだ。この書物にはリスナーから番組に寄せられた投稿が「宗教2世当事者」の思いを伝えるものとしてちりばめられている。さらに、荻上チキが所長を務める「社会調査支援機構チキラボ」では「宗教2世当事者」へのアンケート調査を行い、一〇〇〇名を超える回答（一一三一名）を得た。この書物ではこれらの資料の分析がかなりの部分を占めている。

この書物が「宗教2世当事者」と呼ぶ人たちと、私がここで「宗教2世自覚者」とよぶ人たちは近いが、ぴったり一致してはいない。「宗教2世当事者」が宗教を信仰している親の子どもたちすべてを指すのだとすれば、膨大な数になる。多くの世論調査では、日本の人口の四分の一ほどが特定の宗教信仰をもっていると答えている。その子どもたちとなると数はたいへん多く、その人々について何か共通の特性を述べることは無理である。

ところが、「当事者」の語は、何らかの痛み・被害の経験や自己と深く関わることに何らかの問題意識（当事者意識）をもって行動する人、という特定の意味をもって用いられることも多い。当事者意識をもつ宗教信仰家庭に育った子どもとなるとその数はだいぶ少なくなる。他方、「宗教2世自覚者」という場合には、必ずしも「当事者」というほどの被害の認識や抑圧・差別・苦難に抗おうとする積極的関与の意思をもたない者も入る。このアンケート調査は狭い意味での「当事者」には限定されないが呼びかけには応じる、やや広い範囲の「自覚者」を対象としたものだろう。

◎宗教2世自覚者はどういう人たちか

この調査の回答者の属性だが、男性三四三、女性七四一、Xジェンダー二〇、その他一二と、女性が多い。宗教系の分類では、仏教系六一一、神道系一〇〇、キリスト教系三四五となる。教団ごとの分類では、創価学会四二八、エホバの証人一六八、旧統一教会四七、その他三三五となる。創価学会がたいへん多い。エホバの証人と旧統一教会はキリスト教系に類別されているのか、「その他」に類別されるのか不明である。分析内容を見ると、「その他」には仏教系、神道系の新宗教とキリスト教が多かったことが推測される。

宗教2世のトップスリーが、創価学会、エホバの証人、統一教会となるが、創価学会とエホバの証人や統一教会では大きな違いがある。それぞれ脱会した者の割合が、二九・八％、八八・七％、五七・八％となる。創価学会の「宗教2世」はまだ脱会していない人が多いのだ。『宗教2世』は「不満は抱くも、やめない創価2世」とまとめている（一一〇ページ）。なかには、「回答しながら、『被害』というには軽い自分が回答していいのか？　と何度も思いました。親の宗教はカルトではないし、社会的に有意義な活動もしている伝統宗教だし、ひどい強要や人権侵害も受けなかったからです」といった自由記述もある（三〇一ページ）。この回答者や脱会しない創価学会員は、宗教2世自覚者ではあるが、自らの困難を被害と受け止め何らかの改善を求める宗教2世当事者ではないと言えるだろう。「宗教2世」にはこうした広がりがあることは、本書1章「当事者たちのさまざまな声」の語り手にも言える。

◎宗教2世と自助グループ

そもそもこうした調査が可能になる前提として、統一教会問題が注目されるに先立って、宗教2世自覚者（以下、宗教2世と呼ぶ）が増え、当事者グループ・自助グループをつくったり、体験を踏まえた作品を公表したりする動向があったという事実がある。出版の経緯も話題になった菊池真理子の漫画『「神様」のいる家で育ちました――宗教2世な私たち』（文藝春秋）が刊行されたのは二〇二二年一〇月だが、近年、この種の作品が数多く刊行されている。『宗教2世』では「『宗教2世』を描いた作品たち」を「漫画編」「小説編」「映画作品編」に分けてレビューしているが、取り上げられている作品は二〇一〇年代以降のものが多く、例外的に一九九〇年代、二〇〇〇年代のものも含まれている。

宗教2世がウェブ上で発信をし、そこで情報共有が行われるようになったのは、さほど新しいことではないが、注目されるようになり、それを主題とした作品が増えてきたのは近年のことである。これについては横道誠も述べているように（「「宗教2世問題」を理解するための必読書」『世界』九六四号、二〇二二年一二月）、当事者運動、あるいは自助グループの活性化ということが関係していると思われる。

私が関心をもっている死生学の領域では、自助グループの早い段階のものに「あしなが育英会」があるが、その前身は一九八四年にスタートしている。グリーフケアの同様のグループの早い段階のものに「ちいさな風の会」があるが、これは一九八八年に始まっている。しかし、自助グループが急速に拡大していくのは一二ステップグループの急成長以来のことである。アルコール依存症の人々の自助グループであるＡＡ（アルコホーリクス・アノニマス、Alcoholics Anonymous）は米国で一九三〇年代に始まったが、米国では八〇年代に、日本では九〇年代後半以降に急速に拡大している。一二ステップグループの日本への導入に貢献した精神科医に斎藤学がいるが、斎藤の『魂の家族を求めて――私のセルフヘルプ・グループ論』（日本評論社）は一九九五年、『アダルト・チルドレンと家族――心のなかの子どもを癒す』（学陽書房）は九六年に刊行されている。斎藤は二〇一五年に『「毒親」の子どもたちへ』（メタモル出版）という書物も刊行している。

◎トラウマ的な家族＝宗教経験という主題

一九九五年は「アダルトチルドレン」という言葉が広く知られるようになった年であ

る。日本で一二ステップなどの自助グループが急速に発展していく転機になるような年でもあった。やや不思議に思われるのは、一九九五年にオウム真理教地下鉄サリン事件が起こり、「オウムの犯罪」の多くが露わになり、教祖麻原彰晃をはじめ多くの信徒が逮捕された後の時期に、米本和広『カルトの子――心を盗まれた家族』（文藝春秋、二〇〇〇年）のような書物は刊行されているものの、宗教2世問題はさほどの議論にならなかったことである。オウム真理教は親と子どもを引き離し、子どもの共同生活を進めた。この時期にはヤマギシ会も同様の親子の分離を前提とした集団生活を行なっていて批判されることはあったが、子ども（宗教2世）の福祉という観点からこうした宗教団体のあり方が広く論題になることはなかった。

では、なぜ、二〇一〇年代以降に宗教2世、とりわけ積極的に発信する当事者が増大し、宗教2世が社会問題として広く認識され、注目されるようになったのだろうか。まず、（1）二〇二二年の段階で露わになったが、旧統一教会による家族崩壊のような「カルト」的な被害が次第に顕著になってきたということがある。旧統一教会が外部からの収奪ではなく、信徒からの収奪に力を入れるようになるのは一九九六年頃からとされている。そもそもこの教団の七〇年代後半からの日本での資金収奪は異様な激しさをもっていたが、この時期にはそれを信徒自身に向けるようになった。そもそも信仰生活が厳しく信徒の福祉が脅かされる事態が多い教団だったが、それが一段と激しいものになったのは、最近の二五年ほどのことだったという経緯がある。同時期に教団規模は小さいが甚だしい人権侵害を生む教団がいくつも出たのだった。

◎閉鎖的な信仰集団の増大

次に、（2）一九七〇年代以降、現世否定的、かつ現世離脱的な信仰形態をもつ教団の発展が顕著となり、一般社会との間に距離をとって閉鎖的な信仰集団をもつ教団が増えてきたという事実がある。現世における悪の実在を強く押し出し、現世での幸福や自然的欲望の充足にマイナスの評価を与える悲観的な現状認識が見られる。統一教会、エホバの証人、オウム真理教はこの傾向がもっとも顕著に見られるものである。拙著『ポストモダンの新宗教――現代日本の精神状況の底流』（東京堂出版、二〇〇一年、法蔵館、二〇二一年）では、これを「隔離型」の「新新宗教」と捉えた（四三～五三ページ）。エホバの証人は一九世紀の米国で成立した教団だが、日本では一九七〇年代以後に急速に発展した。

エホバの証人と旧統一教会だけでなく、一九七〇年代以後に発展期を迎えた教団には、他にも一般社会とは異なる価値規範を強くもち続けており、一般社会との間に緊張関係が生じがちな教団・集団が見られる。この時期には、一般社会との間に緊張関係があっても存続できる可能性が高まってきた。社会が多様性を許容する傾向が強まってきたことが、こうした教団の存続にプラスしたということもある。こうした教団に所属する親の子どもは一般社会から隔離されて適応が困難になったり、厳しい行動規範を強いられたり、経済的な苦境に追い込められたりして、ストレスフルな生活に耐えていかざるをえない可能性が高い。

創価学会の場合、現世否定的、現世離脱的な側面は乏しい。厳しい性道徳的規範があるわけでもない。だが、教団の内部結束がたいへん強いという特徴がある。指導者への帰依が強調され、教団の集団行動に参加し、集団的な目標に従うことをメンバーに求める傾向が他の新宗教教団よりも一段と強い。選挙となると集団が目標に向けて一丸となって動くこともよく知られている。集団内の結束が強いので、集団外部との関係を築きにくい傾向がある。また、集団としての「勝利」を強く求め、特定の「敵」を攻撃する機会も多い。「折伏」が強調され、他宗教、他思想への批判が奨励されていた時期も長かった。さらに、どの地域でもメンバー数が多いので、教団の人間関係の内側で社会生活が成り立つ傾向が高い。この意味で一定の閉鎖性、排他性が伴う教団と言える。

◎自由と人権の拡充と当事者運動

加えて、(3)広く社会において、個人の自由、自律が強調されるようになり、集団や親による拘束が抑圧的加害的と感受されるような傾向が強まっているという事情がある。そもそも宗教集団は個々人に集団的な拘束を課すことが多い。信仰する親はふつうの親以上にその傾向が強い。たとえば、儀礼や修行への参加、あるいは教えの学習は集団で行なわれる側面が大きい。さらに、戒律や倫理規範が重視される宗教の場合、集団の拘束は当事者の生活全般に及ぶことになる。親子の絆の重視、また、親に従うことを求める規範も宗教・倫理的伝統によって伝えられてきたものである。

ところが、二〇世紀の最後の四半世紀以来、諸領域で個人の自由がこれまでにも増して著しく拡充される傾向が続いている。わかりやすい例は女性や障がい者や外国人の人権、性的なマイノリティの人権、そして子どもの人権の認識が広がってきたことである。抑圧を受けてきた人が自ら発言、発信する傾向も広がっており、日本ではこうした動向が「当事者運動」という言葉で指示されることが多い。こうした動向に対して、宗教集団はそれを原理的に支持するという方向性を示す場合がないわけではない。たとえば、すべての人は仏性をもっており、尊ばれるべきだとして、社会的な弱者や障がい者の支援に力を入れる仏教集団の例は少なくない。だが、他方、すでに述べたように、宗教集団には集団的に伝えられてきた規範や導く者と従う者というような上下関係を尊ぶ傾向があるのは確かだ。

加えて、このような宗教的な規範性と個人の自由や人権という新たな規範の軋轢が、家族関係のなかでこそ顕著に現れる傾向が強まっている。社会的に個人主義的な規範が広く認められていくに従って、宗教的・倫理的規範を伝える場として家族関係の占める位置が相対的に大きくなっている。宗教2世自覚者が増えている理由の一端を、このような社会的な動向に求めることができるだろう。

◎抑圧的な家と信念体系からの覚醒

宗教信仰を継承する家族に育ち、成長とともに宗教信仰を脱していくという経験は、長い歴史をもっている。一九世紀の中頃から二〇世紀の前半にかけては、そうした経験をもつ学者や思想家・芸術家の文化創造が顕著な時期だった。時代の変化に伴う宗教に従うことの困難を踏まえて、独自の宗教理解を示した学者・思想家として、たとえば、フリードリッヒ・ニーチェ、ジークムント・フロイト、ウィリアム・ジェイムズなどをあげることができる。彼らは多くの宗教2世の問題意識を担って文化的創造を行なったと言えるかもしれない。

たとえば、ジェイムズの祖父は堅固なカルヴァン派プロテスタント、父はキリスト教の枠をはみ出しそうな宗教シンパ、ジェイムズ自身は特定宗教を信じない立場で、宗教への深い関心を抱き続け、哲学や宗教学や心理学の独自の立場を切り拓いた。ジェイムズの『宗教的経験の諸相』には「逆回心」への言及、つまり信仰から醒める経験についての論述もある。

日本では明治以降、抑圧的な「イエ（家）」からの自立という文学的テーマが長期にわたって好まれた。志賀直哉の「和解」（一九一七年）などが思い起こされる。他方、第二次世界大戦後しばらくの間に、国家神道の呪縛から醒めていった多くの人々、戦前、戦後にマルクス主義の信念体系がほどけていった人たちのことも思い起こされる。「思想信条の転換」を意味する「転向」の語は多くの人にとって苦しい経験だった。キリスト教、天理教などの新宗教の関係者だけでなく、過去二世紀ほどの間にさまざまな人々が、現代の宗教2世に通じるところのある人生経験をしてきたのではなかっただろうか。宗教や強い信念体系の抑圧性とそこからの離脱という問題は、多くの先人たちが関わってきた一定の普遍性をもつ現代的問題と言える。

これらの先人が格闘した問題と、現代の宗教2世自覚者が取り組んでいる問題には、確かに質的な差があるだろう。とりわけ「カルト2世」、「旧統一教会2世」の経験は一部の現代宗教に特有の歪みの影響が顕著である。「カルト」と呼ばれるような集団の人権侵害は伝統的な宗教や思想運動でのそれとは異なる位相がある。

だが、宗教2世についての論述は「カルト」に限定していない場合が多い。実際、広く宗教と人権の相克で「2世」が苦しむ事態は世界的な視野で捉える必要もあるだろう。イスラームの規範と女性の人権という問題がなかなか容易に解決するとは思えないことも思い起こしておきたい。キリスト教の組織による児童虐待も、話題になる機会が増えてきている。このように考えると、昨今の日本の宗教2世問題は、長期的な歴史的かつ比較文化的展望の下での見直しが待たれる事柄である。

宗教2世とカウンセラーの責任

信田さよ子――公認心理師・臨床心理士

◎新しい言葉の誕生

カウンセラーとして、これまでいくつもの新しい言葉の誕生に立ち会ってきた。DV（ドメスティック・バイオレンス）、共依存、AC（アダルト・チルドレン）などだが、宗教2世もそのひとつである。

すでに多くの報道によって明らかになっているが、二〇二二年七月の元総理大臣銃殺事件の容疑者の犯行動機に、母親による旧統一教会への法外な献金活動があったこと、元首相が教団を支援していたことなどが挙げられている。

アダルト・チルドレン（AC）の定義は「現在の自分の生きづらさが親との関係に起因すると認めた人」であるが、山上容疑者がこの定義を知れば、おそらく自分はACだと思っただろう。

アルコール依存症の親のもとで育ったひとたちは、酔った父とその傍らで殴られ翻弄される母の姿を見るのが日常だった。それ以外に生きる場所はなく、そんな親であっても支えるしかなかった。今では「面前DV」という言葉によって、親のDVを目撃した子どもは心理的虐待を受けたと判断され、ＤＶで１１０番通報を受けた警察官はその場に居合わせた子どもを児相に通告することが義務づけられている。しかしそれはせいぜいこの一〇年くらいのことで、それ以前はなんのケアもされることなく放置されていた。それどころか親思いのいい子であると評価され、周囲から暗黙のうちに「もっと親を支えろ」というまなざしを浴びせられてきたのである。

山上容疑者に対して、このような家族愛や親孝行という美名のもとで「母親への奉仕」を当然のこととする世間の視線はなかっただろうか。

◎カウンセラーとしての責任

事件の背景が少しずつ明らかになるにつれ、私たちの仕事とは無関係ではないという思いが強くなった。山上容疑者にとって、カウンセリング機関がどうして助けになれなかったのか、彼にとっての助けとはいったい何だったのだろう、という問いを抱かずにはいられなかった。

報道によればかつて自殺企図があったと書かれていたが、彼は精神科医療の対象となるべきひとだったのか。一時的にクリニックを受診して軽い抗うつ薬を服用するくらいの経験はあったかもしれないが、疾病や病理の文脈、つまり医療機関では援助できなかっただろう。

とすれば、私たちのような心理職による開業カウンセリング機関こそ、彼に対して何らかの糸口や助けを提供できたのではないか、いや提供すべきではなかったのか、と思う。

そのような思いを抱く心理の同業者はそれほど多くないかもしれない。宗教と聞いただけで、しり込みしたり、対象外だとしてやんわりとお断りする人もいると聞く。

しかし、私が運営するカウンセリング機関はそうではない。一番大切なポイントは「困っている」という一点なのである。

親のこと、お金の使い方、兄弟との関係など……どんなことでも困っていればまずカウンセリングの対象とすることを基本としている。

そのような場所があること、心の悩みだけでなく、家族についての困り事を扱うカウンセリング機関の存在を知ってもらいたかった。残念ながら、彼にはそれが届かなかった。認知度を高められなかったこと、届けられなかったことは、彼ではなく私たちの責任ではないか。

報道を目にするたびに、私は暗い気持ちになったのである。そこまで感じるには、相応の経験があった。

◎かつては宗教虐待と呼んだ

カウンセラーとして、これまで数多くのいわゆる「宗教2世」の人たちの相談を受けてきた。振り返れば、その人たちの顔まで浮かんでくるほどだ。それだけではない、宗教一世ともいうべき信者である女性たちの相談も受けてきた。

一九九〇年代には宗教2世という言葉などこの世に存在しなかったので、私たちは「宗教虐待」と呼んでいた。子どもの虐待に関する専門書には、宗教虐待という言葉が使われているし、西欧では信仰を理由に親から身体的虐待を受けた人たちの体験が多く描かれてきた。

たとえば、スウェーデンの映画監督のイングマール・ベルイマン（一九一八〜二〇〇七）は、幼少時に牧師の父から激しい身体的虐待を受け続けたことから、神の存在に関する疑義を抱くようになり、その後の彼の映画の大きな主題にもなった。

多くのひとたちは来談時に、宗教虐待を主訴とするわけではない。別の問題で来談し、カウンセリングを継続するうちに少しずつ明らかになるのが通例だった。

八〇年代から、当時日本ではそれほど注目されていなかった摂食障害の女性たちのカウンセリングにかかわってきたが、彼女たちの中に母親がエホバの証人の信者だった人が何人もいた。物心つく頃には、母親に手を引かれて個別訪問に同行させられたという。それが当たり前の日常だった。しかしその時だけは母親がしっかりと手を握ってくれるので、いつも喜んでついていった。そこで配られるパンフレットに描かれている天国の絵と、終末を表す恐ろしい絵は、どんな絵本よりも深く記憶に残っていると語るのだった。

ここで簡単に説明しておくと、摂食障害の多くは思春期から発症する。拒食、過食・嘔吐、といった多彩な食行動を呈するが、現在に至るまで特効薬も、決定的治療法もないのが特徴だ。精神科医療における統制された治療法（プログラム実施）も万能ではなく、不満を抱く人も多い。

原因論にあまり意味はないし、諸説あるのが現状だ。しかし彼女たちに共通するのは、摂食障害になって初めて信仰活動が自分に与えた影響を自覚できたと語る点だ。カウンセリングをとおして、どれだけあの布教活動や、母親の説く世界観によって苦しかったか、自分の摂食障害の症状が何を訴えているのか、食べて吐くことで何から自分は救われたのか、といった洞察を得るひとも多い。こう書くと、彼女たちの母親は虐待加害者ではないかと批判したくなるだろう。

◎信者である親

いっぽうで、私は信者である女性のクライエント（来談者）のカウンセリングも実施したことがある。彼女たちは、そろって息子や娘の問題に困って来談した。娘の摂食障害、息子の不登校、娘からの暴言・暴力などなどである。初回のカウンセリングの際には、ほとんど自分の信仰については語られることはないが、信頼関係ができると率直に自分の信仰について語ってくれた。

多くの方が疑問に思われるのは、子どもに問題が起きたときに助けになるのが宗教ではないかという点だろう。そこまで熱心な信者である彼女たちが、なぜカウンセリングにわざわざ訪れるのか。私はその点について尋ねたことはない。信者である彼女たちにとって、それがもっとも残酷な質問だとわかっているからだ。

おそらく彼女たちは、何度も教団の支部（居住する地域の）で息子や娘の問題を話そうとしただろう。これはあくまで私の想像だが、それに対して他の信者から信仰が足りない、熱心さが不足している、時には献金が少ないから子どもに問題が生じたという批判がなされたのではないか。言葉にされずとも、暗黙裡にそんなメッセージを受け止めたのではないだろうか。

信仰で結ばれた関係であっても、そこには力関係や競争が生じるのは当たり前である。仏教も含めて、多くの信者が集まれば信仰の篤さをめぐる闘争も生じるだろう。彼女たちは、その空気を感じ取り、信仰ではなく、臨床心理学に裏付けを持つ「専門家による」「科学的」なカウンセリングを選んだのである。そのことはおそらく教団には内密にされたはずである。

エホバの信者である母親たちの多くは、夫は信者ではない。むしろ夫から邪教だと批判され、信仰を捨てないと別れると脅迫までされていた。もともとエホバに入信したきっかけが、夫の浮気や暴力、家父長的な大家族の中での抑圧などであった。つまり家族の中で誰からも理解されず、夫からもケアされることなく生きてきた彼女たちが、初めて存在を認められ、指針を与えられたのが信仰だったのだ。エホバの証人の教義における行動指針（せねばならないこと、してはならないこと）の明確さ、もうひとつの家族である信者たちからの承認が、彼女たちを救ってくれたのである。

フェミニズムに出会って自分の置かれた理不尽な状況から脱する方向性を見出す女性もいるだろう。来談した彼女たちは、フェミニズムに出会うこともなく、エホバの証人を信仰することによってその家族を生き抜くことができたのだ。

息子が不登校から引きこもりになった女性は言った。

「エホバの証人では、子どもを大学に進学させるよりも、まず布教活動に専念させることになっています。息子が高校に行かなくなったのは、おそらくそれに対する反抗だったのではないかと思います。でも私は信仰のほうを選びました。息子の大学進学を認めなかったのです」

もうひとりの女性は、江戸時代から続く地方都市の旧家の嫁だったが、エホバに入信したことで親戚一同から責められていた。娘はそんな母親の唯一の理解者だった。布教にも積極的に同行し、反対する父親に対して盾になってくれたのである。そんな娘は、中学校に入ると同時に体重がみるみる減少していき、卒業までに数回心療内科の病院に入院し、中心静脈栄養の点滴を受けることになった。

骨と皮だけになった娘は、一転して母を責めるようになった。冷蔵庫のモノを全部食べつくして吐き、「この家は狂ってる、あんたも狂ってる!」と叫ぶのだった。

飛行機に乗ってカウンセリングにやってきた彼女は、「わかっています、私が全部悪いんです。夫と別れる勇気がなかったんです」と泣いた。しばらくうつむいて涙を流していた彼女は、顔を上げ私を見つめてきっぱりと言った。「私が一番苦しかった時に救ってくれたのは教団です。家族も友人も誰ひとり理解してくれなかったんですよ。私は、これからも教団を疑うことはありません」

よくある妄信・狂信のイメージとは程遠いものを感じさせられる彼女たちだが、息子や娘の経験は、母から見た世界とは全く異なる様相を帯びているだろう。それでも、摂食障害や引きこもりを、子どもの脳の問題だという説を持ち出さずに、自らの信仰が子どもに与えた影響をある程度自覚している女性たちもいることを伝えたい。宗教1世である彼女たちを批判するだけでは不十分だと考える背景には、このような出会いがあった。

◎アダルト・チルドレン（AC）のグループカウンセリング

一九九五年から現在まで、ACと自認した女性だけのグループカウンセリングを実施しているが、そこに参加する女性の中にも、親の信仰によって苦しんだ人たちが多かった。親の多くが創価学会員だったことも印象深い。

一八歳の女性は、やっとの思いで実家を脱出して、新宿のキャバクラを経て風俗店で働いていた。そのうちにどんどん体調を崩し、悪夢を見るようになり、頭髪がすべて抜けてしまった。来談したときはウイッグをつけていたが、両腕にはリストカットの跡もみられた。

彼女の父親は創価学会の地域の幹部だったので、毎朝の勤行を欠かさなかった。小学校のころからその時間が苦痛だった。父親は、勤行をしながら必ず娘を殴るのだった。背中に目がついているかのように、少しでも座る姿勢を崩すとげんこつが飛んできた。容赦ない力だったので、時には吹っ飛ぶこともあった。それでも信心が足りない自分が悪い、痛い思いをする自分が歪んでいるとずっと思っていた。

それが暴力だと思えたのは高校に入ってからで、付き合った男性が「それって暴力だよ」と言ったことがきっかけだった。創価学会の教えで家族全員が染め上げられており、選挙のたびにいろいろな人が自宅に詰めかけて戦争みたいだった。その中心にいるのが父だったので、とにかく毎日が怖かった。そんな父の行為が暴力だなどと思ってもみなかったのだ。

彼の勧めで家を脱出してから、初めて自分の家族が異様だったと思った。キャバクラで出会う男性はみな、父親よりはるかにやさしかった。ほめこそすれ自分を殴ることなどはなかった。一番の発見は、勤行の時の父親は一種の陶酔状態だったたと気付いたことだ。振り向いて拳を振り上げるときの父親の目は正気ではなかった。瞳が小さくなってイってる目つきをしていた。のちにそれを縮瞳《しゅくどう》と呼ぶことも知った。勤行で徐々に陶酔状態が高まった父は、一番弱くて小さな娘を殴ることで興奮を発散していたのではないか。そう思えたとき、初めて彼女は口惜しいと思えた。

グループカウンセリングには、彼女はいつもウイッグを外して参加していた。

「毎日毎日実家に居たときのことを思い出すたびに、どんどん毛が抜けていったんですよ……そしてこんなになりました！」

そう笑って語る彼女の言葉を聞いた他のメンバーたちも、ためらいなく笑うのだった。

◎言葉こそ力である

ある一群の人たちが可視化されるには名前が必要だ。名前がないとき、それは存在しない。この世に存在しているどの名前も、自分たちを表すのに不十分だと思った人たちはこう考えた。どこかしっくり来ないのは、このように感じてしまう自分の問題だ。やはりどこか病気なのかもしれない、こんな感じ方をわかってくれる人などどこにもいない……。

ある言葉は、その登場を待ち構えていた人たちによって歓迎され、広がっていく。初めて自分のことを表す言葉、自分を名づける言葉が見つかった、そう思ったことだろう。

一九八九年、アメリカから伝わったアダルトチルドレン（ＡＣ）という言葉は、まるで燎原《りょうげん》の火のように、あっという間に援助者と当事者の区別なく日本に広がっていった。

ＤＶ（ドメスティック・バイオレンス）という言葉もそうだ。夫に殴られてもそれを暴力と定義することは許されなかった。今でこそ「加害者！」などと頭ごなしに批判できるが、一九九五年にＤＶが日本で使われるようになる前は、「殴らせる妻が悪い」「よほどのことがなければあそこまでしない」というのが常識だった。ましてＤＶ被害者と自分を定義することなど不可能だった。

その後二〇一〇年代から性暴力やハラスメントといった言葉が同じように広がっていった。ある行為を「暴力」と定義することで、加害者と被害者が誕生する。加害者には一〇〇％の責任が帰せられ、被害者は何の責任もないというこの明快な二分法は、少しずつ家族を、そして職場を変えることになった。

子ども時代から、背負う必要のない責任を負わされてきたひとたちが、ひとつの言葉でそれから解除されること。これこそ言葉の意味であり力であると思う。宗教２世という言葉も、私にはそのひとつだと思える。目の前にいるクライエントに対して心よりねぎらい、そのような責任解除の助力をすることがカウンセラーの役割ではないか、そう思っている。

宗教・社会・家族のダイナミズム

釈徹宗――宗教学・僧侶

◎「カルト2世」としての問題

おそらく他の執筆者も書いていると思うが、カルト宗教2世問題が社会で強く意識されたのは一九八五年に川崎市で起こった「輸血拒否事件」であった。エホバの証人（ものみの塔聖書冊子協会）の親をもつ子ども（一〇歳）が交通事故に遭い、両親による輸血拒否の結果、死亡した。この事件は、如実に「親の信仰が子どもの生命を脅かす事態」を可視化した。「信仰によって輸血拒否することが、結果的に自身の生命の危機へと至る状況」は認められるかもしれないが、それが子どもにまで適用されるのはどうなのか、という問題となった。事件は世間の議論を呼び、テレビドラマ化された（父親役はビートたけし、母親役は大谷直子だった）。このドラマの原作にもなった大泉実成『説得　エホバの証人と輸血拒否事件』（草思社）に、事件の内容が詳述されている。大泉自身、元・エホバの証人の信者で、宗教2世である（祖母が信者だった）。この輸血拒否問題に関しては、その後、医療側のガイドラインの明確化や、無輸血治療や人工血液などの発達で、取沙汰されることは少なくなった。

そして、近年、新たな姿で宗教2世問題が注目されるようになった。宗教2世当事者が声を上げ始めたのである。まさに本書に登場している人たちだ。契機となったのはSNSでの発信であった。2世たちがつながり、苦境を訴え、問題を共有し始め、その声がマンガや書籍として出版された。そしてさらに、この問題は、今回の元総理銃撃事件によって、世間に広く知られることとなった。まさに我々の社会からずっと零れ落ちてきた問題であり、このことへの取り組みは喫緊の課題である。

と同時に、宗教2世、信者教育・育成、信者の家庭生活などについては、教団の構造的問題であり、教義・教学上の問題でもある。つまり、教団自身が考え取り組むべき問題なのである。

ところで本書のタイトルにも使われている「宗教2世」という用語であるが、再考すべきであると思う。「2世の問題は、カルトだけではなく、宗教全般にある」といった意味で使われているようであるが、「宗教」という用語のもつ範囲の大きさを考えるに、やはり違和感がある。今使われている文脈での「宗教2世」とは、主としてカルト的要素があるものを指す。世界的に見れば、宗教2世ではない子どもの方が少数派になるはずだ。世界の多くの文化圏・民族において、親の宗教的価値観や慣習や風土の中で育つのはめずらしいことではない。世界の大半は同じ信仰を持つ者が家族を形成しているのである。

そんなわけで、ここでは「カルト2世」と呼称することにしよう。これとて問題がないわけではないが、便宜上使うことにする。

◎社会と家族、そして教団

宗教は社会からはみ出す領域をもつ。たとえば神や来世やタブーといった領域は、社会とは異なる文脈で構築されている。宗教が取り扱う範囲は社会よりも大きく深い。だからこそ宗教は、社会の一般的な価値観や社会サービスだけで解決しない問題と、がっぷり四つに組む体系となり得る。

また宗教は、社会だけに収まらない価値を持つことで、社会の価値を相対化するのである。来世の領域があるから、現世が相対化される。社会とは逆の価値体系をもつから、社会が相対化される。それだけに強い。それだけに危ない。社会と衝突する場合も起こる。

信教の自由は基本的人権であるため、一般社会通念から見てどれほど奇異であっても、どれほど愚行に見えても、真摯な信仰・宗教的行為というのは尊重されねばならない。これがまず前提である。

しかし、だからといって、その宗教の主張の全てを許容することはできない。いくら宗教的理想であっても宗教的伝統であっても、非人間的な行為や、女性差別や子どもの虐待と考えられるものなどを、社会は認めるわけにはいかない。当然、社会は宗教に対しても共存を求める。信仰者も社会の構成メンバーである。

このような社会と宗教のせめぎ合いによって、宗教体系は鍛錬されていくのだ。一方、社会の方も倫理や文化を成熟させていく。そういう構図なのである。問題はその間を揺れ動く「家族」だ。本書の論点はそこにある。

◎教義・教学の成熟について

宗教教団は、しばしば偏狭な家族像を信者家族に押し付け、人間にとってとても重要な「社会と家族の両方に所属している状態」を壊してしまう。

人類学者の山極壽一によれば、「家族共同体」と「社会共同体」の両方に所属し運営していくのが人類の大きな特徴であるとのことだ。ゴリラはリーダーオスを中心とした家族的な集団をつくるが、群れ同士が付き合うコミュニティはもっていない。一方、チンパンジーは家族をもたず、乱交乱婚のコミュニティだけを形成する。「家族」と「社会」この二つを同時にもつのは人間だけらしい。なぜなら、この二つは両立が極めて難しいのだ。それぞれの集団の利害は、基本的に一致しない。むしろ拮抗する。しかし、この二つを両立させてきたからこそ、人類は他の霊長類が住めない場所にまで進出できたとされる。

このような人間の特性から考えても、家族と（国家や中間共同体を含んだ）社会と、それぞれのせめぎ合いの中で宗教コミュニティを成熟させていかねばならないのである。「家族と社会との双方に所属し、この二つをでき得る限り両立させていく」ことの重要性を、宗教教団はよくよく考察する必要がある。宗教コミュニティだけを優先することに固執すれば、家族・社会の図式が壊れていくのだ。

宗教教団は、「子どもの社会性を奪い、子どもの多様な可能性の扉を閉めてしまうような方向へと信者が突っ走ってしまう教義・教学を構築していないか」という社会からの問いかけを、真摯に受けとめていかねばならない。そのため、社会の価値観や文脈を理解し、社会問題と向き合い、教義教学を成熟させていく。それは宗教教団が取り組み続けるべき案件なのである。

たとえば、ヒューマニズムやフェミニズムや反パターナリズムなどは、脱宗教という方向性の中で社会が育んできた課題である。そして、社会は宗教にもそれに取り組むことを要請する。そういった社会からの要請に対して宗教はどう応えるのか。コアの部分を持続させながら、変更可能なところを変えていく姿勢が重要となってくる。すなわち、どこがその宗教の本質にかかわる部分で、どこが枝葉末節なのかを、自ら問い続けるのである。アメリカの神学者のリンドベック（G. A Lindbeck）は「宗教理念・教義にも、第一義的なものと、二次的、三次的なものがある」という立論をしている。「本当にその思想は、自分たちの信仰にとって本質的なものなのか」と、常に自らに問い続けるのだ。

すなわち、カルト2世問題も、宗教教団自身が真剣に取り組まねばならない重要課題なのだ。そのためにも、宗教教団は、宗教には暴力装置や非人間的な要求が内包されている、との自覚が必須である。

ところが、破壊的カルトは、宗教のもつそれらの負の部分を、むしろ有効な手段として活用する。それは、教義・教学が未成熟で問題が起こる事態とは異なる、悪質な支配であり脅迫である。だからこそ反社会的集団だと見なされるのである。

◎宗教コミュニティの強さ

同じ道を歩む喜び、同じ物語を共有する喜びは、何ものにも代えがたいところがあることに宗教コミュニティには、独特の強さがある。

人間の身心は何ものかに「つながっている」という実感がないと、生きていくのがとても難しくなる。つながっているという実感があるから、苦しい日々を生きていける。それは人間が本来的にもっている特質である。

宗教コミュニティも、この一翼を担っている。本来、宗教コミュニティは、「損か得か」「役に立つか立たないか」といった社会の価値とは別の価値で動いており、利害関係なしにつながり合える場を目指す。また目に見えない世界や死者ともつながることが出来るという特性がある。宗教コミュニティならではの時空間があると言える。

そしてその宗教共同体の特性を悪用する集団もあるわけだ。同じ道を歩むメンバーをコントロールの対象にしたり、搾取の対象にしたり、世俗内の欲望を満たすための道具として扱うやからもいる。常に教団優先となってしまって、家族共同体が崩壊するケースも起こる。信者の財産や人間関係など、すべてが崩壊するケースも起こる。

いずれにしても、カルト2世問題は、家庭内だけで解決しない。虐待には社会が介入する必要があるのと同じく、この問題も社会問題として考えていくべきである。社会への参加能力を抑圧され続けてきたカルト2世が、社会へと適応・参加できるようなケアや救済措置制度が必要なのである。特殊な状況に囲い込まれて育った子どもたちを守る、それは社会が担当すべき事案である。カルト2世は、家族の問題であり、教団の問題であり、社会の問題なのである。

◎宗教リテラシーの問題

もう十数年前だろうか、当時息子の家庭教師をしてくれていた国立大学の学生が相談してきたことがあった。仲の良い友人から宗教の集いに勧誘されているらしい。そこで、カルト宗教教団の勧誘メソッドについていくつかレクチャーしたら、「まさにその通りです」と驚いていた。「今までそんなこと誰にも教えてもらったことがない。まったく知識がなかった」。息子に向かって、「いいなあ、キミは。こんなこと家で教えてもらえるんだから」と言った。

また、「宗教学の授業で勧誘メソッドを習っていたために、カルトにはまらずに助かった」

という卒業生の連絡をもらったこともある。

カルトは、宗教カルトだけではない。商業カルトや政治カルトや教育カルトなど、さまざまな様相をもっている。カルトは「熱狂的に信仰する」という意味でもあるので、もともと宗教にはカルト的要素がある。それが反社会的かどうかというところが重要なポイントである。熱狂的に信仰するのは認められるが、反社会的であれば、社会は敢然と立ち向かわねばならない。場合によっては、特定教団を調査・監視対象に指定することや、宗教法人の取り消し措置なども行われる必要がある。

なにより、我々ひとりひとりが、ある程度の宗教リテラシーを身につけるべきであろう。国公立も含めた学校教育でも取り入れた方が良い（そもそもこれは以前からの懸案なのである）。日本は戦前の国家神道対策のために、戦後に学校教育で宗教をアンタッチャブルにしてきた。

しかし、今回、久しぶりに宗教について学ぶべき機運が高まっている。これまでもそういう契機はあったのだが、我々の社会が宗教そのものについて深く思索し理解するところへとは至らなかった。たとえば、オウム真理教事件や9・11同時多発テロ事件など、宗教についてしっかり考察すべき事態と直面したにもかかわらず、結局、スキャンダラスな話題に終始した後、次のトピックスへと移行してしまった。

今回、カルト2世問題への取り組みに本腰を入れると同時に、宗教について深く学び理解することへとつながるよう願っている。

日本同様に、公的な場所から宗教を徹底的に排除したフランスは、結果的にカルト宗教問題に苦しんでいる。ロシアも、宗教を強く抑圧した結果、カルト宗教が跋扈することとなった（現在はロシア正教が復活しているが、ちょっと政治色が強い）。一方、宗教を学び理解するための教育に取り組んできたドイツやイギリスは、比較的カルト宗教の被害が少ないそうである。またカナダはフランス流のライシテ（世俗主義）を自国風にうまくアレンジして宗教理解を進めているらしい。いずれにしても、各国それぞれ宗教についての取り組み方針を工夫している。それなのに日本はずっと着手しないままである。

宗教は人を救う力をもつが、それはあっさりと日常を破壊する力にもなる。繰り返しになるが、今回を機にしっかり宗教について理解を深めることが肝要だ。単なる消費されていく話題のひとつになってしまってはいけない。今回の旧統一教会問題で、我々の社会が宗教についてとても杜撰であったことが露呈したのだ。ここはしっかりと腰を据えて向き合わねばならない。

普遍的問題としての宗教2世問題

中田考――イスラーム法学

◎序

本企画の「宗教2世問題」とは、「親が特定の宗教を信奉しており、その宗教儀式や宗教活動の影響によって、子どもの養育、発育、発達、成長に著しい障害が発生すること」と認識しています。そして「宗教2世」とは、カルトに所属する親によって育てられた子どもたちであり、「問題」とは「その宗教儀式や宗教活動の影響によって、子どもの養育、発育、発達、成長に著しい障害が発生すること」となります。

筆者自身は、父方は日蓮宗、母方は神道の家に生まれ、この定義の「宗教2世」には当てはまりません。筆者に求められているのは、「宗教2世問題」について、イスラーム学を専門とする宗教学者の視点から考察することです。

◎1．儒教伝来と日本宗教の特殊性

私見によると、カルト2世の問題を理解するには、日本宗教の特性を理解する必要があります。しかしそれには神道と仏教の信徒数の合計が一億七千万人を超え（神道八七九二万四〇八七人、仏教八三九七万一一三九人『宗教年鑑』二〇二一年版)、日本人の総人口一億二千五百万人を遙かに超える、といった神仏習合のような表面的な現象を知るだけでは不十分です。記紀神話によると儒教の伝来は仏教よりはるかに早く、儒教こそが日本人の宗教観を特徴付けている、と言うこともできます。そしてそれはカルトの理解にも密接に関係しています。なぜなら日本史上最大のカルトは儒教(崎門学派)をベースとする国学の王政復興運動だったからです。

山本七平が「俗に保守的といわれまた保守政党の基盤である財界なるもの(中略)あるいは右翼あるいは左翼とそのときどきの西欧の政治思想で動いているように見える革新派なるものも明治以降ほぼ一貫して保守よりはるかに強く崎門学的規範で動いています」と述べているとおり、儒学の強い影響は明治維新後にも及んでおり、極右の日本会議などの主張も通俗化した儒教の道徳の焼き直しに過ぎず、マルクス主義をベースとする共産党や新左翼運動もその系譜を引いているからです(山本七平/小室直樹『新装版 日本教の社会学』ビジネス社、二〇二二年八月Kindle版No.5449-5452)。また儒教を大衆化した石門心学などは今日の自己啓発セミナーの走りとも言えます。

◎2. 徳川時代における日本的宗教体制の完成

日本宗教、特にカルトを理解するためには儒教が決定的に重要です。しかし日本では一般に儒教は宗教とは考えられてきませんでした*1。なぜ今日の日本において儒教が宗教とみなされていないのかを知るためには日本の宗教史を概観する必要があります。

弥生時代の天照大神や卑弥呼の伝説はさて措き、日本では、崇仏・排仏をめぐっての用明天皇の死に際する後継者争いを直接のきっかけとし、崇仏派の大臣・蘇我馬子が厩戸皇子（聖徳太子）、泊瀬部皇子、竹田皇子などの皇族や諸豪族の軍兵を率いて大連・物部守屋と彼が次期天皇に推した穴穂部皇子を誅した丁未の乱（五八七年七月）以来、国家（天皇）による仏教の庇護の下に神儒仏の三教が曖昧に共存する体制が成立します。

仏教による鎮護国家の思想の広まりにより広大な寺領を有する仏教は武装するようになり、平安時代末期には僧兵は強大な武力集団となり、宗教的権威を背景とする僧兵の強訴はしばしば朝廷さえ屈服させ、戦国時代には僧兵団に加えて門徒を武装組織化して戦国大名と争うまでになる宗派も生れました。最大規模であったのは浄土真宗本願寺派の一向一揆で、織田信長や豊臣秀吉をも苦しめました。しかし豊臣秀吉の刀狩りによって、国家による「正当な物理的暴力行使の独占」（M・ヴェーバー）が進んで以降、宗教勢力は武装解除されて政治権力に取り込まれていきます。江戸時代初期のキリシタンのカリスマ的指導者天草四郎に率いられた島原の乱（一六三七‐一六三八年）の鎮圧とキリシタンの殲滅によって、日本における本格的な宗教戦争はなくなります。

二五〇年にわたる「徳川の平和」の時代に完成したこの政治優位の多宗教共存体制の下

では、宗教は政治に介入せず、権力には黙って服従し、現世利益を求める世間の価値観に迎合し、教義には深入りすることなく真理の探究は棚上げ、善男善女は他の宗教、宗派の信徒とは争論せず、地方ごとに土着の慣習に従って棲み分け、それぞれの祭礼に参加して生きて死んでいきました。

また仏教の宗派への帰属は戸籍のような役割を果たしており、「仏教徒であること」は個人の信仰の問題ではなく国家による家の支配統制の問題でした（寺請け制度）。また神社は地域のコミュニティセンターのようなもので人は生まれるとその土地の産土社（鎮守社）に初宮詣でをし、七五三などの様々な儀式、祭りに参加し、また氏族の守護神である氏神をまつる氏神神社の氏子となっていました。

◎3．西洋化によって変わったものと変わらなかったもの

仏教も神道も個人の決断で選んで入信するようなものではありませんでした。一方で儒教は日本では宗教というよりは学問で、武士向けの公立の藩校で高度な理論が教えられただけでなく、庶民向けのフリー・スクールであった寺子屋でも教えられていました。この神仏儒三教の多宗教共存体制は時の権力者によって公認され、善男善女たちは特に疑いを抱くこともなく、神社で誕生、成人、結婚の通過儀礼、収穫祭などの地域の祭りを行い、仏教で葬儀と先祖供養を行い、寺子屋で文字や儒教の徳目を習って生きて死んでいったの

でした。当時は神道が宗教か儒教が宗教かなどと問う者はいませんでした。そもそも「宗教」という概念が存在しなかったからです。

「宗教」という概念は、信教の自由に基づきキリスト教禁教令の廃止を求める欧米によってもたらされたものでした。宗教改革を経た当時の欧米人にとっての「宗教」とは、自由な個人がその教義の信仰を選択して加入することで「教会（エクレシア、チャーチ）」を構成するような社会制度でした。日本ではまがりなりにもそれに近いものは寺請け制度によって信徒を登録、所属管理をしていた仏教だけでした。そのためにそういう信徒組織を持たない神道は、日本が天照大御神の子孫とされた現人神たる天皇を元首とする「神国」でありながら、他の「宗教」とは別の扱いを受け、儒教は「儒学」として宗教ではなく学問として扱われるようになったのです。

しかし世間の価値観が江戸時代の中華文明の周辺文明の封建的身分制なものから、大日本帝国の富国強兵の帝国主義・軍国主義、敗戦後の対米従属の資本主義、自由民主主義に替わっても、こうした日本人の宗教観は変わっていません。そして国内的に排外主義右翼化、保守化が進む一方で、対外的にはＬＧＢＴ、ＳＤＧｓなど欧米の流行への追随傾向も加速しつつある二一世紀の日本人の宗教観もこの延長上にあると私は考えています。

そしてこのような日本宗教史の背景を理解することで、カルト2世問題の宗教学的分析枠組みの問題性とその特殊日本的考察の必要性が明らかになります。

◎4. 近代西欧的宗教概念の矛盾

近代西欧の宗教概念は西欧キリスト教の特殊な成立過程に由来します。しかしN・ルーマンが指摘するように、キリスト教は全メンバーの救済が期待される全体社会、共同体であると同時に「入会することでそれに服し、退会することでそこから逃れることのできるメンバーの役割として解釈され」る法学的公的《強制団体《アンシュタルト》》、つまりヒエラルキー構造を持つ組織であるという原理的な両立不可能性を未決なままに抱えています*2。プロテスタンティズムの成立以降、西欧では宗教は自由な個人が選んで入退会できる組織とみなされるようになりましたが、現実には西欧キリスト教社会でも殆どの信徒の帰属は親の宗教／宗派の帰属です。現在では西欧の人口の五％あまりはイスラーム教徒ですがその絶対多数はイスラーム教徒の移民の子孫です。無神論者、世俗主義者もまた親がそうである場合がほとんどです。

社会学的、心理学的には、宗教であれイデオロギーであれ、自由な個人が「白紙（タブラ・ラサ）」から選び取るものではなく、社会によって教え込まれたものであり、社会とは通常、親と公教育です。西欧においては歴史的に公教育の管轄権をめぐって、キリスト教会と世俗国家の間に権力闘争がありました。それが西欧の政教分離（国家と教会の分離）の実態です。

既述の通り、日本の儒教や神道の例から分かるように、そもそも宗教と他の学問やイデオロギーとの境界は曖昧であり、そのどれもが白紙の個人の自由な選択によって組織に加入することによって定義されるようなものではありません。カルト問題も、カルト2世問題も、西欧近代のプロテスタント的キリスト教による矛盾した「宗教」概念によって「宗教」問題に歪曲されています。私見では、より普遍的なイスラームの「宗教」観を参照することによって問題の本質が明らかになります。イスラームでは、宇宙の創造者、立法者である真の神を崇拝しない者は自己の妄執を神とする、と教えています（クルアーン四五章二三節）。

◎5．現代の宗教

また文明学者のアーノルド・トインビー（一九七五年没）もナショナリズムを人間が複数の自分自身を崇拝する宗教であると述べています（A・トインビー『歴史の教訓』一八五頁）。現代の国際政治における真の宗教は国家崇拝という人間の自己神格化であり、キリスト教やイスラームなどは実際には本来の教えとは似て非なる国家（リヴァイアサン）崇拝の分派名に過ぎません。イスラームの理解では、真の神の崇拝以外は多神教であり、近代西欧が宗教とは対立するものとみなす無神論も、世俗主義、科学主義も多神教、偶像崇拝の一種の宗教になります*3。

国際政治のレベルでは主神は国家、陪神はカネ（銭神マモン）になりますが、一般市民の日常生活における個人や一次集団のレベルでは、健康、長命、権勢、情欲、科学、遊芸、美容など様々な神々が存在します。それらの欲望を掻き立て人をその虜にしようとする組織が会員制をとるなら、狭義の宗教団体でなくても、自己啓発セミナーであれ、マルチ商法の情報商材屋や投資コンサルであれ、スポーツジムであれ、学習塾であれ、断食道場であれ、学会であれ、すべてカルトです。そして近代社会ではそれらのカルトのあるところでは、メンバーとその家族の価値観がちがうことはむしろ当然であり、その家族の間に大なり小なり2世問題は生じているのです。

◎6．現代の「真の宗教」

大量殺人のような重大な犯罪を引き起こした「人民寺院」のような宗教カルトを除けば、カルト問題、2世問題は、現代の資本主義社会において遍在する多神崇拝の一形態であり、統一教会のような狭義のカルトによる被害との差は程度問題でしかありません。それゆえ宗教カルトによる被害をだけを国家によって取り締まっても、所詮はこの世の利害打算の問題にすぎない以上、結果的にリヴァイアサンとマモンへの人間の隷属（偶像崇拝）を強化するだけに終わるでしょう。

しかし日本では高度に理論化された儒教／儒学のアンチテーゼとして神道が生れた歴史的経緯により、形而上学やイデオロギーも含む広い意味での宗教的理念を「漢意」、「さかしら心」、「言挙げ」（本居宣長）として嫌う極めて世俗的、便宜主義かつ「反知性主義的」情緒的な宗教観が生まれました。イスラームやキリスト教のような宗教だけでなく、共産主義、経済自由主義、フェミニズムのようなイデオロギーであっても理念に忠実であれば「原理主義」と蔑み、揶揄する現代の日本人のこの心性の形成は儒教伝来に遡る日本文化の歴史の産物です。

統一教会にしても理念が蔑視される日本は「金づる」とみなして、霊感商法などによる集金活動に徹しています。しかし統一教会はその資金を超大国アメリカでのロビー活動に費やし民主党と共和党に浸透することでアメリカの外交政策に影響を与え、彼らのキリスト教解釈に基づく反共による世界の統一を実現しようとしているため、日本は統一教会の世界戦略に巻き込まれています。統一教会のようなカルトだけではありません。キリスト教のカトリック教会やロシア正教会のような巨大教団もそれぞれの理念の実現のために世界戦略を展開しています*4。

◎結語

ウクライナ戦争で顕在化した宗教理念の相克がもたらした帝国の復活と文明の再編の時代に日本が生き残るためには、特殊日本的宗教意識を対自的に見直し、激動の世界の中でいかなる理念に基づきどのような立ち位置を占めるべきかを私たち一人一人が真剣に考えなくてはならないと私は信じています。

＊1——例えば『宗教年鑑』（文化庁、二〇二二年度版）の「序」でも「我が国には、神社・寺院・教会・教派・宗派・教団などの宗教団体があり」と述べられており、儒教については言及がない。
＊2——ニクラス・ルーマン『社会の宗教』（二〇一六年）二五九 - 二六一、二八一 - 二八二頁参照
＊3——イスラームと日本の世俗化については、拙稿「イスラームの世俗化の起源と現代の時代相」伊達聖伸編『世俗の彼方のスピリチュアリティ』東京大学出版会２０２１年91 - 97頁参照。
＊4——日本人の宗教観について詳しくは、拙著『宗教地政学から読み解くロシア原論』（二〇二三年）参照。

目の前で苦しむ他者に耳を傾ける

沼田和也――日本基督教団牧師

◎「星と聖人」の物語世界から

ルシア・ベルリンの作品に「星と聖人」という短編がある（岸本佐知子訳『掃除婦のための手引き書――ルシア・ベルリン作品集』講談社）。主人公で語り手でもある「わたし」はプロテスタントの家庭に育ったのだが、小学三年生の途中でカトリック系の聖ジョセフ校に転校する。彼女は家庭にも、転校先のクラスメイトたちにも安心を見いだせない。カトリックの上流家庭に育つことでクラスメイトたちが経験する世界と、よそから転校してきた、プロテスタントの中流家庭で育った「わたし」とのあいだには埋めがたい溝があった。だが、「わたし」はシスターたちとの出会いや、礼拝堂での神秘的な体験をとおして、次第にカトリックの信仰世界に惹かれてゆく。彼女はシスターにも気に入られ、カトリックの生徒たち以上に勉強も生活態度もカトリックらしくなってゆく。〝わたしは母にカトリックになりたいと言った。母も祖父も卒倒した。〟（同書）。

シスターたちが家庭訪問した折にも、〝いきなり修羅場だった。母が泣き叫び、祖母のメイミーも泣き叫んだ。酔っぱらったお祖父ちゃんは、このカラスどもめと言いながら二人を追いまわした。〟（同書）。なぜこんな騒動になったのかは語られていない。おそらくシスターたちは「わたし」のカトリックへの熱中ぶりや、将来はシスターになりたいという希望などから判断し、彼女をカトリックに改宗できないか保護者面談をしにいったのだろう。そして激しい拒絶に遭い、家から追い返されたわけである。

ベルリンの短編には、あらすじの要約など不可能な情趣がある。「星と聖人」がどんな味わいを持ち、そして意外な結末を迎えるのかについては、ぜひ彼女の作品集を手にとって確かめていただきたい。それはさておき、作品の背景に、信仰の継承という前提があることは興味を惹く。カトリックの文化圏に生きる、それなりに富裕な家庭のクラスメイトたち。彼女たちはおそらく、先祖代々カトリック信仰のなかで育っている。どのていど信仰に自覚的なのかは個人によって差があるだろう。しかしいずれにせよ、祈禱文その他の信仰的な所作を親から受け継ぎ、カトリックの学校においてさらに信仰教育を受け、信仰を当たり前のものとしてゆく。やがて大人になり結婚をし、子どもを産み育てるとなれば、彼女たちもまたその子どもたちにカトリック教育を施すことだろう。彼女たちの共同体において、カトリックの外部は存在しない。一方で「わたし」はプロテスタントの家庭で、やはりプロテスタントの信仰を絶対的なものとして、あるいは自覚する必要もないほど当然の前提として育てられている。しかし「わたし」はたまたま入ったカトリックの学校においてそこで垣間見たシスターたちや神父、礼拝堂に強い憧れを抱くことをとおして、プロテスタントが自明である世界の外部を知ったのである。

カトリックが自明の世界で育つ人々と、カトリックに目覚める「わたし」との差異は、たとえばこの日本において、いわゆる宗教2世と、家族が誰も信者ではないなかでキリスト教に入信する人とのちがいに似ているものがある。その一方で、本作で重要な点は、カトリックに憧れ、シスターになりたいとさえ思う「わたし」もまた、プロテスタントの家庭で育つ宗教2世（じっさいには2世どころか先祖代々であろうが）であるということである。宗教2世が自明であり、自らを2世とさえ意識しない世界と、宗教2世が2世であることに気づき、改宗すなわち脱会しようとする世界との両面が、この短い作品に凝縮されている。

宗教2世という言葉自体は、それが問題となっている文脈で使用されるものである。だから宗教2世という言葉は、親の信仰に苦しめられてきた人々の声に耳を傾け、支援が模索される、その手がかりとなる言葉でもある。いっぽうでキリスト教諸教派にせよ、そしておそらくその他の伝統宗教にせよ、また、幕末から昭和にかけて生じてきた、すでに数十年から百年以上の歴史を持つ新宗教にせよ、信仰者の新規獲得のみで拡大していった時代はすでに遠くなった。今やその信仰共同体における無視できない数の人々が、親あるいはもっとさかのぼる家系からの信仰継承によって、自分たちの信仰を培われてきたことだろう。

まったく新たに宗教が生じるときならともかく、それが宗教教団として存続してゆく段階ともなれば、構成員すべてが一代限りでは心もとない。信仰は共同体的な営為であるから、個人の信仰はもとより、その信仰をとおしての社会的協力関係、文化形成も必ず生じるものである。そのなかには信仰者同士の結婚や出産も含まれるだろう。そして信教の自由という原則はさておき、多くの親は我が子にも信仰を受け継いでもらうことを期待するにちがいない。

わたしが所属する日本基督教団はプロテスタントであり、きわめて簡素化された礼拝形式の教会が多い。それでも亡くなった人のことを記念する、外部の者から見ればまるでお盆のような行事が、教団内の多くの教会で少なくとも年に一度はもたれている。それを見て成長し大人になり子育てをする人が、自分もまた死してのち、そのように子や孫たちから記念してもらいたいと思ったとしても不思議ではない。

人間は生得的な認知機能以外は真っ白な価値観のもとに生まれてくるのかもしれないが、その後は育つ環境のなかで、他者たちの影響のもと、おのが価値判断を獲得しつつ成長してゆく。信仰者の場合、信仰もその一つである。キリスト教徒であれば、幸せなときには神に感謝し、苦しいときには神に救いを求めるかもしれない。水があふれるように思わず祈るとき、いちいち「祈りの神学的な意味とは？」と問いはしないだろう。このように信仰が価値判断の軸であるならば、他の家庭が別の価値判断に沿って子育てをするような意味で、親は信仰から生じる諸判断をもって子どもを育てるかもしれない。とくにキリスト教の場合、自己と神との関係のみならず、神の前における自己と他者との関係も重視する。我が子といえども神から与えられた他者である。だから信仰者の親は、子どもを神との関係のなかで育てようとする。

理屈っぽい話になってしまった。ルシア・ベルリン的な、より日常の話に戻そう。わたしは神学部という、牧師になるための学部で学んだ。神学部にはわたしのように宗教１世の人間もそれなりにはいたが、熱心な信仰者の家庭から送り出された人や、牧師の息子や娘もいた。たとえば彼らと子ども時代に観た刑事ドラマやバラエティ番組の話をしていると、その全員というわけではないが、けっこうな頻度で次の言葉に遭遇した。それも残念そうに。

「うちは子どもの頃、親にテレビを観させてもらえなかったんです」

キリスト教徒である親が「このような番組は反信仰的である」と考えた場合、あるいは「昨今のテレビは害悪な番組であふれかえっている」とみなした場合に、子どもにテレビを観させないのである。わたしはファミリーコンピュータ世代で、子ども時代にはゲームにも熱中したものだったが、テレビだけでなくゲーム禁止の家庭もみられた。じつは、わたしの妻もそのような子ども時代を送っている。義父も義母もじつにほがらかで寛容な人との印象をわたしは持っているが、メディアの子どもへの影響については、彼らは信仰的視点から厳しい方針をとっていたらしい。

◎信仰的自由と、信仰ゆえの抑圧と

ここまで考えてみて、では、よい信仰の継承と、宗教2世問題に至ってしまうような悪い信仰の継承があるのだろうかと考えてしまう。そもそも、本書の目的はおそらく、おもにカルトにおける宗教2世問題であろうから、わたしがこれまで語ってきたような内容はまったく的外れかもしれない。だが、カルトの信仰継承はすべて悪で、伝統宗教や新宗教のそれはすべて善いものだという話になるかというと、そうではないだろう。さきほどの神学部時代の話でいえば、家族からの、おそらく熱い期待をもって神学部へと送り込まれたものの、じつは本意ではなく、だから神学部の学びにもやる気が出ず、けっきょく辞めていった学生を、わたしは何人も見た。

彼ら彼女らにしてみれば、「わたしは牧師になんかなりたくない」と最初に言うことができていれば、もっと早く自分のやりたいことに取り組めていたのだろう。しかし「牧師にはならない／なりたくない」という意志表示を、十代の後半で、大人たちに対して毅然と答えることには相当な勇気が要るはずだ。それができないまま、大人たちの期待に笑顔で応えつつ、いつの間にか追い詰められていく神学生。なかには精神を病み、精神科からきつい薬を処方されながら必死で神学部に残ろうとし、それでも耐えられず去ってゆく学生もいた。当時のわたしは宗教2世という言葉を知らなかったが、これなどまさに宗教2世問題であろう。

わたしの妻も結婚当初、「牧師夫人として使命を果たす」と意気込んでいた。しかしすぐに心身の調子を崩し、寝込むようになってしまった。身内を悪く言うようで胸が痛むが、布団から出てこない妻の前に立ち尽くしながら、宗教教育の暗い一面を見た気がした。妻はたまたま「信仰から脱出する」と言いださなかっただけである。わたしはここで「妻は神に守られたからだ」と言いたくはない。もちろん今、おだやかな彼女の顔を見るたび、神に感謝している。しかし、彼女のような生育環境で信仰ゆえに追い詰められていった人を、わたしは何人も見てきたのだ。両親との関係がもっとこじれたものになっていれば、妻もまた「わたしは宗教2世です」と、苦しみをそのようなかたちで語っていたかもしれないのである。

妻は紆余曲折あったが、現在はおだやかな日々を過ごしている。また、彼女の兄たちはそもそも心身を損ねるという契機がなかった。それぞれに家庭をもち、子どもたちに自分の信仰を伝えている。妻と二人の義兄を観ていると、信仰者の両親から子どもが生まれ、親が宗教教育をするといっても、そこには社会的束縛からの信仰的自由と、信仰ゆえの抑圧との双方があることを実感する。キリスト教信仰において、純粋に善なる信仰継承もなければ、端的に悪でしかない信仰継承もないように思われる。信仰継承のすべてが端的に悪であるなら、少なくともキリスト教は伝統宗教として存続することはなかったであろう。たしかにわたしは宗教1世であるが、宗教1世しか存在しないキリスト教というものを、わたしは想像することができない。そもそもイエスとその弟子たちでさえ、連綿と受け継がれてきたイスラエルの信仰のなかで、その教えを語った。たしかにユダヤ人の反対者たちによる策略で、イエスは磔になった。だが最初期のキリスト教徒もまた、同じユダヤ人だったのである。イスラエルで先祖代々受け継がれてきた信仰の、その約束の成就として、彼らはキリストを信じたのだ。真空から突如生じる信仰を、古代においても現代においても、その主流として捉えることは、少なくともキリスト教においては不可能だろう。また、おそらく他の伝統宗教や新宗教においてもそうではないだろうか。

◎わたしにはなにが出来るのか

わたしは自著『街の牧師 祈りといのち』のなかで、キリスト教もその成立期においてはカルト的な要素を持っていたのであり、それ抜きには、キリスト教はこんにちまで存続しなかったであろうと書いた。このことをもってして、わたしは「しょせんどの宗教もカルトみたいなもの」と言いたいのではないし、宗教2世問題を相対化したいのでもない。カルトであれ伝統宗教や新宗教であれ、信仰することが当たり前の家庭で育ったものの、自分あるいは自分がそこから逃げることのできない家庭が社会から孤立していることに気づき、悩んでいる人は多くいる。仮に宗教教団を脱出できても、物心つく前から内面化された信仰的価値判断を払拭することができず、「自分は罪深い、呪われている」などの自責に苦しむ人の問題は深刻である。

わたしは、宗教2世問題を根こそぎ解消することは、世界から宗教を一掃するほどに不可能なことであると考えている。宗教は一代限りの信仰者の、新規獲得だけではおそらく存続不可能である。親から子へと代々継承することをとおして、宗教は歴史をまたいで存続できる。しかし、わたしの目の前に宗教2世として苦しむ他者がいることもまた、厳然たる事実である。その人を前にして、わたしにはなにが出来るのか。その人の思いに耳を傾け、どんな応答ができるのか。その人と共に考え、行為していくことならじゅうぶんに可能であるし、また、必要であると思う。

社会全体で2世の生きづらさを軽減する努力を

江川紹子――ジャーナリスト

◎「2世」問題をどう呼ぶか

いわゆる「2世」問題をどう呼ぶか、今でも迷う。

私は、ずっと「カルト2世」と呼んできた。メディアで「宗教2世」という言葉を聞いて、初めはかなり抵抗を覚えた。これは世界平和統一家庭連合（旧・統一教会）やエホバの証人、オウム真理教などカルト性が高い集団に関する問題の一つであり、伝統仏教のお寺の跡継ぎやカトリックの幼児洗礼を含めた宗教全般の話ではないからだ。

今もこの考えは変わっていない。ただ、安倍晋三・元首相暗殺事件の後、旧統一教会をはじめ様々な宗教の「2世」の声を耳にするようになって、少し気持ちが揺らいでいる。前述のようなカルト性が高い組織以外にも、「被害」を訴える人がいるからだ。

考えてみれば、世界各地でカトリック聖職者が宗教的な関係を利用して子どもに性的虐待をしていたことが発覚した事件もあった。伝統的な宗派においても、子どもの「宗教被害」は起きうる。組織的な人権侵害や反社会的行為に及ぶ「カルト」とはいえなくても、親の宗教ゆえに、何らかの生きづらさを抱えている子どもがいれば、それを置き去りにしていいとは思えない。子ども目線で、親の宗教に関わる様々な辛さをすくい上げる点で、「宗教2世」という呼び方に意味があるようにも思えてきた。

ここでは単に「2世」と呼んで話を進めるが、どちらを使うにせよ、大切なのは社会が一人ひとりの状況に目を向け、「2世」の生きづらさを軽減する努力をしていくことだ。

残念ながら、二〇二二年末にいわゆる「救済法」が慌ただしく作られた際の論議では、そういう努力は万全とは言いがたかった。急いで何らかの対応をして問題を一件落着させ、統一地方選のある翌年に問題を持ち越したくない与党と、早く成果を出したい野党の思惑が一致して、迅速というより「拙速」という表現がふさわしい対応になってしまったのでは、という気がしてならない。

本来、国会に特別委員会を設置するなどして、カルトに関する様々な問題や宗教におきがちな問題を洗い出し、そのうえで現行法制度の下で何ができるかを検討し、新たにどのような立法が必要かを考える、という手順が必要だった。

特に「2世」は、社会にとって新しいテーマである。安倍氏の事件が起きるまで、マスメディアではNHKがいくつかの番組を作っていたくらいで、ほとんど取り上げられることはなかった。多くの人はその存在すら意識していなかったろう。ならば、まずは「2世」が抱える困難について十分な聞き取りをするところから始めるべきだった、と思う。

◎オウム真理教の2世問題

もっとも、社会はこれまで「2世」問題をまったく経験していなかったわけではない。一九九五年の地下鉄サリン事件の後の強制捜査で、オウム真理教施設に子どもがたくさんいることが分かった。親が「出家」した際、一緒に連れてこられた「2世」たちだった。オウムでは、家族そろって「出家」しても、教団内では一緒に暮らせない。子どもは集められて担当信者が世話をしていた。食事は、教団内で作った食品類など限られたもの。「栄養素」はある程度まかなえても、野菜や肉類など、子どもに必要な食べ物は提供されておらず、多くが栄養障害で、身長体重は同年代の平均を大きく下回っていた。学校にも通えない。教団外の友だちもいない。頭には教祖の脳波を電気信号にして叩き込むとされるヘッドギアを被らされ、修行と教義をベースにした偏った教育が施されていた。

教団にとって、「2世」は組織の将来を支える人的資源だ。そうした次世代信者を、オウムは社会からも家族からも隔離し、〝純粋培養〟で育てようとしていた。

一二〇人を超える一五歳未満の子どもが、警察の力を借りて児童相談所に保護された。当初は教団から教え込まれたことを信じ、毒ガス攻撃を恐れて引きこもったり、頭をなでられるのを嫌がったりしたが、次第に慣れて、職員などと遊ぶようになった、という。子どもたちはその後、親族や脱会した親に引き取られた。

この時、強制的な形で保護された子どもたちの中には、当時の記憶が心の傷となって残っている人もいるかもしれない。そうした保護の対象にはならなかった「2世」でも、子ども時代をオウムに奪われ、脱会後も居場所がなく、つらい記憶や葛藤を抱えたまま生きてこざるを得なかった人がいる。多くの事件を取材・発信・対応するのに追われ、「2世」たちを丁寧にフォローできなかったことを、当時の取材者の一人として、申し訳なく思う。

オウムには、このような社会と完全に離れる隔離型の「出家2世」のほかに、在家信者の親の信仰に巻き込まれる「在家2世」もいた。現在でも、後継団体には子ども連れで通う信者がおり、教団は子ども向けの教材を作って「2世」信者の養成に努めている。

◎脱会した後の拠り所がない2世

旧統一教会をはじめとして、今の「2世」問題の多くは、このような社会の中に分散して存在する在家型である。やっかいなのは、「家族」というブラックボックスに覆われていて、問題が外から見えにくく、理解しにくいことだ。

傍目には仲のよい家族に見えたり、子どもが普通に学校に通っていたりすれば、一部の行事や授業への不参加はあっても、周囲は問題には気づきにくい。しかも、そうした子はしばしば親にも先生にも従順な「いい子」なので、なおさら問題は発覚しづらい。

安倍氏の事件後、統一教会信者家族の経済的苦況については、広く知られるようになった。経済的被害は、数字で示すこともできる。体罰などの身体的な虐待や学びの機会が制約される被害も、説明されれば第三者も理解可能だろう。しかし、心の問題はなかなか理解が難しい。たとえば、子ども時代という大事な時間を、子どもらしく過ごせないことが心の成長に及ぼす影響は、人によって異なるだろうし、客観的な数値にもなりにくい。

子どもは、自由に遊んだり勉強したり、あるいは人との交際を広げて様々な経験をし、それを通して人格を形成し、成長していく権利を有する。「2世」は、その権利より教義や教団活動が優先されて育つ。人間関係が教団内に限られたり、思春期になっても、芽生えた恋心を無理矢理封じ込めたりする。あらゆる記憶は、教義や教団活動に結びつき、成長して脱会しても、安心して立ち返ることができる思い出が少ない。巷で流行ったゲームやテレビ番組、音楽なども知らないので、同世代と話が合わず、いつまでも孤独を抱えている人もいるようだ。

一定の人格形成ができた後に入信する「1世」は、脱会後、一時は心の中にぽっかり穴が開いていても、時間がそれを癒やし、従来の価値観に依拠して社会で新たな歩みを進めることもできる。ところが、物心ついた頃から教団の価値観によって人格やアイデンティティを形成してきた「2世」の場合、脱会した後の拠り所がない。

ある「2世」が、「僕の中には、よって立つべきものが、何もないんですよ」と寂しそうに語っていたのが忘れられない。この「寄る辺のなさ」を私たち当事者以外の者が理解するのは、とても難しいように思う。

◎個々の家庭や個人の事情もくみ取って

幼い頃に植え付けられた価値観を払拭できず、悩んだ末に心を病み、自らを傷つけたり、人生が崩壊したりする悲劇も起きる。

私は、女子刑務所の取材で、一人の「2世」受刑囚に出会ったことがある。三人姉妹の長女。キリスト教系団体の熱心な信者である両親に厳しく育てられ、幼い頃から教団の活動にかり出された。甘えやわがままを言わない「いい子」で、週に三日は教団の集会に参加し、母の布教活動にも必ず付き従った。教団の勧め通り、高校卒業後は進学せず、パートで働きながら宗教活動にいそしんだ。ところが、教団内での人間関係に悩むようになる。生真面目な彼女は、教義にそぐわない他人の言動が受け容れられずストレスをため込んだ。教団外に親しい人はなく、相談できる人は誰もいなかった。

まもなく、大量に食べ物を食べては吐く摂食障害を発症。吐くための食べ物の万引きを繰り返す窃盗症も併発した。何度も警察に突き出され、とうとう刑務所に送られた。教団から排斥され、帰るところはなくなった。出所後に社会復帰しようとしても、心の中で〝悪魔の声〟が「吐け！」と命じるのが聞こえると、それがスイッチとなって食べ吐きと万引きの衝動がぶり返した。一時は、よい理解者と出会い結婚を約束するなど、幸せのとば口に立ったこともあった。しかし、その時にも〝悪魔の声〟が響き、自分でも分からないうちに身体が動き、気が付くと捕まっていた。結局彼女は二度三度と刑務所に送られ、幸福な生活への機会を逃した。

　これは一例だが、「2世」の生きづらさは人によって様々な形で現れるのではないか。教団によって一定の傾向はあるにしても、個々の家庭や個人の事情もある。それをできるだけくみ取って、救済策につなげたい。

　そのためには、個々の「2世」の声をできるだけ社会に伝えることが大切で、本書のような出版物が相次いで刊行されているのは、大いなる前進と思う。法制度に関しては、現行の範囲でも応用できるものが少なくない。相談窓口を設置するだけでなく、学校の教職員や福祉の担当者に「2世」問題の知識と対策を十分伝え、人的財政的に支援していく。各地の要保護児童対策地域協議会を含め、既存の地域ネットワークを活用する。ケースによっては、オウムの時のように児相が保護する。あるいは民間の子どもシェルターなど自立援助ホームを活用する。成人に達していれば、生活保護を含めた様々な福祉の制度を、学生であれば授業料減免などの高等教育修学支援新制度を使って支えながら、心のケアも行う。それでも足りないものがあれば、法律や条令の形で整えていくようにしたい。

◎学校の役割の重要性

　特に大事だと思うのが、学校の役割だ。学校は、子どもたちが家庭の次に長い時間を過ごす場所であり、「2世」が抱える問題を見つける機会もある。たとえば教義によって季節の行事や特定の科目に参加できない子どもがいれば、本当に参加したくないのか、その意思を確認する。子どもとの会話で、教団の活動に従事していることが分かった場合にも、その気持ちを丁寧に聞く。そのうえで、必要に応じスクールロイヤーなどを交えて対応するなど、大人たちが協力して子どもの意思を大切にしたい。

高校や大学でのカルト教育や社会への啓発活動も必要だ。新たに信者となる「1世」を防げば、「2世」問題の予防策にもなる。カルトに関する理解が深まることで、社会の支援も受けやすくなり、「2世」がSOSを出しやすくなるだろう。

私は今、神奈川大学で教員をしており、各部共通の教養科目「社会と人間」でカルト問題を教えている。カルトの特徴やマインドコントロールの仕組みなどを知ることで、いざという時に「心のワクチン」として働くのではないか。あるいは身近に「2世」などがいた時に適切な対応がとれるのではないか。そう考えて、毎回講義を行っている。できれば、高校くらいからこの種の教育をして欲しい、と思う。

ただ、世の中の対策が進めば、カルトはそれをかいくぐる新たな対応をしてくるだろう。今後、新たなカルトも出現してくるかもしれない。それに対抗するために、最新の情報を集めたり、脱会者への支援などを研究する仕組みも必要なのではないか。

旧統一教会を巡って、省庁横断の連絡会議が設けられているが、オウム事件の際にも同様の会議が作られた。その過程で、各省の精神医学・心理学の専門家が集まり、教団からの離脱を求める人や離脱した人への援助のあり方について研究会がもたれた。研究結果をまとめた報告書は、脱会支援だけでなく、予防のための啓発・教育に力を入れるべきとしたうえで、「カルトに関する総合的な研究を行うための公的な研究機関を早急に設置する必要がある」として、「カルト研究センター（仮称）」の設置を提言している。

報告書は、残念ながらその後の行政に生かされることなく、現在は国立公文書館の書庫に眠っている。オウム問題は、基本的には警察、検察、裁判所が担う刑事事件として扱われ、あとは化学兵器禁止法や団体規制法など事件の再発を防ぐいくつかの法律を作っただけで終わってしまった。心理や精神医学やテロの専門家による罪を犯した者への聞き取り調査もしていない。研究会の提言に沿って、研究機関を作り、様々な教育・啓発活動を展開し、社会がカルト問題にもっと敏感になっていれば、果たして安倍元首相が殺害されるような事態になっただろうか。

今、また対応を怠れば、数十年後に、想定外の事態が引き起こされるかもしれない。将来の不幸な出来事を防ぐためにも、「2世」を含めたカルト問題にしっかり取り組んでいくことが大切だと思う。

◎3章寄稿者プロフィール

島薗進（しまぞの・すすむ） ＮＰＯ東京自由大学学長、大正大学客員教授、上智大学グリーフケア研究所客員所員。著書に『現代救済宗教論』『現代宗教の可能性』『スピリチュアリティの興隆』『日本仏教の社会倫理』『明治大帝の誕生』『新宗教を問う』ほか多数。

信田さよ子（のぶた・さよこ） 公認心理師・臨床心理士。原宿カウンセリングセンター顧問。著書に、『母が重くてたまらない』『ＤＶと虐待』『加害者は変われるか？』『アダルト・チルドレンという物語』『家族と国家は共謀する』など多数。

釈徹宗（しゃく・てっしゅう） 如来寺住職。相愛大学学長。宗教学者。ＮＰＯ法人リライフ代表。著書に『落語に花咲く仏教』『親鸞の思想構造』『法然親鸞一遍』『いきなりはじめる仏教生活』『ＮＨＫ宗教の時間「観無量寿経」をひらく』『お経で読む仏教』など多数

中田考（なかた・こう） イスラーム法学者。イブン・ハルドゥーン大学客員教授。著書に『イスラームの論理』『帝国の復興と啓蒙の未来』『13歳からの世界制服』『ハサン中田考のマンガでわかるイスラーム入門』『タリバン 復権の真実』『俺の妹がカリフなわけがない』『宗教地政学から読み解くロシア原論』など多数。

沼田和也（ぬまた・かずや） 日本基督教団王子北教会 牧師。高校を中退、引きこもり生活などを経て、伝道者の道へ。精神科病院の閉鎖病棟への入院も経験し、現在は再び牧師をしている。著書に『牧師、閉鎖病棟に入る。』『街の牧師 祈りといのち』がある。

江川紹子（えがわ・しょうこ） ジャーナリスト。神奈川大学国際日本学部特任教授。新宗教、災害、冤罪のほか、若者の悩みや生き方の問題に取り組む。著書に『オウム事件はなぜ起きたか』『「オウム真理教」裁判傍聴記』『「カルト」はすぐ隣に』など多数。

4章

精神医療／カルト問題報道の観点から

信仰の自由はR20にしたほうが良い？

斎藤環 精神科医 ×横道誠

◎母娘問題と父息子問題の違い

横道　斎藤さんは、子どもの虐待問題やいじめの問題にけっこう熱心な印象があります。

斎藤　うちの研究室の専門分野の一つが、児童虐待なので虐待問題については、専門家として一貫して扱っているということがあります。

横道　アダルトチルドレンの本も、出されていましたよね。萩尾望都さんらと対談した……。

斎藤　ああ、母娘本ですね（『母と娘はなぜこじれるのか』NHK出版）。担当編集者の方がそういった問題を抱えていたようで、それについて本を書いてくれないかという依頼があって、書きはじめてみたんですけど、母娘の関係性に関しては、私には感情移入するような経験がないので、まったくわからない世界だったんですね。ただ、書いてるうちに、父と息子の葛藤とははっきり別物の葛藤があるとわかってからはおもしろくなってきて、ハマりこんでいったという感じです。一応それなりの結論も出ましたので、世の男性にはなかなか想像し難い、母娘問題という問題が生ずる構造のようなものは示し得たと自負しています。

横道　母娘問題と父息子問題の違いの中心は、どういうところにあるんでしょう。

斎藤　2世問題とも絡むと思うんですけど、父と息子の葛藤は、空中戦と言いましょうか、権力VS権力、概念VS概念という割と単純な構図です。だから、父殺しができちゃうんですね。息子が父を超えてしまう形もあれば、父を棄てるという父殺しもある。いずれにしても、そんなに後腐れが残らないことが多いように思います。母と娘の場合は、もっと相互陥入、相互浸透してしまうんですね。お互いにお互いの細胞が食いこみあうような関係性がある。基本的には、母が娘を支配するという構造がまずあるんですけど、娘がその構造に逆らおうとしても、母の価値観や人生が娘自身の身体に染みこんでいるので、きわめて難しい。無理にやろうとすると自分も大きなダメージを受けてしまうので、母殺しはほぼ不可能なんですね。ですから、母の呪縛から逃れようと思ったら、とにかく母から離れるか、あるいはパートナーとの関係性において自分の別の実存を確保するか。それくらいしか方法がないし、それでも完遂には至らない。男性の場合の父殺しの相対的な容易さに対して、母殺しには原理的な困難さがあることを指摘したかったわけです。

横道　父と娘の関係や、母と息子の関係については、どのように考えておられますか。

斎藤　異性というだけで、母と娘のような相互浸透の関係性は起こりにくいんです、そもそも身体が違いますから。もちろん虐待的な関係は充分ありえます。ただ、父が娘を性的に虐待するような場合でも、そこから離れがたい関係に陥って非常に苦労するといった可能性は、比較的低いんですね、ないとは言いませんが。母と娘のように、虐待・被虐待の関係にありながらも、どうしても離れられないといったようなことは、相対的には起こりにくいと思います。これは、母と息子の場合も同様です。母と息子では、もっとシンプルですね。ひとつのキーワードは「罪悪感」です。娘というのは、母を棄てようとすると、罪悪感のブレーキが掛かってしまって、非常に葛藤するんですね。まがりなりにもこれまで自分を育ててくれた母を棄てられない、という。特に母親が信者だった場合、2世の娘が信仰を棄てるときに、同時に母を棄てることになってしまう罪悪感も絡んでくるので、なかなか簡単には棄てられない。対照的に息子は、こうした罪悪感はほぼ感じないので、棄てるときは割とあっさり棄てられますし、「幸福の科学」の教祖・大川隆法の息子の大川宏洋さんのように、親を告発したりすることにもためらいはありません。

横道　私のように、エホバの証人の2世の場合には、父親は信仰を持ってないことが多くて、母親が熱心という事例が豊富です。母親は、自分の息子や娘を連れて戸別訪問で布教をしたり、集会に出たりしますが、父親は無関心だったり反発したり。私の家庭もそうで、そのため父とよりも、母との葛藤が強くなりました。最近読んだ藤本タツキさんのマンガ『さよなら絵梨』(集英社)にも母と息子の虐待関係が出てきた。私はそういうのに惹きつけられてしまうんです。

斎藤　なるほど。あの作品では母親による息子への虐待がほのめかされるシーンが多かったと思いますけれども、横道さんの経験とシンクロした部分があったのでしょうか。

横道　そうですね。私が専攻しているドイツ文学を含め、父と息子の関係は伝統的に主題になることが多いのですが、私はそんなに関心が湧きませんでした。息子なのに、母に対して恨みや憎しみを抱くというのは、多くの人に共感されにくいので、悩ましいのです。息子が父殺しをする物語とか、女性たちが母に抵抗感を抱く体験談、娘が父から受けた被害を告発する出来事などは、共感を得やすいと思うのですが。

斎藤　虐待当事者の手記も増えてきましたし、当然そのなかには、母に虐待された息子の体験もあるはずですから、かつてよりは母の恩に感謝すべきとか、マザコンがデフォルトみたいな風潮はすたれてきた気はしていましたが、横道さんでさえ、育ててくれた母について、あしざまに言ってはいけないみたいな、道義的なプレッシャーを感じるんですね。

横道　やっぱり、父の悪口のほうが言いやすいですね、同性だから。

斎藤　それはそうですね。父と対立して母と密着するというオイディプス・コンプレックス的な構図は、時代を超えて全世界共通ですし。

横道　父の至らなさは理解しやすい面があるので、正々堂々と反発できるのですが、母の苦しみというのは、わからないところもあるので、責めづらいんです。

◎エゴによる支配か、教義による侵食か

斎藤　『さよなら絵梨』の母親は、けっこう身勝手な印象を与えるような描き方をされていたと思います。たとえばお母さんが宗教にのめりこみ、子どもをその教義に従わせる場合、母の外側に強大な原理があって、子どもはそれに従わされるわけですよね。このとき、母親のエゴは少なくともあまり前面には出てこない。『絵梨』の場合は、どちらかと言うと、見栄っ張りと言うか、自分をきれいに撮ってほしいという母親の思いに従わないと叩かれるような虐待だったわけで、単純に母親のエゴによる支配でした。そこに何か、質的な違いはあるんでしょうか。

横道　うーむ……。

斎藤　山上徹也容疑者がそうだと思うんです。自分を虐待し、ひどい目に遭わせたのは母親だったのに、彼の殺意は母に向かわず、教祖や、旧統一教会を支持した安倍元総理に向かったわけですよね。母は恨めなかったというか、その存在を根本からは否定できなかった。そういった場合の母に対する思いと、もう少し自己愛的な母の、自己愛に従わなかったことによる恨みは、かなり質的に違う気もするんですけれど、何かお感じのことないですか、それについて。

横道　そうですね。山上容疑者が統一教会の個々の教義とどう向きあっていたのか、情報がほとんど出ていないので、気になります。私はエホバの証人の教義に自分がかなり侵食

された気がするので、その教義の最大の媒介者だった母の侵食度は高かったんですよね。
母の父、私の母方の祖父は、母が高校生のときに急に事故で亡くなりました。母はいいところのお嬢さんでしたが、兄が急速に遺産を食いつぶしたために、高校を中退して大阪に働きに出て、弟を大学に行かせるために仕送りをしたそうです。二〇歳で結婚しましたが、不妊にも悩んだ。身ごもっても流産という経験を経て、七年目に待望の子として生まれてきたのが私だったわけです。母の私に対する態度はめちゃくちゃでした。待望の第一子ゆえ、長女、つまり同性の子のように感情移入された上、母はかつて自分を罰していた父親を肯定して美化し、内面化していたので、祖父の母への態度を再演するかのように、私を罰することに熱心でした。しかもその背景には唯一の絶対神を信じる父権主義的な教団がある。私が受けた圧力はかなり大きかったと思います。

斎藤　父権主義的な圧力だったんですか。「エホバ」は、カルトとしては比較的緩いイメージだったので、ちょっと意外な気もします。エホバの証人と聞くと、子連れで戸別訪問をして布教するイメージがありますけれど、横道さんも連れて行かれたんですか?

横道　私は多動のある発達障害児で、挙動不審な印象を与えるので、連れて行けなかったですね。母がなかなか正式な信者にならなかったことも理由のひとつだったと思います。子どもたちは体にぴっちり密着する服を着せられ、家から家を回るのですが、私はそういう服はほんとうに無理でしたから、その点では助かりました。自閉スペクトラム症の感覚過敏というやつです。代わりに六歳下の弟が犠牲になっていた記憶があります。弟は私よりも利発で顔立ちもよく、周囲に与える印象がぜんぜん違いますから。二歳下の妹は妹で、母とは同性ですから、私とは違った苦しみを体験したと思います。

斎藤 私の「エホバの証人」についての知識は、大半が例の輸血拒否事件をテーマにした大泉実成さんのルポからなんです。

横道 『説得』ですね。ビートたけし主演でテレビドラマ化もされました。

斎藤 あれには、みんなが王国会館で和気藹々と食事会をするなど、輸血の件がなければ温かい共同体のような雰囲気もあって、悪い面ばかりではないといった記述があったように記憶します。横道さんには、そうしたコミュニティに対する両価的な思いもあるのでしょうか。

横道 私は学校でも、エホバの証人の集会でも、いかにも自閉スペクトラム症の子らしく人間関係が作れず、いつの間にかポツンと孤立してしまうので、王国会館でもひたすら苦痛でした。集会でじっと座っているというのは、発達障害児にはかなりしんどいことです。耳から入る情報を拾うのが苦手という特性、聴覚情報処理障害があるので、私は話をなかなか聴くことができず、手元の聖書や副読本を一所懸命に読んでいました。物語を読んだり、勉強になることをするのは好きでしたから。

大泉さんの『説得』が書かれたのは八〇年代です。当時は新宗教ブームで、オウム真理教や幸福の科学も、近代社会に対するオルタナティブなものとして肯定的に受けとめられていたと思うので、エホバの証人もニュートラルに評価する立場で書かれていますよね。でも私は、「オウム事件以前の本」だなと感じます。「カルト」に対する感度が低いというか。

斎藤　なるほど、それはありますね。少なくともカルトや洗脳といった側面についてはあまり触れられていませんでした。裏文化を面白がる八〇年代的なスタイルに近いですね。

◎ハルマゲドンの予言は失敗した

斎藤　ところで、輸血拒否事件にこだわるようですが、横道さんはそういうタブーによって非常に危険な目に遭うような経験はされましたか？

横道　教義に反することをしたとき、母の逆鱗に触れたときの体罰は激しかったですね。命の危険にさらされるほどのものではありませんでしたが、部分的な精神崩壊は体験していて、いわゆる離人症的な感覚はしょっちゅうありました。体罰を受けている自分を、別の自分が見ているという感覚です。

斎藤　お母さんの体罰は、基本的には「エホバ」の教義に反した場合に、なんでしょうか。

横道　母の判断次第でしたが、一般的な日本の伝統的観念も混じっていたと思います。親に反抗的だったとか、集会でじっと座っていずに、あっちこっち動きまわろうとしたとか。どこまで聖書に即した規範だったのかは、微妙なところだと思います。私の言動は、発達障害児によくあるものでしたから、集会に行くと、母の面目を潰すような発言をすることもあるわけです。すると帰宅後、酷かったです。

斎藤 よく聞くのが、「こらしめのムチ」でしたっけ。素手じゃなく道具で叩くんですよね。

横道 ガスホースやベルトのことが多かったようですね。

斎藤 そうとう痛いんじゃないですか、それは。

横道 自閉症者には感覚過敏と感覚鈍麻が併存していて、痛みにやたら強い人もいるのですが、私は痛みに関しても過敏で、ふつうの人よりも痛みを感じやすい。生き地獄でしたね。ほかのエホバの証人2世と話していても、エホバの証人に無関係の人と話していても、「その時代の日本だったら、体罰なんてどこでもあったでしょう」とか「ときどきお尻ペンペンぐらいのことはされましたけど」とか言われますが、頻度や程度がまったく違うと思います。我が家のようにいつ母のスイッチが入るかわからず、子どもたちが毎日のように恐怖にさらされていた家庭と、「たまに罰がある」のとでは異質なので、それはわかってほしいところです。

母がムチをやると決めたら、まず一時間か二時間、正座させられるんです。私がなかなか黙って座っていられないのが、大きかったと思います。発達障害のことも、それが治療できないことも認知されていなかった時代で、母は私を矯正したくて仕方なかったわけです。正座が終わったら、自分がどう悪かったかと自己批判を促されるので、こちらからいろいろと話す。あのしらじらしさは、本当に気色が悪かった。そのあとムチをやられ、ガスホースで臀部を殴られる。そしてそのあとがほんとうに最悪です。抱きしめられて、「愛してるからやってるんだ」と強調されます。そのようにやれと、教団が指示していたんです。愛情表現なのだと、ちゃんと説明しなさいと。そのときの「消えてなくなりたい」という気持ちは、強烈なものがありました。「この地獄はいつまで続くんだろう」と思っていました。

斎藤　最近話題になっている宗教2世の菊池真理子さんのマンガ『「神様」のいる家で育ちました』には、明示はされていませんが、けっこう満遍なくいろんな宗教2世の体験談が入っていましたね。でも「2世問題」と聞くとエホバの証人という印象が、私のなかにずっとあって、これは何なんでしょう。虐待率の高さなんでしょうか。

横道　そうですね。エホバの証人の信者は約二〇万人だったかな。でもバプテスマを受ける前の「研究生」を入れると、五〇万人ぐらいだと聞いたことがあります。

斎藤　そんなにいるんですか。カトリック教会並みじゃないですか。

横道　創価学会は、公称八〇〇万世帯ですよね。実数はもっと少ないはずと言っている人もいますが。でも宗教2世界隈の様子を見ていても、創価学会で2世問題を唱えている、つまり宗教被害を受けたと言っている人が、エホバの証人の2世の一六倍もいるとは思えないんです。宗教被害を訴えるエホバの証人2世の数は、同じように訴える創価学会2世よりも多いと思うので、エホバの証人が2世問題を生み出しやすい宗教である可能性はあると思います。かつては一応受けいれられていた「ムチ」の問題が、日本社会で子どもの人権への配慮が高まったことで、非常に悪質だったと可視化されたことは、ひとつの理由でしょう。あと、エホバの証人では「一九一四年を体験した者が全員滅ばないうちに、ハルマゲドンは来る」という最重要級の予言があったのですが、それから一〇〇年以上が過ぎてしまい、実質的に最大の予言が失敗したことで離脱者が増えています。「騙された」という思いを持っている人が多いのではないか、と推測しています。

斎藤　予言が外れて、信者は減っているんでしょうか。

横道　日本の場合だと、「一九九九年に恐怖の大王が降ってくる」というノストラダムスの大予言が流行しましたし、九〇年代にはバブル崩壊、阪神大震災、オウム事件、神戸の酒鬼薔薇事件などの影響で、日本の世相もかなり終末論に染まっていましたから、そういう「世の人」、「事物の体制」を批判しつつ、実際には影響を受けていたエホバの証人たちも多かったと思います。二一世紀になってからの日本のエホバの証人の活動は冴えない感じです。世界の状況とどのくらいリンクしているかは、私には簡単に言えませんが。

斎藤　たしかに、前ほど訪問による布教を経験していない気がします。

横道　そうですね。私の家にもあまり来なくなっている気がします。街中の交差点でパンフレットを並べて布教しているのをたまに見かけるのですが。

斎藤　そこで、誰彼構わず捕まえて、話しかけるという感じですか。

横道　いえ、じっと立って、ほほえみながら、誰か関心を持って近づいてくるのを待つスタイルです。

斎藤　それは有効なんでしょうか、非常に疑問がありますけれど。子どもはやっぱり付きあわされるんでしょうか。

横道　いえ、このタイプの布教では子どもをほとんど見かけないですね。

◎最大のキーパーソンは母親

斎藤　どうしても不思議なのは、オウムもそうですし、私がじかに見学したヤマギシズムのヤマギシ会もそうだったんですけど、子どもの扱いが非常に雑と言うか、配慮がないですね。カルト一般に、子どもを人間扱いしていない印象があります。そりゃ2世問題も起こるわという。

横道　母はよく私たち子どもに「従順！」と叫んで、その言葉が出ると、こちらが態度を改めないと「ムチ」になるという展開でした。親たちは、「私たちの父」エホバを信仰対象として敬っていますから、神に対して「神の子羊のように従順」なんです。それと同様に、子どもたちも自分の親に対して従順でなければいけないという世界観です。エホバの前では人間は無なので、そのモデルに従い、親の前で子どもの人権は軽視されがちです。

斎藤　さっきおっしゃったように、特に新興宗教系の場合、母親だけが信者で父親は信者じゃない、あるいは反対しているというケースは、けっこう多いように思うんですが、そういった場合でも、母親が主導権を握ってしまいがちですね、育児に関しては。

横道　統一教会の場合は、「祝福」と呼ばれる合同結婚式を経て、つまり信者同士が結婚して、「祝福2世」が生まれてくるというやり方を取るため、両親とも信者のことが多いですが、夫は信仰が薄く、妻が熱心という事例をよく聞きます。

エホバの証人の場合は、子育てを丸投げされるなど夫婦仲が険悪で、家庭が壊れかけているところに、その妻の心の隙を突くようにして布教してきます。戸別訪問をする昼の時間帯に家にいることが多いのは夫より妻ですしね。で、妻が入信して、夫は信仰しないことが多い。家族全員が信者の場合は「神権家族」と呼ばれて、そうでない家の妻たちから憧れの目で見られます。

統一教会の場合では、それでもいざというときには父親が信者としてアクティヴに活動することが多いですが、エホバの証人では、子どもたちは多くの場合、母親の支配下にあります。公平に言えば、主婦の心の空洞化の問題は大きいはずです。つまり、誰にも相談できずに行き詰まってしまった孤独な妻かつ母親の立場にある女性が、温かく優しい言葉遣いで新興宗教に誘われ、囚われるというパターンです。

斎藤　いまおっしゃったことは、けっこう大事な指摘である気がします。ヤマギシも、一家ぐるみで参画しないと駄目なので、両親ともその思想を共有している場合が多いんですけど、統一教会もおっしゃるとおり、合同結婚をしているわけですから、両親とも信者の組み合わせが多くなりますね。ひょっとして、両親とも信者である場合と、母親だけが信者で父親は反対していて、その葛藤を見てきている場合とで、2世問題の前面に出てきやすさに、違いがあると思われます？

横道　さまざまな教団の2世の話を聞いていると、現代の日本では家庭のなかで存在感を発揮するのは父親より母親であることが多いので、最大のキーパーソンが母親であることは、多いと感じます。

カルト問題の専門家には、あまり親子問題の話にしたくない、問題は親にも子どもにも影響を与えているカルト団体なんだという人が多いのですが、私はそこは、もう少し複雑だと思っています。親は対カルトでは被害者ですが、子どもに対しては加害者なので、カルト問題は「親次第」という面があると思います。もちろん、親に問題があるとしても状況を悪化させているのは宗教団体なので、そちらを免罪して良いとは思いませんが。

◎エホバの証人のエリートコース

横道　私の家だと、ムチに関しては、ほかのエホバ家庭よりも厳しかったものの、学校の勉強に関しては違いました。エホバの証人では通常、高学歴を推奨しません。学歴は高卒程度に留めて、布教に専念する道に入るのがエリートコースなんです。

斎藤　なるほど。

横道　徹底的に、世の中の流儀に染まらないように歩んでいくのが、エリートコース。でも私の母は、子どもの頃に父親を亡くして高校を中退、大学も行けずに働いたという背景があるから、私たち子どもたちには、やたらとPTA的な規範を盾に接していました。特に長男の私を大学に行かせることには情熱を傾けていました。

斎藤　我が子がエリートコースから外れちゃって大丈夫なんですか？

横道　エホバの証人の教義を、ピンポイントで裏切っていたんですね。PTAの会長もやったりして。その点ではあんまりエホバの証人っぽくなかったです。

斎藤　あんがい緩い部分もあったんですね。剣道や柔道など、争いごとはダメという教義があるじゃないですか。あのへんはどうなんですか。

横道　私は、中学に入るとき親の手に負えなくなっていたので、「これからは自分で考えてやっていい」と言われ、エホバの教義に従って止められることはなかったけれど、体育の時間に柔道をやることに関しては、嫌そうな顔はしてました。

斎藤　その程度なんですね。

横道　ええ。母親は、ほかの信者と同様に「研究生」にはなったものの、それからバプテスマを受けて正式な信者になるのに、一〇年くらいかかっていました。やっぱりエホバの証人の価値観を全面的に受けいれるのに、時間がかかったのだと思います。

母親は体罰にはもともと賛成派でした。小学一年生のときに担任に殴られて鼻血を出して帰ったら、「指導熱心な先生で尊敬に値する」と言っていた。そういう人がエホバの証人に入信したら、その体罰の与え方は地獄的になります。母親の価値観自体も問題でしたが、教団の方針によって、あきらかに状況は悪化しました。

斎藤 なるほど。手記などによく書かれているのは「学校に行ったら、みんながテレビやマンガの話をしていて、自分は禁じられているから、話が合わせられなくて大変だった」とか「授業でも出られないのがあってしんどかった」とか、そんなエピソードですよね。横道さんの場合は、そういうギャップはあまり経験しませんでしたか?

横道 ほんとうにトピックごとに緩急が違うというか。ムチに関しては狂信的、学業に関しては教団を裏切り、テレビやマンガに関しても独自路線でした。当時のテレビの性的で下品な内容には、怒りくるってました。マンガに関してもおおむね否定的でしたが、私は何かを好きになると、自閉スペクトラム症の「こだわり」を発揮して徹底的に探究するので、そういうことが発生するマンガは容認されていました。『キン肉マン』ではいろんな国の超人が戦うので、私は国名、国旗、首都名、世界地図などのマニアになりました。『聖闘士星矢』ではギリシア神話や星座がモチーフなので、私は神話や宇宙のマニアになりました。そういう基準で許されていたので、やはりこの問題では、母のなかでPTA的な価値観がエホバの証人的な価値観を凌いでいたのでしょうね。

エホバの証人は、古代イスラエル社会を理想化していますが、アメリカ発祥の宗教なので、「もとはよいところのお嬢さんだった奥さん」が捕まりやすいんです。子どもにピアノやバレエを習わせたがるといった欧米趣味の世界観に憧れを抱く戦後日本の中流家庭で育った女性に、すごくアピールした。そこに、日本の伝統的な価値観、儒教的な保守主義が絡まっています。聖書のことを勉強する向学心が奨励されているので、母はおそらくそういうところにも惹かれたのでしょう。他方で学校の勉強が否定的に扱われているのには、すんなり順応できなかった。

◎父殺し的な母殺し

斎藤　信仰は別としても、お母さんの価値観はある意味で片寄ったものだと思うんですけど、それに対して、子ども時代の横道さんは、疑問や懐疑を感じつつも、従ってきた感じですか。

横道　小学校のあいだは、母に完全に抵抗することはできませんでした。発達障害は遺伝率がかなり高いんですけど、母も発達障害の特性が濃厚で、どこでスイッチが入るか予想できず、キレだしたら止まらない人でした。宗教2世に話を聞いていても、発達障害の人の割合がふつうの人——学問的には「一般集団」と言うと思うのですが——よりも高い傾向があると感じます。私もいわゆる「変性意識状態」に入りやすいので、母もそうだったんだろうなと思うんです。だから宗教的体験、スピリチュアルな体験にはピンとくるところがあり、宗教団体の良いカモになる。

斎藤　さっきご両親のことを聞いたのは、お父さんが信者じゃなかった、信仰に対する懐疑的な立場の人が家にいたことで、その懐疑を内面化できたり、脱会がしやすかったりするのかなとも思ったんですけど、どうでしょう。

横道　非信者の父親は重要なファクターですよね。父は電気小売店を営んでいたのですが、うまくいかず、私が六歳のときに引っ越しを機に電気工事業に転じたら、家に帰ってこなくなったんです、浮気をして。子どもが三人いるのに、母親に育児を丸投げした。それが母親が入信したきっかけだと私は推測しています。夫に裏切られて、子どもたちをどうしていいのかわからない。母親には発達障害の傾向があるから、一般的な人間関係を築けない。そういう人には、宗教が寄ってくる。入信したら、みんなが同じ方向を向いていますから、連帯すれば良いので、不器用な人でも人間関係を築きやすい。

斎藤　ですよね、確かに。その連帯で救われる人も少なくないでしょう。

横道　教義を勉強して、周囲の歩調に合わせるように専念しておけば、なんとかなるわけです。つまり、まずは父親がだらしなく、家を母親のやりたい放題にさせてしまったのが問題だった。歯止めになる別のおとながいないというのは、やっぱり危なかったと思います。母と子三人で一家心中の危険もあったと、母が語ったこともあります（笑）。ですから、父が帰って来るのを待っていました。天使が降りてくるのを待つような気分で、今日は帰ってくるか、来ないか、と待っていた。父親が帰ってくれば、母親の機嫌は良くなるんです。でもなかなか帰ってこないから、唯一絶対の神ということになっているエホバは実在しないんだなと思いました。私や妹や弟や母親を、こんなに悲惨な目に遭わせておいて、助けない。そんな唯一絶対の神は「不要」ですよ。神こそ絶対に滅んでほしい。ですから成長して、「神は死んだ」と唱えたニーチェにハマりました。小学校高学年の頃、絶望的な心情はピークに達して私は毎日自殺を考えていました。

斎藤 中学に上がるときに、宗教を抜けるかどうか、自由にして良いと言われたとおっしゃっていましたよね？

横道 はい。母親の身長を抜きかけていたこともあるし、「頭でも息子に負けていると思った」とのちに親戚に言っていました。もう母には肉体的にも精神的にも制圧できなかったんです。我が家では「父殺し的な母殺し」があったのだと思います。

斎藤 あったわけですね。なるほど。それ、大きいですよね。でも早くないですか、一二歳って。

横道 当時はまだインターネットが普及していなかったので、興味が湧いたことは、図書館で勉強していたんです。学校の図書室で飽きたらないと、公立図書館に行って調べ物をしていました。一〇歳の頃からです。一一歳のとき、教団が出している「人間は進化でつくられたのか、神の創造でつくられたのか」というテーマの副読本を、私が大好きな青い表紙だったことから熟読するようになりました。ところが、進化や創造の説明が、図書館で手にした多くの本とはだいぶ違う感じなので、この組織の出す本はおかしいから、吸収したくないなと思うようになって。

人の話を聞くのが苦手だったので、集会では疲れたら聖書のあちこちをめくって読んでいろいろ吸収しようとしていたのですが、どうやら聖書も、普通のヴァージョンとは違う独自路線のものだとわかってきた。そういう「インチキな聖書」は読みたくないなと思いはじめ、小六の頃には、集会に行きたくないと、母に抵抗することが多くなりました。母親も諦めて、私との関係を再設計したわけです。比較的従順だった妹と弟を連れて、集会に行くようになり、私は家で勉強に励むことになりました。

斎藤　なるほど。

横道　私の場合は物心がついたあとに母親が入信しましたから、いきなり異世界に放りこまれて、違うルールの運用が適用されたわけですから、そうとうしんどかった。妹もある程度しんどかったでしょう。弟の場合は、赤ん坊の頃には母親が入信していたので、エホバの証人の教育を私よりも長く、中学か高校までやられていましたけれど、私よりもだいぶ気楽に受けとめている感じです。

斎藤　体罰でも差はありましたか。

横道　長男の私は待望の第一子ということで、いちばん期待し、いちばん厳しくした結果、離反されましたし、妹も苦しめられた結果、ヤンキーになってトラブルを起こしましたから、弟は手加減する方向に行ったんだと思います。いまでは、妹や弟は葛藤は抱えながらも、父親とも母親とも交流をしていますが、私は、父とも母とも没交渉です。死ぬまで関わりたくありません。

斎藤　それは、実家を出られてからですか。

横道　二〇歳のとき家を出て、二〇代半ばまでは家に帰ることがありましたが、おもに弟に会うためですね。弟は家族のアイドルだったのです。しかし弟が就職したら、父も母も嫌だし、妹は結婚して家を出たあとだしで、この家に帰る意味はないなと思いました。父親が再び毎日家に帰るようになったのは私が中学生の頃ですが、どんどんアルコールに溺れていって。母親は、アルコール依存症やアダルトチルドレンの世界で言う「イネーブラー」なんです。父親は母親より一歳年下で、顔が良くていろんな人にかわいがられたせいか、自己中心的なところがある人で、いろんな人に借金作っては踏みたおすという生活になっていきました。母が借金の尻ぬぐいをしていました。私が就職すると、援助を迫ってきたので、子どもまで利用するのかと苦しくなり、縁を切りました。両親の良いところも知っているし、感謝している面もあるのですが、会って気持ちが良いことはないし、フラッシュバックばかりが起き、自殺しそうになってしまいます。

◎人を恨んだりすると自分も歪んでしまう

斎藤　非常に興味深い……と言っては申し訳ないんですが、差し支えなければもうちょっと質問させてください。カルトが嫌でもなかなか抜けられない理由として、子ども時代から、抜けたら地獄に落ちるとか、サタンの手に落ちるとか、いろいろ脅かされてきていて、それを心から信じてはいないけど、万が一そうなったらどうしようみたいな恐怖があって、なかなか抜けられないという話もよく聞きます。この点はいかがでしたか？

横道　ある程度は、ありますよ。「サタンの罠」とか「いつわりの宗教」とか「事物の体制」とか「世の人」とかいう言葉を使って、一般社会を忌避しているカルト宗教なのですが、私もどっぷり教えこまれたから、「エホバの証人の教義が完全に嘘かどうかについては保留する」と思ってしまうんです。たとえば「あしたハルマゲドンが起こる可能性も、ゼロではない」なんて言って、公平で中立であろうとしてしまう。でも、それがほんとうに公平で中立かというと、エホバの証人の世界観に寄った公平や中立だと思う。ほかの宗教では、そんなこと公平や中立と考えませんから。「いや、それはデタラメでしょ」と一刀両断して終わりです。距離感を取るのが難しいので、そうやって表面的な公平や中立を演じてしまう。

最近、私が出演したテレビの映像が YouTube に上がっていて、たくさんコメントが出ていたんですけど、そもそも研究者になったとか、「当事者研究」（病者や障害者が自分の生きづらさを仲間と研究して緩和させる取りくみ）をやっているのも、エホバの証人2世として受けた教育の残響ではないのかというコメントがあって、ハッとしました。エホバの証人って、かつてのヨーロッパでは「聖書研究者」って呼ばれていて、いまでも聖書を学ぶ時間を、「研究の時間」と呼んでいるんです。私はその影響で「研究者」になったのではないかと。私が自助グループでやっている当事者研究にしても、たしかにそんな文脈があるために好意を抱いたのかもしれない。それが考えすぎだとしても、私はドイツ文学の専門家で欧米の文化を教える学科に所属していますが、そういう西洋趣味や欧米趣味は母親から受けついだものでしょうし、エホバの証人の世界観によって土台が作られたことは、なかなか否定しがたいと感じます。

斎藤　そうなんでしょうか。もちろん諸々の影響はあったでしょうけど、お話を伺っていると、横道さんはご自身の発達特性ゆえに、「エホバ」から特にそういう学究的な要素を受けとったようにも感じました。あと、もう一点差し支えなければなんですけど、親の信仰ゆえに子ども時代を犠牲にしてきた部分もあると思うんですけど、それに関しての親御さんへの恨みや怒りはありますか？　そうした思いを洗いざらいぶつけて、謝ってもらいたい、償ってもらいたいという思いは。

横道　ふだんはなるべく考えないようにしていますし、人を憎んだり恨んだりすると、自分自身も歪んでしまうってことはわかるので、考えないようにしているんです。『みんな水の中』を出したあと、高橋源一郎さんのラジオ番組で取り上げられたのですが、じつは母がリスナーだった（笑）。それで本を読まれてしまい、Twitterでフォローしてきたり、LINEでつながってこようとしたり、メールを送ってきたりしたので、すべてブロックしました。母親を完全に憎んでいるわけではないのですが、母親と会うと、ほんとうに思いあまって自殺したくなってしまうんですよ。包丁で首筋を突き刺したくなります。『みんな水の中』にはそういう悩みをいろいろ書いたので、母親としては「いまこそ和解のチャンスだ」と思ったんでしょう。しかし、こちらとしてはそのタイミングで接触されたら、余計に傷が深くなってしまう。母も父も昔から私の気持ちを考えないで行動しつづける人たちでした。でも親の良い面を知っているから、親を許さない自分を責める気持ちも非常に強くあります。それが苦しい。で、許そうと思って会うと、必ず不愉快な目に遭う。

斎藤 それは、お父さんともですか。

横道 はい。三、四年前に妹が再婚して、結婚式をしたのですが、披露宴の家族席に隣同士で座った父が、横でずっと、私の悪口ばかり言いつづけるんです。援助しないことを恨んで。

斎藤 久々に会ったのに？

横道 ええ。父親はほんとうに顔立ちが良いので、「誠は不細工で息子とは思えん」とか「おまえはいつまでも結婚できなくて」と鼻で笑ったりとかですね。

斎藤　完全にモラハラですよね、それは。ナチュラルに、そういう人なんですか。

横道　自分が周りから甘やかされて、ちやほやされることが多かったので、自分を助けてくれなかった相手のことは、否定してよい対象と感じているようです。

斎藤　でもそのときお母さんは、再会を喜ばれたんじゃないですか。

横道　母は「昔のことなんだから忘れてほしい」と思っているし、学歴崇拝がありますから、京都大学の大学院を出て公立大学の先生になった私の進路には鼻が高いわけです。私も勉強を援助してくれたことは感謝しているので和解したい気持ちはあるけど、母は信仰を諦めるつもりはまったくない。だから母と話すと、ほんとうに絶望してしまう。

斎藤　まったくない？　信仰で救われたと思っていらっしゃるのですね。

横道　そうです。

◎現世利益で信じているわけではない

斎藤　そのへんがまたわからないところなんですよね。山上容疑者の母親にしても、一家ぐるみでどんどん不幸になっているのに、なぜ信仰を棄てられないのかっていう。現世利益じゃないってことかもしれませんけれど、それにしても、ギャップが激しい。ヨブみたいに試練に耐えているという意識もなさそうでしたし。

横道　現世利益じゃないというご指摘は、大きなポイントだと思います。私はいつも思うのは、イスラム過激派の自爆テロと同じということです。かれらが自爆テロをできるのは、「一瞬死ぬのを我慢したら、永遠の命がもらえる」という教義だからです。カルト宗教も同じで、現世では非常に苦しいけど、八〇年間我慢すれば、そのあと永遠の命がもらえるんだったら、それは永遠の命を取るでしょうという。八〇年なんて、永遠に比べれば一瞬です。

斎藤　なるほどね。そのへんは、みんな共通してるんですかね。エホバの証人では献金額はそんなに膨大じゃないのですか。

横道　そうですね。だからこの教団は、わりと安全系の新興宗教だとみなされてきたわけです。献金はなく、自発的に募金に応じる。もちろん熱心な人はたくさん募金しますが、募金の額でどうこうというのはぜんぜんなくて、むしろほかの宗教を献金を理由に「いつわりの宗教」と呼んでいるくらいです。基本的には、「時間の献金」をやります。どれだけ奉仕に打ちこんだか、どれだけ信者数の拡大に貢献したかで、組織内の位置づけが左右されます。

斎藤　そこはわりとまっとうですよね。医者として見過ごせないのは、輸血できないという問題です。親の輸血拒否で子どもが死ぬ事件があり、その後、緊急時に両親が輸血を拒否した場合は、親権を剝奪して輸血を実行できるよう、法律が改正された。ただ、私がそのことをTwitterに書いたら、すぐ反論が来て。「無理に輸血をされた子どもは、穢れた血の子どもという扱いを受けてしまうので、コミュニティ内で生きていけなくなってしまう。勝手に輸血されちゃ困る」と。教義の不寛容さに改めてびっくりしました。確かに、命さえ救われればいいという話じゃないのかなって、ちょっと立ちどまった記憶があります。そういうものなんですか、血の穢れというのは。

横道　そこは先ほどの『説得』でもポイントになっているところです。小学生の大ちゃんは最後に「生きたい」と言ったのですが、彼はすでに自分なりに信仰を持っていたので、「生きたい」だけでは、どちらの意味なのかわからないという。「いま現世で生きたい」なのか、「永遠の命をもらって生きたい」なのか。親は「永遠の命」を優先して、輸血を許さず、子どもを殺してしまった。

斎藤　その優先ができなくて、強制的に輸血させられてしまったようなケースが、もしあったとしたら、やっぱりその子は差別を受けたり、いじめられたりするんでしょうか。会衆のなかでは。

横道　私が信者だった時代には身近でなかった問題なのでちょっと想像がつきませんが、何かというと「排斥」しますから、難しい状況に置かれるかもしれませんね。エホバの証人は、統一教会ほどではないけど、信者の自由恋愛を監視しているので、婚前交渉したら、長老たちが査問委員会みたいなやつを開いて、どういう性的行為をしたかをぜんぶ聞きだして、排斥処分を決めるんです。つまり破門ですね。

斎藤　破門ですか。

横道　子どもの頃からほとんど家族と教団にしか人間関係がなく、世の中となるべく交わってはいけないと言われていますから。それで破門されたら、自殺しかねない。一定の期間を経て、改心したと見なされたら排斥は解かれるのですが、排斥中は家族でも会話してはならない。教義の冷酷さに震えます。

斎藤　横道さんは、破門ではなく、早くに自分から脱会できたので、一般社会でも人間関係を広げられたのでしょうか。

横道　実家に住んでいた一九歳までは母親がほとんど仕切っていました。基本的なルールは、母親がエホバの証人の教義を背景に設定するので対立はさまざまありましたが、一般的なエホバの証人ほどには拘束されませんでした。夕方に父親が仕事か遊びに出かけていて、母が妹と弟を連れて集会に行っていると、家でひとりになれるんです。当時は夕方にアニメをやっていることが多かったので、オタク少年だった私は、宿題や受験勉強を早くに終わらせて、アニメ見放題の時間を満喫するのが楽しくて、「すでに楽園は来た！」と思っていました。

斎藤　なるほど（笑）。

◎神は依存しやすい対象

斎藤　もう一点伺いたかったのは、仮に発達障害特性というものがあるとして、それは、信仰において促進するほうに働くのか、あるいは阻害するのか。ケースバイケースという側面はあるでしょうけれど、信仰の強さという点について思われること、何かありますか。

横道　やっぱり、信仰を強めることが多いかなと思います。ほかの発達障害者を見ていると、ネトウヨや極左になりやすい傾向を感じます。刺激と痛痒を強く感じやすいですから、思考形成も、よく言えば強い信念をもたらしますが、悪く言えば、固定観念に囚われがちになります。自閉スペクトラム症があると、こだわりが強くなり、自分が信じたものにのめりこんでいく。

注意欠如・多動症の場合は、快感を感じにくい、脳の報酬系が弱いために、依存状態に陥りやすいと言われています。宗教にもどっぷり依存していく。依存症グループのＡＡ（アルコホーリクス・アノニマス）では、神とかハイヤーパワーを設定して抜けださせますが、私の解釈では、あれは依存先の振り替えなんですね。アルコールとかドラッグじゃなく、神にのめりこんで安全になっていきましょうというんですから。

斎藤　依存症の治療は、いったんは置き換えから始めますからね。

横道　ということはつまり、神というのは、すごく依存しやすいものなわけで。だから、何かに邁進してしまいがちな発達障害の特性があると、のめりこむ、過集中ですね。過集中も、解離（心が体から剝がれおち、現実と空想の境い目が揺らぐ精神現象）の一種だと思いますが、それが起こりやすいから、深刻化しやすい。

斎藤　たしかに信仰を持つと、解離は起こりやすいですもんね。

横道　はい。

斎藤　洗脳というのは要するに、人工的な解離を起こすことですから、そういった意味では、洗脳されやすい人もいるんでしょうね。ヤマギシ会で言えば「特講」というのがあります。特講では「怒り研鑽」というのがあって、担当者が参加者に「なんで腹が立つんですか」みたいな形で、根拠を延々と聞いていくわけです。何をどう答えても「それで、なぜ腹が立つんですか」しか聞かれない。だんだん根拠が薄弱になっていって言葉が枯渇して、心理的に追い詰められていくと、ここで解離が起きて、教義を受け入れやすい心理状態になる。自己啓発系の研修で、自尊感情を徹底的に破壊して更地にしてから価値観注入、みたいなやり方よりは洗練されてはいますかね。エホバの場合は、こういう洗脳的というか、解離を受けやすい場面って、何かあるんでしょうか？

横道　いちばんは「ムチ」ですが、それ以外でも儀式的なものがそのように作用しているはずです。賛美歌を歌うのも変性意識状態に陥らせる仕組みですよね。集会中に、各教義の根拠を、聖書に依拠して発表していく「注解」をやりますが、それでうまく回答できると「エホバが喜んでいる」と感じてうれしくなる。その瞬間、心が極度に不安定な人はナチュラルに解離すると思います。集会の最後も賛美歌で締めて、頭をボーッとさせる。マインドコントロールしやすい雰囲気作りをしていますね。

斎藤　確かに、そういった点では、よくできているわけですね。本家のキリスト教の延長線上にあるというか。

横道　あとは戸別訪問のシステムですね。たいていひどい扱いを受けるんですが、信者ではない人から、「ひどい目に遭わすためにやってるんだよ」と指摘されたことがあります。心が折れるような体験をして、自分たちの会衆に戻ってきたら、仲間たちから温かく、優しく受けとめてもらえる。そうやって信仰を強化する仕組みなんだよと。その感動の瞬間にはおそらく解離していますよね。

斎藤　ああそれは、強力な解離が生じそうですね、なるほど。戸別訪問は一種のトレーニングですか。そこだけは新入社員のブラック研修みたいですね。自尊心を破壊してから信仰で包摂する。

横道　正しいものは迫害されると感じさせ、信念を強化しています。しばらく前に、オウム真理教の2世にインタビューをしたのですが、彼女が言うには、麻原彰晃が捕まっても、私たちが彼に感じたような無様さ、みっともなさを感じなかったと。イエス・キリストと同じだと思っていたというんです。正しいからこそ迫害される。

斎藤　なるほど、正しい者が正しいゆえに迫害されていると。

横道　そう。そして、エホバは、それをぜんぶ観ていると考えるんです。そして言いあいます。「やっぱり正しい者は迫害されるね、イエスがおっしゃったとおりよね」って。

◎宗教は一八禁に

斎藤　統一教会の場合、反対牧師による脱会の逆洗脳が批判された時期がありましたが、エホバには、そこまでラディカルなものはないですよね。

横道　どうなんでしょう。脱会を仄めかすと、親や長老たち、「兄弟」「姉妹」と呼びあう信者仲間が、必死に止めはします。

斎藤　説得されても抜ける人って、いるんでしょうか。

横道　自発的な仕方で抜けることがほとんどだと思います。いまだとインターネットがあるので、それも九〇年代から脱会者が増えた理由でしょうね。

斎藤　ネット情報に触れて、カルトの欺瞞に気づいたというふうな。

横道　エホバの証人たちは、「大いなるバビロン」が支配し、「世の人」が加担している「事物の体制」があって、邪悪な「いつわりの宗教」がたくさんあるという世界観で生きていますが、インターネットで情報収集をすれば、エホバの証人はカルト宗教で、彼らが忌避してきたはずの「いつわりの宗教」だということがわかるわけです。

斎藤　エホバの証人ではＩＴ対策が遅れていたんでしょうか。教団のウェブサイトや動画、

SNSなどを使って信者を囲い込んだり、布教したりはしなかったんですね。

横道 そうですね。インターネットとの関係は複雑です。でも最近ではエホバの証人がタブレットを持っていることは多くて、エホバの証人のウェブサイトをトップページに置き、それを見せながら布教しているケースもあります。

斎藤 SNSにしても、ネット上に信者のみを相手にしたエコーチェンバー的空間を作れれば、かえって信仰を強化できますよね。そういう展開は、指導層が高齢化してしまって、難しいんでしょうか。

横道 詳しい事情は知らないのですが、少子高齢化は深刻な問題ですね。統一教会の「祝福2世」の人も、「ひどい目に遭いはしたけど、少子高齢化が進んでいるから、祝福2世はチヤホヤされている」と言っていました。1世の信者とか、祝福によって生まれてきたのではない「信仰2世」は、もっとひどい目に遭っているようですね。

斎藤 私がじかに状況を知っているのは、ヤマギシしかないんですけど、子どもに対する容赦ない虐待は、日常茶飯事でした。エホバの虐待もそうですし、統一教会も当然あったと思う。一方で、信教の自由を考慮するなら、ヤマギシは宗教ではありませんが、教義を理由に否定することは難しい。やっぱり組織的に犯罪や詐欺に手を染めるような事実がないと団体としては否定できませんよね。だとしても児童虐待は犯罪として取り締まるべきと思いますが。横道さんの立場で考えた場合に、子育てに関してこのラインだけは守ってほしい、という思いはありますか。

横道　最近の報道でよく話題になっていたフランスの反セクト法は、どこどこの何々をセクトと規定するのではなくて、基準を一〇ぐらい設け、この基準にヒットしたらセクトなので、やめましょう、という法律ですよね。五つ目の基準「子どもの強制的入信」を違反と見なす考え方に、私は賛成です。そもそも二一世紀の日本人の一般的な価値観からすると、だいたいの宗教は偏ったことを教えてるわけなので、宗教自体を一八歳未満禁止とか二〇歳未満禁止にするべきじゃないかと思うんです。

斎藤　宗教は一八禁（笑）、いいですね。

横道　はい。義務教育で、取り扱いに注意を要するということで、宗教一般の問題をもっとニュートラルにフラットに教え、一八や二〇歳を過ぎたら解禁して、どれか選んでください、選ばなくてもOKです、となるといいなと思っているんですけど、宗教界が賛成するわけがないので、実際には難しいことはわかっています。手塚治虫の『火の鳥』がすごく好きだったので、そういうたぐいのSF的発想に興奮してしまうのかもしれません。

斎藤　過激な発想かもしれませんが、私は賛成ですね。物心つくまでは、子どもの判断に任せておいて、成人したところで入信を決めるという宗教のほうが信頼できるし、脱会2世による批判も受けにくくなるんじゃないでしょうか。ただ、教団側にしてみれば、子どもも時代から宗教にどっぷり浸けておいたほうが、信者数を確保しやすいということなんでしょうか。

横道　そうですね。伝統宗教の価値観では、子どもにちゃんとした宗教を教えて、道徳教育・情操教育の基盤にするのが「倫理的」だった。でも、そのような世界は過去のものになっていて、もはやいまの日本人の世界観には合わないのでは、という気がします。

斎藤　どんどん両者の距離が開いている気はしますね。まあ伝統宗教はそこまで縛りがきつくないので、子どもがわりを食うことはさほど多くないと思いますが、新興宗教系は、虐待的で縛りがきついことも多いので、子どもからすればトラウマ的な経験になるリスクが高いように思います。宗教2世の複雑性ＰＴＳＤが今後問題として浮上してきそうな予感もあります。

◎いじめや一般の虐待とどう違うか

横道　最後に、精神科医の立場から、少し引いた目線で、宗教2世問題に関してご意見を伺っておければと思います。斎藤さんの場合は、いじめや虐待の問題とかなり近いところで捉えられている部分があると思いますが、一般的ないじめ問題との違い、同じ虐待でも、宗教が絡む形と、そうじゃない場合とではどう違っているのかを、少しお伺いできますか。

斎藤　はい。ヤマギシ会には実顕地の見学と元信者の聞き取り調査をしたのですが、あの共同体ではニワトリの生き方が規範とされているので、子どもは親から隔離して「群れ」

で育てることになります。当然のことながら、われわれの業界で言うところの愛情剥奪症候群が生じやすくなっていて、典型的には、子どもたちの平均身長が低いという症状が見られる。そんなふうに、いわば組織的な虐待がなされている。以前、ヤマギシ学園の設立計画が持ち上がった際、三重県が数百人のヤマギシの小・中学生にアンケートを行い、実態調査をしたら、とんでもない結果が出てきた。世話係に暴行を受けたとする回答が八〇パーセント以上あり、その内容が、平手打ち、往復ビンタ、足蹴にする、壁に頭を叩きつける、体を持ち上げて床に投げおろす、棒で叩く、食事を抜かれる、バットで尻を叩く、プロレス技をかける、コンクリート張りの部屋に監禁する、裸のまま屋外に放置される、などだったんです。ヤマギシに子どもを預けたことのある母親にインタビューしたことがありますが、一番怖かったのは、小学生の我が子が痛みを訴えず、ほとんど泣かなくなったということです。発熱と脱水症状で点滴の針が入らず静脈切開まで受けながら、一言も声を発しなかったと。医師はその我慢強さに感心しつつ「この子が助けを求めたときは、命がかかっている」と言ったそうです。これも解離状態の「成果」なんでしょう。集団規模で虐待が発生したケースとしては、ルーマニアの孤児院などが有名ですが、あれほど悲惨ではないにしても、これほど集団的・組織的に児童虐待がなされている状況はとうてい看過しがたい。

繰り返しになりますが、カルト団体は一般的に子どもに対する虐待をためらわないどころか正当化する傾向もありますよね。現代社会では虐待は絶対悪ですから、この一点をもってしても「カルト＝悪」と言い切って構わないと私は考えています。この種の虐待の影響は非常に甚大で、長期化しやすいんです。私も2世の患者さんを何人か診ていますけれど、非常に治療困難なことが多い。彼らの多くは、複雑性ＰＴＳＤのようなトラウマを抱えていて、これは直接には虐待のせいもありますし、特殊な価値観ゆえに学校でいじめられてしまったりなど、さまざまな場面でトラウマをこうむっていて、ここだけピンポイントで解決したら回復、とならないところが難しいわけです。

家族が信仰を棄てていなければ、トラウマの傷を毎日家庭内でえぐられてしまうということも起こります。そうなってくると、回復の端緒もつかみがたい。現在進行形でトラウマが掘り進められているのに、それに抗って修復を進めるのはほとんど不可能ですね。マラソンしながらでは捻挫は治せません。まずは環境におけるリスク要因を減らす、できればゼロにする必要があります。

◎カルト内へのひきこもり状態

斎藤　本人が自分の生きづらさの原因にカルトの問題があるとわかっているのに、抜けられないという状況がありますよね。さっきも触れたように、脱会したら地獄に落ちるなどと思いこまされているせいもあるでしょう。しかしそれ以上に、親との関係が大きいと思います。横道さんも言われたように、お母さんが熱心な信者で、お父さんはそうでもない、もしくは逆に反対している、みたいな場合もありますけれど、一般に養育に関わる割合は圧倒的に母親が大きいので、父親の批判や反対はあまり助けにならない。

母親が子どもを抱えこんで、宗教の教義に忠実に子育てをする。子どもは何となく嫌なんだけど、お母さんを悲しませたくないとか、いろんな思いが絡んでくるので、単純に教義が嫌だから離れる、ということは難しい。信仰には興味ないけれど、お母さんが喜ぶから集会に参加するなど、母親への気遣いから自分を偽っている。敬虔な信者にもなれないのに信仰も棄てられないという中途半端な状況は、長期に及ぶとその人の心にかなり有害な影響を及ぼすのではないかと懸念しています。

社会性という点から考えても、人間関係がカルト信者に限定されてしまうと、カルトの外の社会で生きていくスキルが獲得できませんよね。これはある意味、カルト内へのひきこもり状態で、それによって成熟や成長が滞ってしまう恐れも否定はできません。そういうケースの子どもが親と一緒に通院してくる姿を見ていると、この親はいったい、どういうことを考えているんだろうな、と考えこまざるを得ません。あえてベタに言うと、「信仰で救われると思っているのなら、なんで精神科医なんかに頼るの?」という疑問ですね。もちろん口にしたりはしませんが。いずれにしても、宗教2世の問題は、いったんメンタルヘルスの問題になってしまうと扱いが非常に難しく、治療も困難です。重症という意味ではなく、カルトと親からどう距離を取るかが難しいからです。経済的に自立していなければ、カルトも親も棄てられませんし。

さっき横道さんに質問したのは、親の信教の自由は不問とするにしても、カルト信仰を子どもに強制したり、カルトのせいで子どもが虐待されたりといった状況だけは何としても避けたい、ということなんです。これをつきつめれば、やはり最終的には、成人するまでは信仰を強制してはならないというルールの共有しかないんじゃないでしょうか。

教義には関与できない以上、成人して以降の宗教選択に任せるというのがいちばんわかりやすいルールです。そう言うと、いや伝統宗教はどうなんだと言われてしまうでしょうけれど、私は伝統宗教もそれに準じたほうがいいという立場です。キリスト教にも、再洗礼派がいますよね。信仰の自由は、あくまでも成人してから行使できる権利であると。

横道 ありがとうございます。いじめの問題ならば、学校の制度を変えるとか、不登校なら帰る居場所を確保するといった草の根的な対応が考えやすいですが、宗教が絡む虐待となると、センシティブな部分に関わってくるので、具体的な手がなかなか提案しにくい。そこが、宗教が関わる虐待問題の難しさなのかなと思います。

斎藤 そうですね。いじめの場合に関しては、おっしゃるように、学校の姿勢いかんでさまざまな対策が可能ですが、宗教虐待の場合は、現場が家庭ですから逃げ場がないですよね。その上、児相が介入して一時保護したからといって、それで子どもがハッピーになるとは限らないわけです。一時保護下の環境も安全安心とは限りませんし、本人にとってはどうしても親が一番で、その親元から無理に離されるのは非常な苦痛になることも充分ありえますので、単純な解はないと思います。そういった意味で、成人してからの選択ぐらいしか、残念ながら手立てが思いつかないなと。

余談ですが、中井久夫は統合失調症が解離を生じにくいことに注目して、「カルト化への抵抗」という側面があると指摘していました。今日のお話で、発達障害については信仰を強化する面もあれば、横道さんのように、特性ゆえに親が指導を諦めるという面もあって単純には言えませんが、発達特性を活かした抵抗がありうることに希望を感じました。

横道　言われてみると、発達障害特性を活かした抵抗、たしかにあったのだと思います。私の「こだわり」の強度は母よりも上だと感じますし、それで私が成長したら母には手に負えなくなった。悲しいことですが、「ムチ」を打たれながら解離し、幽体離脱していたのも、ひとつの抵抗だったと言えるかもしれません。

宗教は取り扱いに注意を要するから、成人してからにしましょうというアイデア。なかなか理解されないと思っていたのですが、斎藤さんとは合意できたというか、良い感じで世間に対して大胆な問題提起ができて、実りある対談だったと思います。ありがとうございました。

斎藤環（さいとう・たまき） 精神科医。筑波大学医学医療系社会精神保健学・教授。オープンダイアローグ・ネットワーク・ジャパン（ＯＤＮＪＰ）共同代表。著書に『社会的ひきこもり』『生き延びるためのラカン』『まんが やってみたくなるオープンダイアローグ』『コロナ・アンビバレンスの憂鬱』ほか多数。

宗教2世問題をコンテンツ消費で終わらせないために

鈴木エイト——ジャーナリスト インタビュー（聞き手：横道誠）

——まず鈴木さんの生い立ちや子どもの頃のことなど、伺ってもよろしいでしょうか。

僕の生い立ちって、そんなドラマチックなこと何にもないんです。滋賀で生まれ、中学までずっと野球をやっていて。そのくらいですね、うん。

——一九九五年のオウム真理教事件などは、どのように受けとめましたか。

大学生になって東京に来て、卒業してふつうに社会人として働いていた時期です。ちょうど地下鉄に乗って仕事に行く途中でした。麴町かどこかに行く途中で、霞ケ関も微妙に通るようなルートで、少し時間がずれていれば事件に遭遇していたかもしれません。ものすごいニュースになっていて、連日テレビにくぎ付けみたいな感じで見てはいたんですけど、現実感はありませんでした。

――カルト宗教との関わりはいつ頃からでしょうか。

ちょうど二〇年前です。街頭で、統一教会の偽装勧誘の現場に遭遇して、それを止めに入ってからなんです。身近なところに信者がいるのですが、当時は自己責任だと思っていたんですよね。合同結婚式を受けて祝福2世の子どももいますが、僕には接触させたくないようです。

――偽装布教を阻止するなんて、かなりの正義感に思えます。

自分の正義と相手の正義って、ぶつかっちゃいますよね。お互いの正義がぶつかったときに、共通するものは何かといったら、法律しかないので、あなたたちのやってることは法律上おかしいよ、という言い方で関わっていったんです。正体を隠して、勧誘、伝道活動するのはおかしいでしょ、やるなら統一教会の伝道活動だってこと、最初に明かしてからやりなさいっていう言い方です。とにかく正体隠してるところには、どんどん割って入って、止める活動をしてたんですよね。その姿勢はずっと一貫していて、政治家に対しても、統一教会と関係を持つなら、それをちゃんと公表してくださいよっていうスタンスで、ずっと取材はしているんです。

――『やや日刊カルト新聞』での活動をお訊きしても良いでしょうか。

僕が日本脱カルト協会とか全国弁連（全国霊感商法対策弁護士連絡会）とかと関わるようになったのは、二〇〇八年とか九年ぐらいです。脱カルト協会の打ち上げで、フリーライターだった藤倉善郎さんに声をかけられて、『やや日刊カルト新聞』に参加しました。

――宗教2世問題にはどのように関わってきたんでしょうか。

特に竹迫之《いたる》さんと交流が生まれてからは、「今後のカルト問題は、2世問題だね」という話をずっとしていました。以前から日本脱カルト協会でも公開講座や大会で2世問題を取り上げていましたが、二〇一七年、幸福の科学と清水富美加さんの件があって、2世問題について改めて発信していこうという流れになったんです。

二〇一七年、イベントバーエデンで、画家のあおいうにさんがイベントをやるときに、興味を惹かれて行ったら、そこで即席統一教会2世オフ会みたいなのが生まれたんです。そのあたりから、きっちり2世問題を取材しだして、それが『ＡＥＲＡ』で一回記事にできたんですね。そのうち、エホバの人たちとも知り合って、夏にやっている大規模なオフ会とかも参加させてもらうようになり、ほかのいろんな宗教団体の2世との交流も生まれて、宗教2世イベントもいくつかやりました。そんななかで、NHKのテレビ番組に出ていた横道さんの存在も知ったりで。いろんな人がいろんな立場で2世問題の発信をして関わり出したのが、ここ五、六年とかの動きです。でも、なかなか浸透しなかったですよね。

――安倍晋三の射殺事件によって急に風向きが変わりましたよね。

二〇〇〇年に米本和広さんの『カルトの子』が出て以降、2世問題の本はちゃんとしたものが出ていなかったじゃないですか。それで、しっかりしたものを出そうということで、いろいろ動いたんですけど、どこも取りあってくれなかった。興味を持ってくれる編集者は当然いたんですが、企画を通そうと思ってもなかなかOKが出ない。二〇二一年にNHKの『逆転人生「宗教2世　親に束縛された人生からの脱出」』の放映があったり、多少の盛りあがりはあったんですけど、それが書籍化などにはなかなか進まなかった。そのなかで、今回の銃撃事件は、ひとつの分水嶺になったのかなと思っています。一気にいろんな事態が進みだしたなかで、逆にいろいろ危惧することもありますが、取りあえず問題の可視化がどんどん進んでいることは、基本的な流れとしては、すごくいいことだなと思ってるんです。

――子どものための「信教の自由」についてどう思いますか。

2世の人たちがこうむっている人権侵害はいっぱいあって、その中でいちばんこだわるところは「信教の自由」がない点だというのは当然なんですが、そこだけを問題として進めてしまうのは、実は得策ではないのかなっていう気がしています。

――以前Twitterで、私とエイトさんはちょっとケンカになりましたよね。エイトさんは「カルト問題」だから「カルトの2世問題」だと言って、私はカルトと見なされない宗教の出身者からも自助グループで相談を受けてきたから、「宗教2世」だと反発して。じつは私は最近、「ふつうの宗教の家庭の問題でもカルト化することがある」という事例から、「カルト2世」でもいいかなと思うようになってきたのですが。

とりあえず私としては、「宗教2世」という概念が独り歩きしてしまうのは、得策ではないのかなと思っています。でも、適当な呼び方がないんですよね。海外だと「セカンドジェネレーション問題」とかいう形で呼ばれているようですけれども。

ヤマギシ会とか、いろいろな農業コミューンとか、あとスピリチュアル系とかの2世問題もあるんですけど、いま実際に声をあげているのは宗教関連団体の2世が多いので、取りあえず名称などの細かいところは置いておいて、2世問題をちゃんと解決する流れで各方面協力していければいいなと思っています。

いずれにしても、2世問題をメディアが興味を持って取りあげてくれているこの機会に、それを一過性のものに終わらせてしまわないようにと思っています。コンテンツ消費されて、統一教会問題が収まった段階で2世問題も同時に収まっていってしまっては、しょうがない。以前からずっと変わらず、こういう問題があったということに、社会の人がいま気づいている段階なので。

――山上徹也容疑者について、どのようなことを思いますか。

山上容疑者は、いわゆる信仰はないかもしれないけど、カルト宗教団体の被害者の2世で、そういう人が起こした事件によって、この問題が可視化されたのはたしかです。教団のひどさであるとか、親が持った過度な信仰形態の中で家庭が崩壊してしまうとか、そういう2世の苦しみがあるということが、山上容疑者の犯行がきっかけで社会に流布し可視化された。

一方で、山上が一種英雄視されてしまうんじゃないかという懸念がありました。当初2世たちから「山上の気持ちがわかります」という声も聞いていましたし、そうした2世たちのコメントだけがほしいメディアの話も耳にしていました。2世問題の複雑さとか葛藤をほんとうにわかってほしいのに、単純な話として切りとって、そこだけうまく掬いたいみたいなメディア側の姿勢もまずいなっていうのと、あと当の2世たちが、実際に山上を英雄視してしまいかねない危惧もあった。そうなると、世間が2世への非難に一気に傾くんじゃないか。2世っていうのは、何をしでかすかわからない、テロまで起こしてしまう人たちだって、そういう偏見で見られてしまうんじゃないかという懸念をすごく持っていたんですよ。

ただ、山上のTwitterが特定されて公開されたのを見ると、統一教会2世の渡辺みきさんとか、宗教2世で発信してる人のことを、すごくディスったりしてましたよね。「宗教2世の「結婚ガー就職ガー孤立ガー」」なんてカルトのやってきた事に比べりゃずいぶん高尚なお話なことだ」とか。あれを見て、僕は逆に安心したところがあって。あれを見た2世たちは、「あれ?　山上は自分たちのメンタリティーとは違うんだな」と思ったんじゃないか。自分たちが2世として抱いてる葛藤、悩み、苦しみと、山上が抱いているそれとはだいぶ違うんだと、あそこで思ってくれたのかなっていうのがあって、逆に安心した面があります。

――2世支援のポイントについて、どうお考えですか。みんな知恵を絞っている問題で、なかなかはっきりとしたことを言いにくいかもしれませんが。

藤倉さんともよくそういう話をしたんですけど、やっぱり2世の人たちって、社会的な接点が少ないぶん、教団を脱会したとしても、社会に出たときに人間関係がうまく保てないとかいろんな壁があって、悩んでいる人が多いと思うんです。だから、当事者と支援者はタッグを組んで、当事者が何を求めているか、そこに対してどういう支援をすべきであるかを、一緒に提示していかないとまずいのかなと。未成年だったら、いきなり社会に出て独り立ちとかっていうよりは、まずいまの状況をどうやって耐えていくかとか、精神的なケアがまず必要であるとか、いろいろなケースがあると思うんです。

フランスだと、二〇一九年になくなったデカルト大学というところにカルト問題の講座があって、カルト問題に関わりそうな業界の人が、どんどんそこへ行って研修をするシステムがあったらしいんですよ。警察官であったり、病院関係者であったり、医師であったりといった人がそのカリキュラムを受けて、最低限の共通する認識を持ってもらう仕組みがある。そうしたものが、日本でも必要なんじゃないかな。いま、いろいろ被害者救済とか、国会で進められてもいるんですけど、そういう大学とか研究機関があるといいのかなって思うんですよね。

今回の事件で、いままで可視化できていなかった被害者がいて、そういう被害があるんだというショックを国民が受けたと思うので、その流れのなかでうまく議論をもっていければと思うんですよね。2世を含む被害を救済するには、実効性のある法律が必要とされています。ちゃんとした法律として残して、次の世代の2世たちのケアにもつなげられるようなものを作るべきだと。ほんとうに、いま好機なので、この時期にいろんなことを進めるべきなんじゃないかなと思うんですよね。

いま僕、よくテレビに出演させてもらっているので、2世問題の発信をいろいろ入れるようにしているんですよ。こないだ河野大臣に質問する機会があって。生《なま》ではなかったんですけど、そのときも2世問題のケアをどうするのかっていう質問を当てたんです。被害者救済という視点なら、政治的なイデオロギーとかはぜんぶ取っぱらってできる内容なので、そこはちゃんとやりたいですよね。

――菊池真理子さんの『「神様」のいる家で育ちました――宗教2世な私たち』に出てくる人は、一部はエイトさんの紹介だと聞きました。

はい。菊池さんの人柄とかもあって、作品がすごくいい感じで仕上がっていると思っています。僕は、「宗教2世だョ！　全員集合！」っていうイベントもやっていたんですが、同じ団体の2世同士で盛り上がるのも、それはそれでいいと思うんですけど、教義が違ういろんな宗教団体のなかでも共通する問題を探っていけないかということで、イベントを企画して来てもらったりしていました。いろいろ諸事情があって、いまは閉じてしまっているんですけど。
　そのときに、すごく印象的だったのが、統一教会の2世で毎回来てくれる人がいたんです。本人のなかであまり葛藤がなくて、いわゆる2世の苦しみとは無縁な女性で、親とも仲がいいし、特に反抗したわけでもなく、教団の教えもそんなに苦ではなかった。ふつうに暮らしていた二〇代なかばの人なんですけど、でも何か変だと感じていた。何かしら、ずっと違和感が残っていて、同じ境遇の人と交流を持ちたいということで、毎回来てくれていたんです。そうしたもやもや感みたいなものを持っているんだけれども、その正体が何かっていうところを言語化できてないんですよ。そのあたりに、実はいろんなポイントがあるのかなと思っています。そういう人に脱会を持ちかけることについて、横道さんはどう思いますか。

――うーん、本人が希望していないのなら、難しいかなと。でも、その人がなんのきっかけで気づくかわかりませんから、その人のアンテナに引っかかるように、こちら側

がいろんな仕方で発信するのは重要だと思います。

そうですよね。助けを求めてない人にまで助けの手を差しのべるのは、余計なお世話であるし、逆に余計な介入とかで問題視されてしまうということもある。それでも、何かしら疑問点なり、違和感を持っている人に対して、アンテナに引っかかるような機会があったほうが理想だと思うんです。引っかかりって、人それぞれ違うので、なるべくいろんなパターンで発信していく。賛成です。

——最後に、言いのこしたことをお願いしても良いでしょうか。

宗教的虐待（スピリチュアル・アビュース）という概念がありますが、それをどこまで広げていけるか。「信教の自由」という話でもっていくと、親の監護権とか、親が子どもに自分の信じる宗教教育をする自由というのも、憲法解釈のなかで当然認められているわけですよね。単純に「子どもに信教の自由がない」という論法だと、そこは完全にぶつかってしまう。でもその「信教の自由」は、こういうカルト的な宗教のことまで想定してないですよね。だから教団ごとに、人権侵害の度合いはどこまでいっているのかを見極めないといけない。

子どもの基本的人権をどこまで侵害してしまっているかというところと、その親の監護権との兼ね合いだと思います。だから、憲法二〇条の解釈の問題みたいなことにしてしまうべきではない。現実にどれだけの深刻度で、どういう人権侵害が起きているか、いろんな事例を集めて追及していくべき問題だと思っています。

鈴木エイト（**すずき・えいと**）　ジャーナリスト。2009年創刊のニュースサイト「やや日刊カルト新聞」で副代表、主筆を歴任。宗教と政治というテーマのほか、カルトや宗教の2世問題、反ワクチン問題を取材しトークイベントの主催も行う。著書に『自民党の統一教会汚染 追跡3000日』などがある。

5章

宗教2世はいかに描かれてきたか

関連する日本の創作物について思うこと

横道誠

1　向きあうことへの恐れとその克服

◎はじめに

宗教2世に関する創作物というと、みなさんはどのような作品を思いうかべるだろうか。すぐには思いうかばないという読者が多いのではないか。本章ではそれらについて紹介することで、世の中ではあまり注目されてこなかったこの分野に、一定の見通しを与えたい。

なお、あらかじめ断っておくけれども、これは論説ではないし、書評や文芸批評のたぐいでもない。宗教2世の当事者が、宗教2世問題に直接的または間接的に関わる創作物に対してどのような感じ方や考え方をするかについて、その一例を示したエスノグラフィーのようなものとして読んでいただければと思う。

◎洋画を見ていても

宗教2世の筆者は外国の映画を見ていても、カルト教団が登場すると、その作品で子どもたちが、つまり2世信者たちがどう描かれているかを、いつも気にしてしまう。一九七三年に公開された『ウィッカーマン』では、スコットランド西岸沖にある孤島に、失踪した少女を捜索するためにやって来た主人公の巡査部長が、その少女の誘いに乗って囚われ、住人たちによって「ウィッカーマン」と呼ばれる巨大な人型の檻に閉じこめられて、生贄として焼き殺されるという凄惨な結末を迎える。少女が姿を現し、自分が主人公を罠にはめる仕事をやりとげたことを島民たちにアピールするさまを観ながら、筆者は、彼女の宗教2世としての生活はどのようなものなのだろうか、と思いを馳せざるをえなかった。

この原稿を書いている時点から三年ほど前、二〇一九年には、『ウィッカーマン』を霊感源にしたことがすぐにわかる映画『ミッドサマー』や、クエンティン・タランティーノ監督の『ワンス・アポン・ア・タイム・イン・ハリウッド』を楽しく鑑賞したが、これらの作品を観ているときも同じく、2世信者たちが気がかりだった。前者では、主人公たちが訪れたスウェーデンの村の夏至祭が奇怪に、気色悪く、しかも晴れやかで美しく描かれていく。後者では、現実世界でロマン・ポランスキーの妻シャロン・テートを惨殺したチャールズ・マンソンのカルト集団「ファミリー」の共同体が描かれる。筆者は物語を追いながらも、それらのコミュニティのなかで、偏った信仰を親から受けついだ子どもたちは、どのように息をしているのだろうかと、固唾を飲んで画面を見つめたのだった。実際に、それらがつまびらかに描かれた場面はなかったのだけれど。

◎出身教団と向きあう難しさ

筆者は四〇代になるまで、宗教2世だとカミングアウトする勇気を持たなかった。長年自分の抱える宗教2世としての問題から顔をそむけてきたのだ。だから大学生の頃、ビデオレンタル店で『イエスの方舟』（一九八五年）や『説得』（一九九三年）と題するテレビドラマのVHSビデオテープを見つけ、そのパッケージの説明文を読んで、いずれも新宗教を扱っていること、しかも片方は筆者の出身教団を扱っていることを認識しながら、ついに借りだすには至らなかった。

前者が扱っている「イエスの方舟」事件は、一九七九年から八〇年にかけて、若い女性たちを中心とした信者集団が、教祖に導かれて全国を共同体ごと放浪し、マスメディアがこれをカルトとして厳しく非難したという内容だ。この事件でマスメディアが手を染めた宗教バッシングが反省されたために、後年のオウム事件の前には、オウム批判が逆に控えめになってしまったと聞いたことがある。後者の『説得』で描かれたのは、交通事故に遭った少年が、「ものみの塔」を信じるエホバの証人の親の判断で輸血を受けられず、死亡したという一九八五年の事件だ。どちらの作品でもビートたけしが主演しているのが、印象に残った。当時のレンタルショップでは、同じくビートたけし主演で、『教祖誕生』という映画のビデオテープも観たことがあったが、筆者はこれも避けてしまった。いじめられっ子だった筆者は、この芸能人の暴力的な芸風が小さい頃から苦手で、いっさい暴力シーンがない北野武監督の映画『あの夏、いちばん静かな海。』は陶酔しながら鑑賞したものの、ほかの作品は避けてきたから、その影響もあった。

ビートたけしが新宗教に関心を抱いていたのはよく知られることで、そのような文化人は、一九八〇年代の日本ではけっして稀ではなかった。日本経済が史上最高の活況を呈していた当時、不安や閉塞感もまた色濃く意識されだして、近代社会のオルタナティブとして、新宗教が注目されるようになっていた。オウム真理教や幸福の科学がマスメディアに頻繁に露出し、支持者を増やした。筆者はだいぶあとになってから、『説得』をようやく借りて見て、苦悩する父親を演じるたけしの姿を意外にも好意的に受けとめた。ビートたけしがオウム真理教に好意的な文化人のひとりだったことも知っていたので、いささか居心地の悪い思いもあったのだが、映像作品として宗教1世に迫った貴重な作品だと認めることはできた。

とはいえ、このテレビドラマは、問題の教団がエホバの証人だということをぼやかしているため、宗教2世の少年のイメージは、具体的な細部まで説明する原作（大泉実成が一九八八年に著したノンフィクション小説『説得――エホバの証人と輸血拒否事件』、現代書館）ほどくっきりしていない。大泉は、輸血拒否事件で男児の死亡者を出した新宗教「エホバの証人」を、なるべく公平に描きだそうとしているものの、共同体の表面的な明るさに心を寄せていて、講談社ノンフィクション賞の受賞作とはいえ、いま読むと「いかにもオウム以前」と感じさせるところがある。母親信者たちが「ムチ」と呼ばれるこの教団の独自の体罰について語りあう場面も描かれているが、この体罰を受けることで子どもたちに生まれる心の闇は扱っておらず、この教団の見えづらい凶暴な一面を見逃している。エホバの証人2世の少年が自分なりに信仰を抱いていたことが説明されるが、未成年の信者が、さまざまな人生経験を背景とした「信教の自由」によって、その宗教を選んだのかと問われれば、否というほかないはずだが、その点についても大泉は考察を深めていない。

◎オウム事件以前の創作物

一九九五年のオウム事件を体験していない時代、日本社会は宗教をどう扱って良いものか、現在の私たち以上に考えあぐねていたのかもしれない。一九八九年、オウム真理教は世界の終末に関する教理をマンガの体裁で要約した『滅亡の日──「黙示録大預言」の秘密のベールを剝ぐ』（オウム）を刊行し、そのなかで教祖の麻原彰晃が「一九九五年の選挙でアメリカ大統領となる人物とその時点でのソ連の書記長がハルマゲドンへと世界を導いていくだろうね」と予言する。予言はもちろん外れたし、麻原は二年後の一九九一年に起こったソ連崩壊も（当然といえば当然なのだが）見通せなかった。だが、当時この教団と麻原の危険性を察知できた人は少数派だったから、この「一九九五年」の予言がもたらす未来のことも、人々は想像できるはずがなかった。一九九五年、オウム真理教の地下鉄サリン事件が起きた。高校生だった筆者は、社会性が弱く、それまでテレビニュースにほとんど興味がなかったのに、毎日報道されるオウム情報にほとんどの人よりも吸引力を感じていたと思う。それは筆者が、自分の出身教団も外から見れば、同じようにグロテスクなのだと感じて、ある種の興奮を覚えたからだった。筆者はテレビに映るオウムの2世信者たちを見ながら、彼らの内面世界に想像を誘われずにはいられなかった。

　高校時代には、一九九一から九二年に連載されていた、たかもちげんのマンガ『祝福王』（講談社）に古本屋で出会い、たちまち魅了された。ひとりの若者が宗教団体の教祖として覚醒していく物語で、宗教を扱ったマンガとしては最高傑作の部類と言える。人々がカリスマ的な教祖たちに群がっていく場面を見ながら、宗教の精神性が人を魅了する魔力のようなものを感じ、それが筆者にとって、自分の出身教団とオウム真理教の1世信者たちを理解するための補助線となった。この作品の新宗教に対する肯定的で楽観的な描き方は、やはり「いかにもオウム以前」という印象を生んでいるのだが、筆者はこの作品をつうじて、当事者としての立場を相対化できるようになり、他人事のように「宗教はおもしろい」と思う視座を獲得した。それはひとつの精神的解放になったと言える。

『滅亡の日』（オウム）

　オウム事件より前に作られた作品のう

ち、伊丹十三監督による一九八八年の映画『マルサの女2』は、最近になってようやく観た。宗教法人を隠れ蓑にした地上げ屋と国税局査察部の戦いと、その背景にある権力者の姿が描かれているが、宗教というものが有する精神性を正面から捉えた作品ではないため、筆者にはそれほど大きい意味を持っていない。一九九〇年から九二年に連載されたジョージ秋山のマンガ『教祖タカハシ』(ソフトマジック)は、麻原彰晃を連想させる教祖に入信したサラリーマン男性の姿を描いたものだが、この作家らしく「女難」を交えて人生の悲哀を描くさまは、いかにも昭和的で懐かしい感じがある。作品では似たような展開が繰りかえされ、結末もうやむやだ。主人公の(じつは血がつながっていない)娘がどうしても気になってしまうが、自分の信仰を子どもに強要するような話ではないから、その点では安心して読める。

中島らもによる一九九三年の小説『ガダラの豚』(実業之日本社)もオウム事件で社会が騒然となる前に刊行された作品だ。主人公の妻が新宗教に夢中になってしまうのだが、教祖がトリックで空中浮揚を演出するから、この作品でもオウム真理教がモデルのひとつとして採用されている。妻は家事と息子の世話を放棄するようになるから、2世に対する宗教被害の問題が描かれているとは言えるものの、全体的にコメディ調で進むため、深刻な印象は生まれていない。

2　オウム事件に取材した作品

◎オウム事件のインパクト

一九九五年、オウム真理教は強制捜査を受け、過去の凄惨な殺人事件のかずかずも暴かれていった。強制捜査のきっかけになったのは、一九九五年三月に起きた地下鉄サリン事件だが、これに取材した村上春樹による九七年のノンフィクション小説『アンダーグラウンド』（講談社）や翌年に刊行された続編『約束された場所で――underground 2』（文藝春秋）は、当時図書館で借りて読んだ。だが一〇代後半で頭の固い文学好きだった筆者には、村上の文体はおおむね反撥をもよおさせた。彼の小説も苦手だったのだが、以上に挙げたふたつのノンフィクション小説では、オウム真理教の信者や被害者の声が作者の文体のなかで均質化されているさまに、村上自身は否定したいだろう「聖なる暴力性」とでも言うべきものを感じざるを得なかった。

そんな体験もあって、二〇〇〇年に刊行された村上の短編集『神の子どもたちはみな踊る』（新潮社）は、長いあいだ読まないでいた。刊行された年には大学生になっていて、自分が受けたカルト宗教の教義を相対化したいという思いから、筆者は文学研究を専攻しつつも、むしろ伝統宗教に関する本を多読して、宗教学、比較宗教史、神学などの勉強に時間を割いていた。それでオウム真理教を含めた新宗教への関心も一時的に低下していた。

結局、この短編集を読んだのは三〇代になってからだった。

『神の子どもたちはみな踊る』に収録された同名の短編は、「お方」という神に帰依するシングルマザーの息子で、二五歳の大崎善也という青年を描いている。善也という名前はイエス・キリストのヘブライ名に当たる「ヨシュア」を連想させる。母親は室内を下着姿や全裸でうろつき、他意なく善也の寝床に潜りこんでくることもあるため、善也はベッドでひそかに勃起しながら、実母と近親相姦の関係に陥るのを不安に感じている。母は善也を神の子どもとして孕んだと考えているが、息子自身は母が一〇代のときに患者として会っていた産婦人科の医師に孕まされたのだと、割りきって考える。母は医師と性交したことを隠さないが、その前にも二回堕胎したことから、三回連続で妊娠したのは「三」を象徴とする「お方さま」の秘蹟《ひせき》と考えるのだ。

善也は小学校を卒業するまで、母親に連れられて家から家へと訪問し、パンフレットを渡して布教していたことが説明されるから、母子の属していた教団がエホバの証人をモデルのひとつにしていることはまぎれもない。二〇一〇年代に村上春樹の研究者になった筆者は、この短編を読んだうえで、〇八年にアメリカで制作された同名の映画版を見た。映画では主人公たちが所属していた教団は「再生者教会」と呼ばれている。村上の作品は映像化が難しく、この映画も成功作とは思えなかったが、美しい場面はいくつもあった。戸別訪問の場面は、予期していたとおり、子ども時代のつらい日々をフラッシュバックさせた。

オウム事件直後の同教団をめぐるノンフィクション創作には、村上春樹の『アンダーグラウンド』と並ぶくらい有名なものとして、森達也がドキュメンタリー映画として一九九八年に発表した『A』を忘れられない。オウムに関する報道で世間が賑わっていた時期に、教団の広報副部長として活動していた荒木浩に取材しているが、森はオウム真理教のバッシングに邁進するマスメディアから距離を取ろうとするあまり、荒木ら取材対象の人間味のある言動を強調してしまう。バランスを確保しようとするあまり、「そのような人間味をも持ちあわせたカルト信者たちが日本史上でも特筆されるべき凶悪犯罪に手を染めた」という事実を曖昧にしてしまっていて、結果的にバランスが破綻している。続編のドキュメンタリー映画『A2』（二〇〇一年）、両作品をノンフィクション小説に変えて二〇〇二年に刊行された『A――マスコミが報道しなかったオウムの素顔』（角川書店）と『A2』（現代書館）、またノンフィクション小説としてのみ制作されたさらなる続編の『A3』（集英社インターナショナル、二〇一〇年）を読んでも、筆者のその見解は変わらなかった。オウム真理教の実態を知ることができる映像を見ながら、森が2世信者の実態に迫ったら、どのような作品を作っただろうかと思案した。その場合でも「人間味のあるオウム信者」の映像を作れただろうか。

山本直樹による一九九九年のマンガ『ビリーバーズ』（小学館）には、カルト団体「ニコニコ人生センター」が登場する。当時も読んでいたが、あれから二〇年以上が経って、二〇二二年に映画版が公開されることを知ったときには驚いた。映画パンフレットで山本は、城定秀夫監督に語っている。

カルトな集団の人たちが三人、浜辺で荷物を運んでいるっていう自分の見た夢がきっかけだったんです。そこにオウム真理教の事件や興味のあった連合赤軍のエピソードを全部ぶち込んでみた感じですね。

厳しく規定された信仰プログラムを孤島で実践するふたりの男とひとりの女は、地べたに座って両足を伸ばし、互いに足の裏をくっつけあって、意識を混ぜあわせる儀式に耽る。山本によると、これはカート・ヴォネガットのSF小説『猫のゆりかご』に登場する架空の宗教「ボコノン教」の「ボコマル」を採用したものだという。三人のあいだには、教義で禁止されていた性愛の問題が発生し、プログラムは破綻していく。教団を率いる「先生」のモデルは、アメリカの新宗教、人民寺院の教祖ジム・ジョーンズらしく、映画ではこれを山本自身が演じる。ヒロインの「副議長」は夫のDVから逃げて教団に入り、他方で主人公の「オペレーター」は、母親が教団にのめり込んだことがきっかけとなって、自分でこの教団にハマったようだ。過去の記憶が白昼夢のようにフラッシュバックし、1世信者の母親との葛藤が暗示される場面を、筆者は自分のことのように受けとめた。

是枝裕和監督による二〇〇一年の映画『DISTANCE』は、オウム真理教をモデルとする教団「真理の箱舟」の加害者遺族を描いている。教団の無差別殺人から三年後、実行犯四人の遺族が山奥に集まるのだが、乗ってきた車が盗まれるという事件が発生し、元信者の男とともに五人で一夜を過ごしながら、来訪した四人は加害者になった家族との思い出を回想していく。夫の入信を止められなかった妻、兄に突如として出家すると告げられた弟、教団仲間をともなって信仰を語る妻に激昂する夫、信者だった姉——として語られるが、のちに虚偽らしいと明らかになる——を慕う弟が、沈鬱な夜の闇と美しい湖畔の情景とともに描かれていく。筆者は2世信者の家族が出ないことを残念がりながら、信者と家族との複雑な関係が映像化されているさまに、ある種の昂揚感と安心感を同時に抱いた。

筆者が大学院生だった二〇〇五年、塩田明彦監督による映画『カナリア』が公開された。少年の主人公は、母親に連れられて妹とともにカルト教団「ニルヴァーナ」の出家信者となり、いかにもオウム真理教を連想させる隔離された共同生活のなかで、反抗しながらも着実にマインドコントロールを受けてしまう。無差別テロ殺人事件を起こした教団は崩壊し、親子は離れ離れとなる。関西にある保護施設を脱出した主人公は、同学年の少女と出会って、妹を取りかえすために関東に向かう。主人公は風呂に入りながらマントラを唱え、盗みに関しては倫理的に否定するのに、理由のある殺人に関して肯定的というように、マインドコントロールの痕跡を見せる。妹を取りかえしたあとの最終場面、少女が「どうするん？　これから」と問い、主人公が「生きてく」と答えて終わる幕切れを含めて、全体の作りが、いかにも日本映画らしく芸術的というべきかB級的というべきか曖昧なあたりだと思ったものの、宗教2世としては共感を誘われる場面の多い作品だったことは否定できない。

◎『1Q84』(1)――証人会について

村上春樹の『1Q84』(BOOK1とBOOK2は二〇〇九年、BOOK3は二〇一〇年、新潮社)は筆者にとって、思い出深い作品だ。国内で起きた社会現象とでも言うべき人気ぶりには同調しなかったのだが、海外の友人知人が翻訳版に熱狂しているのに接して、筆者は村上春樹に対して本格的な興味を抱くことになった。この作品のヒロイン、青豆雅美が、筆者の出身教団をモデルにした「証人会」の出身だと設定されていたことは、当然ながら意識しないではいられなかった。

村上春樹は証人会の「輸血禁止」の教義について語る。

その女の子の両親は「証人会」という宗教団体の信者だった。キリスト教の分派で、終末論を説き、布教活動を熱心におこない、聖書に書いてあることを字義通りに実行する。たとえば輸血は一切認めない。だからもし交通事故で重傷を負ったりしたら、生き延びる可能性はぐっと狭まる。大きな手術を受けるのもまず無理だ。そのかわり世に終末が訪れたときには、神の選民として生き残ることができる。そして至福の世界を千年間にわたって生きることができる。

（ＢＯＯＫ１、第一二章）

他者の血を自分に入れることを断固として拒否し、神の選民として千年王国を生きることが約束されている。ここに書かれてあるのは、エホバの証人の世界観そのものだ。別の場面でも輸血禁止は話題になる。

輸血拒否の論理は、「証人会」の子供たちがまず最初に頭にたたき込まれることだ。神の教えに背いた輸血をして地獄に堕ちるよりは、清浄な身体と魂のまま死んで、楽園に行った方が遥かに幸福なのだ、子供たちはそう教えられる。そこには妥協の余地はない。地獄に堕ちるか楽園に行くか、辿るべき道はそのどちらかだ。子供たちにはまだ批判能力が具わっていない。そのような論理が社会通念的にあるいは科学的に正しいことかどうか、知りようもない。子供たちは親から教わったことを、そのまま信じ込むしかない。

（ＢＯＯＫ１、第一九章）

教義を狂信した親が言うことを信じこまされる子どもたち。そのような状況に、家父長制との戦いを文学的テーマにしてきた村上が肯定的な態度を取るわけがない。青豆はＤＶによって苦しむ女性のために、加害男性を暗殺して報復する秘密活動に従事しているが、その指令を与える老婦人は語る。

私の正直な意見を述べれば、「証人会」はまともな宗教とは言えません。もしあなたが小さな子供の頃に大きな怪我をしたり、手術を要する病気にかかったりしていたら、そのまま命を落としていたかもしれません。聖書に字義的に反しているからといって、生命維持に必要な手術まで否定するような宗教は、カルト以外の何ものでもありません。それは一線を越えたドグマの濫用です。
（ＢＯＯＫ１、第一九章）

エホバの証人はドグマを乱用するカルト。この見立てに、村上自身の本音が現れている。村上は、このような一見安全に見える型のカルト教団があることに強く興味を惹かれたらしく、証人会をほとんどエホバの証人そのものとして執拗に説明する。たとえば青豆の家庭について、つぎのような記述がある。

青豆は夜店で誰かに何かを買ってもらったことなんて、ただの一度もない。夜店に連れて行ってもらったことすらない。聖書の教えにどこまでも忠実な「証人会」の熱心

な信者である両親は、あらゆる俗世の祭りを侮蔑し、忌避した。(BOOK2、第二一章)

世俗的な祝い事を否定するエホバの証人の世界の一端が指摘される。このような教義を有するために、エホバの証人2世は学校生活で苦慮することになる。村上は青豆の事例を使って、それも描写する。

彼女が「証人会」信者であることはクラスの全員が知っていた。彼女は「教義上の理由」からクリスマスの行事にも参加しなかったし、神社や仏教の寺院を訪れるような遠足や修学旅行にも参加しなかった。運動会にも参加しなかったし、校歌や国歌も歌わなかった。そのような極端としか思えない行動は、クラスの中で彼女をますます孤立させていった。また彼女はお昼の給食を食べる前に、必ず特別なお祈りを唱えなくてはならなかった。それも大きな声で、誰にも聞こえるようにはっきりと唱える必要があった。(BOOK1、第一一章)

世間的なイベントを忌避する点はエホバの証人の流儀のとおりだが、食前の祈りに関しては、私の知る限り、支障があれば無言で心のなかで唱えることが許されており、その点で小説の記述はエホバの証人の事実に一致していない。

なお特定の宗教を信仰することで、一般社会から排他的に扱われるという事態は、部分的には一般社会が「信教の自由」を圧迫しているという問題と言え、必ずしも教団の責任ばかりとは言えないが、しかしながら過激な教えを強要するから起こっている問題だという点では、教団の責任がないとは言えない。青豆は宗教2世として生きたために、いじめを経験した。それはエホバの証人2世の教えのとおりに、親に連れられた戸別訪問の布教に従事していたことで起こる。

> 一人の男子が「証人会」の布教活動をしていることで彼女を揶揄した。家から家をまわり、馬鹿げたパンフレットを渡して回っていることで。そして彼女のことを「お方さま」と呼んだ。それはどちらかといえば珍しい出来事だった。というのは、みんなは彼女をいじめたり、からかったりするよりは、むしろ存在しないものとして扱い、頭から無視していたからだ。
> （BOOK1、第一二章、傍点は原文ママ）

「お方さま」は、先に言及した短編「神の子どもたちはみな踊る」で描かれた神的存在だが、証人会の信仰対象――エホバの証人にとっての唯一絶対の神エホバにあたるもの――として本作で設定されている。級友が青豆を「お方さま」と呼んだことは、エホバの証人2世が「エホバ」と呼ばれて揶揄されることに対応し、それを想像する際、筆者の胸苦しさは、自分がそう呼ばれたときと同様に、極限まで高まる。筆者は自分では戸別訪問を強制されたことがないが、それでもその親子連れの光景は、エホバの証人がどのように子どもを利用するかを示す典型的な場面だから、筆者にフラッシュバックと精神的苦痛をもたらすのだ。

さらに筆者は、家で教義にもとづいた肉体的暴力の「ムチ」によって、精神医学で「解離」と呼ばれる現象を体験し、自分の体が透明化したかのように感じた経験を思いだす。そのような身体感覚を、村上春樹は青豆の体験世界としても指摘する。ただし、それは「ムチ」によってではなく、学校での迫害によってだ。

もし両親が「証人会」の信者でなかったとしたら、彼女はごく当たり前の女の子として育ち、みんなに受けいれられていたことだろう。きっと仲の良い友だちもできていたはずだ。でも両親が「証人会」の信者であるというだけで、学校ではまるで透明人間のような扱いを受けている。誰も彼女に話しかけようとしない。彼女を見ようとさえしない。(BOOK1、第一二章)

村上は「ムチ」の問題を書いておらず、青豆はその被害者として設定されていないが、それは筆者にとって残念なことだった。しかし村上が青豆の体験を、——ムチを経験していなくても――精神的に強姦を受けたようなものだと語るとき、筆者は村上に信頼感のようなものを抱く。

もちろん「証人会」の内部で実際にレイプに巻き込まれるようなことはなかった。少なくとも彼女の身には、性的な種類の脅威は及ばなかった。まわりにいた「兄弟・姉妹」は、みんな穏やかで誠実な人々だった。信仰について真剣に考え、その教義を――ある場合には生命をかけて――尊重して生きている人々だった。しかし正しい動機がいつも正しい結果をもたらすとは限らない。そしてレイプというのは、何も肉体だけがその標的になるわけではない。暴力がいつも目に見える形をとるとは限らないし、傷口が常に血を流すとは限らないのだ。

（BOOK1、第一九章）

信者仲間を「○○兄弟」「××姉妹」と呼ぶ点まで、「証人会」はエホバの証人の生き写しだが、それはともかくエホバの証人2世としては、この一節から青豆をほとんど自分の分身のように受けとってしまう。

村上は、エホバの証人が家族関係を破壊しうることにも視点を向ける。青豆は――一二歳で信仰を捨てた筆者に似て早くに――一〇歳で信仰を捨てたが、それによって信者の父、母、兄との断絶を経験したと記述される。ありがたいことに筆者の家庭では、そのような壮絶な家族の分裂を経験しなかったが、それは家族全員が信者の「神権家族」ではなかったからだろう。家族の悲惨な断絶は、主宰している宗教2世のための自助グループではよく耳にし、心が痛んでやまない。青豆の事例を引用しよう。

青豆には四歳年上の兄がいた。おとなしい兄だった。彼女が決意して家を出たとき、彼は両親の言いつけに従い、信仰をまもって生活していた。今どうしているのだろう？しかし青豆は家族の消息をとくに知りたいとも思わなかった。彼らは青豆にとって、もう終わってしまった人生の部分だった。絆は断ち切られてしまったのだ。／十歳より前に起こったことを残らず忘れてしまおうと、彼女は長いあいだ努力を続けてきた。私の人生は実際には十歳から開始したのだ。それより前のことはすべて惨めな夢のようなものに過ぎない。そんな記憶はどこかに捨て去ってしまおう。しかしどれだけ努力しても、ことあるごとに彼女の心はその惨めな夢の世界に引き戻された。自分が手にしているもののほとんどは、その暗い土壌に根を下ろし、そこから養分を得ているみたいに思えた。どれほど遠いところに行こうと試みても、結局はここに戻ってこなくてはならないのだ、と青豆は思った。

（BOOK1、第一一章）

信仰を捨てた青豆を信者の両親は許さない。つぎの描写も胸が痛む。

十歳の時、私が信仰を捨てると宣言してからは、母親はいっさい口をきいてくれなくなった。必要なことがあれば、メモに書いて渡した。でも口はきかなかった。私はもう彼女の娘ではなくなった。ただの「信仰を捨てたもの」に過ぎなかった。それから私は家を出た。

（BOOK1、第二三章）

家族であっても口をきいてはならないという描写は、エホバの証人の世界で言われる「排斥」にあたり、これについても村上の調査が及んだことを示している。教義に反する者はそのような形で破門され、家族をなかば、場合によってはほとんど失うことになる。青豆は苦悩しながら老婦人に語る。

ご存じだとは思いますが、私はわけがあって両親を捨てた人間です。わけがあって、子供の頃に両親に見捨てられた人間です。肉親の情みたいなものとは無縁な道を歩むことを余儀なくされました。一人で生き延びるためには、そういう心のあり方に自分を適応させなくてはならなかったのです。容易なことではありませんでした。ときどき自分が何かの残り滓みたいに思えたものです。

（BOOK2、第一章）

読者が「証人会」の詳しい説明をどのように読むかわからないが、『1Q84』はエホバの証人にとって、あるいは宗教2世一般にとって、得がたい作品だということはまちがいない。

◎『1Q84』(2)——宗教を善悪の彼岸にあるものとして描くのは妥当か

『1Q84』の男性主人公、川奈天吾はかつて青豆と同級生だったうえに、学生時代のアルバイト職場で「証人会2世」に接したことがあった。酒類卸店の倉庫だ。

そこにたまたま「証人会二世」として育った青年が二人働いていた。礼儀正しく、感じの良い連中だった。天吾と同じ年齢で、仕事ぶりも真面目だった。手を抜かず、文句も言わずに働く。仕事の終わったあとで一度、三人で居酒屋に行って生ビールを飲んだことがある。二人は幼なじみだったが、数年前に事情があって信仰を捨てたということだった。そして一緒に教団を離れ、現実の世界に足を踏み入れた。しかし天吾が見たところ、二人とも新しい世界に今ひとつ馴染めないでいるようだった。生まれたときから狭く緊密なコミュニティーの中で育ってきたせいで、より広い世界のルールを理解し、受け入れることがむずかしくなっているのだ。彼らはしばしば判断力に自信をなくし、困惑した。信仰を捨てたことで解放感を味わうのと同時に、自分たちが間違った決断を下したのではないかという懐疑を捨てきれずにいた。／天吾は彼らに同情しないわけにはいかなかった。自我がはっきり確立される前に、まだ小さな子供のうちにその世界を離れれば、一般社会に同化できるチャンスは十分ある。でもそのチャンスを逃してしまうと、あとは「証人会」のコミュニティーの中で、その価値観に従って生きていくしかない。あるいは少なからぬ犠牲を払って、自力で生活習慣や意識を作り変えていくしかない。天吾はその二人と話しているときにかつての少女のことを思い出した。そして彼女が同じような苦痛を味わっていなければいいのだが、と思った。

（BOOK2、第四章）

彼らの姿は、筆者が主宰する宗教2世のための自助グループにやってくるエホバの証人2世の若者たちに似ている。いや、あるいは筆者自身に似ていると言うべきか。信仰を捨て、教団を離れたのに、世間を忌避するように求められながら育ったために、一般社会の共同体になかなか馴染めない。そして信仰を捨てたにも関わらず、かつて信じていたものを全面的に否定できるかと言えば、そうではないことも多く、その葛藤が不安をはぐくんでいく。一般社会で「少なからぬ犠牲を払って、自力で生活習慣や意識を作り変えていくしかない」という村上春樹の解決策は、筆者たちが自助グループの知恵を出しあっていくときの指針そのものだ。

『1Q84』に描かれた証人会2世の体験は、ほとんど脱会したエホバの証人2世の体験そのもので、場合によってはフラッシュバックのトリガーになりかねない。しかし青豆が宗教2世として体験した戸別訪問と、天吾が父に付きそってNHKの受信料徴収のために戸別訪問した体験を村上が交差させるとき、筆者は村上による茶目っ気というかユーモアを感じて知らず知らずに微笑を浮かべてしまう。

天吾は、父親に連れられてNHK受信料の集金ルートをまわりながら、何度かその少女と通りですれ違った。天吾は彼女の姿を認め、相手も天吾の姿を認めた。そのたびに少女の目の中で何かがこっそりと光ったように見えた。しかしもちろん口をきいたりすることはなかった。挨拶ひとつしなかった。天吾の父親は集金の成績を上げることに忙しかったたし、少女の母親は来るべき世の終末を説いてまわることに忙しかった。少年と少女はただ日曜日の通りで、親たちに引っ張られるようにして足早にすれ違い、一瞬視線を交わすだけだった。

（BOOK1、第一二章）

いかにも村上らしい——研究者のあいだでは「ムラカミエスク」と呼ばれる——工夫と言える。創作物で、エホバの証人2世の戸別訪問を思わせる場面に接しながら、フラッシュバックを起こさない事例は稀だ。

『１Ｑ８４』に登場する別の新宗教団体「さきがけ」は、非宗教的カルト団体として知られる「ヤマギシ会」を連想させる農業コミューン「タカシマ塾」を出発点としていて、閉鎖的なカルト教団に成長したことが説明される。彼らのうち武闘派は「あけぼの」として分離し、このグループは湖のある山中で警官隊と銃撃戦を展開した。このような歴史的説明から、村上は自分が一貫してこだわってきた全共闘運動を宗教問題に合流させていることがわかる。教祖の深田保は、宗教儀式の装いで少女たちを強姦し、その最初の犠牲者は彼の実の娘で、本作のもうひとりのヒロインと言える深田絵里子だった。村上の脳裡には、麻原彰晃が教団内でたくさんの愛人を囲っていたこと、母の異なる実子を何人ももうけていたことのイメージが流れこんでいるのだろう。青豆にこの件を追及された深田は「わたしが交わったのはあくまで観念としての娘だ。交わるというのは多義的な言葉なのだ。要点はわたしたちがひとつになることだった」（ＢＯＯＫ２、第一三章）と語り、青豆はのちに「リーダーが性的な関係を結んだのは少女たちの実体《マザ》ではなく、彼女たちの分身《ドウタ》であると考えれば、「多義的に交わった」というリーダーの表現も腑に落ちる」（ＢＯＯＫ２、第一九章）と納得してしまうのだが、このあたりのムラカミエスクな論理構成は、村上のジェンダー規範を綿密に解きほぐさなければ注釈しがたいため、本章では考察する問題の枠組みを超えている。

だが、いずれにしても、現実世界の村上がオウム真理教の犯罪により常識的な善悪の判断に立って、批判的に対峙したのとは異なって、『1Q84』という創作物は文学的に構成されているために、善悪の判断をむしろ揺るがすように設計されている。青豆が深田を暗殺する際、深田のつぎのような自説開陳が描かれる。

「この世には絶対的な善もなければ、絶対的な悪もない」と男は言った。「善悪とは静止し固定されたものではなく、常に場所や立場を入れ替え続けるものだ。ひとつの善は次の瞬間に悪に転換するかもしれない。逆もある。ドストエフスキーが『カラマーゾフの兄弟』の中で描いたのもそのような世界の有様だ。重要なのは、動き回る善と悪とのバランスを維持しておくことだ。どちらかに傾き過ぎると、現実のモラルを維持することがむずかしくなる。そう、均衡そのものが善なのだ。わたしがバランスをとるために死んでいかなくてはならないというのも、その意味合いにおいてだ。

（BOOK2、第一一章）

現実で麻原彰晃が口にしたと想像すれば、いかにも彼らしい責任転嫁の論理で、噴飯物と言うしかないが、小説のなかではこれは宇宙的真理を表現するものとして口にされている感がある。村上の作品はしばしば作者の意図が明け透けで、作中人物が語る重要そうな発言にそのまま村上の思想が表明されていて、それだけこの作家の限界のようなものを感じさせてしまっているが、多少弁護すれば、この場面には村上が好む映画『地獄の黙示録』の影響が明らかだから、オマージュ的な趣向も込められている。オウム問題に熱心に関わった作家のひとつの結論としては、それなりに興味深いと考える読者もいるだろう。青豆や老婦人が手を染めている暗殺にしても、正義の思いからやっていることであれ私刑《リンチ》にほかならないから、むしろオウム幹部たちの活動に共通する側面を持っていて、これも善悪の彼岸を描くための設定だと考えられる。深田保が宗教の成立に関して語るつぎの洞察も、村上の思想を表しているだろう。

世間のたいがいの人々は、実証可能な真実など求めてはいない。真実というのはおおかたの場合、あなたが言ったように、強い痛みを伴うものだ。そしてほとんどの人間は痛みを伴った真実なんぞ求めてはいない。人々が必要としているのは、自分の存在を少しでも意味深く感じさせてくれるような、美しく心地良いお話なんだ。だからこそ宗教が成立する。

（ＢＯＯＫ２、第一一章）

痛みを伴った真実を避けるために、「美しい心地良いお話」として宗教が成立する。村上は宗教を必要悪として考えていると推測することができるが、それもまた宗教を善悪の彼岸に位置づける試みだ。

このように村上は敵役として設定された人物にも村上なりの真理を語らせているわけで、筆者はこれを村上なりの公平さへの希求として認める一方で、この作家なりの甘さをも感じざるを得ない。村上は家庭内での伝統的な家父長制や、それと相似的な関係を見せていた日本の文壇に対して、諸作品できわめて辛辣な態度を見せてきた。村上は、それらの自分が真に憎んでいるものに対しては、明らかにそれらが悪の属性を持つものと印象づけながら創作し、エッセイを書き、小説で読者に語る。ところが宗教問題が絡むとなると、とたんにそれを単純な悪と決めつけるのをやめて、善悪の彼岸をめざそうとする。それは結局、この作家がカルト宗教というものを父権制以上の悪としてリアルに把握できないからではないのか、という疑いをもたらす。筆者自身は父よりも母とより大きな葛藤を経験し、カルト宗教を心から疎ましいと思っているから、父権制そのものよりもカルト宗教のほうを――両者は相互に絡みあっていることが多いとはいえ――純粋な悪と感じざるをえない。

◎オウム真理教の問題性は絶えていない

『1Q84』の最終巻が出た年の翌年、二〇一一年に放映された『輪《まわ》るピングドラム』は、『劇場版セーラームーンR』や『少女革命ウテナ』などでカリスマ的な人気を得ていた幾原邦彦監督らしいケレン味たっぷりの映像的音楽的演出によって、当初から視聴者を魅了していた。主人公の兄弟、冠葉《かんば》と晶馬《しょうま》の名は、宮沢賢治の小説『銀河鉄道の夜』に登場するカムパネルラとジョバンニを思いおこさせる。彼らの妹、陽毬《ひまり》は不慮の死を遂げてしまうが、ペンギン帽をかぶると別人格「プリンセス・オブ・ザ・クリスタル」に変身して蘇生し、「生存、戦略！」と叫んで兄たちを幻想空間へと誘いこみ、「ピングドラム」を手に入れるように要求する。

第九話で陽毬が図書館で『カエル君東京を救う』という本を探す様子が描かれるが、これは村上春樹の『神の子どもたちはみな踊る』に収められた短編「かえるくん、東京を救う」を仄めかしている。片桐という冴えない男性の部屋をかえるくんが訪れ、東京を大地震による壊滅から救うために、みみずくんと戦ってほしいと依頼する物語だ。陽毬は図書館で『カエル君家庭を救う』『カエル君外人部隊を救う』『カエル君オルフェを救う』『カエル君愛人を救う』『カエル君暗殺の森を救う』『カエル君オセロを救う』『カエル君鬼火を救う』などが並んでいる棚を通りすぎるが、『カエル君東京を救う』を見つけられない。やがて、眞悧《さねとし》と名乗るピンク色の髪の青年司書が陽毬に声をかけ、彼女が運命に選ばれた人だと告知する。

第一一話になると、プリンセス・オブ・ザ・クリスタルは晶馬ともうひとりのヒロイン、苹果を薄暗い幻想空間に召喚する。空間は地下鉄の車内を開示し、暗い空間のいたるところに「95」と記された文字盤が赤く点灯しはじめる。ここにいたって視聴者は、この作品が放映当時から一六年前に起きたオウム真理教による地下鉄サリン事件をモティーフとしていることを理解するにいたる。冠葉、晶馬、陽毬は、一九九五年に地下鉄テロ事件を起こした「ピングフォース」の幹部たちの子どもで、眞悧はこの組織の最高指導者だったことが明らかになっていく。子どもたちの父母は、「いらない子ども」を処理し、透明にして消してしまう「こどもブロイラー」を憎み、歪んだ世の中を変えるためにテロ事件を起こしたとされる。主人公の兄妹三人が宗教2世として、社会に迎えいれられない苦難が描かれていく。

『輪るピングドラム』（幾原邦彦監督）

ピングフォースは「企鵝《きが》の会」と名を変え活動を続けているのだが、「ピングフォース」（「ペンギンの力」、あるいは「ペンギン部隊」を意味する）や「企鵝」（ペンギンの漢名）といった用語は、いかにもアニメらしい虚構性を感じさせるものに見えるが、オウム真理教にしても「アーレフ」や「ひかりの輪」といったアニメ的とも言える名称の後継組織を生みだし、このふたつとは別に「ケロヨンクラブ」という後継組織も存在しているから、「事実はアニメより奇なり」と言えようか。
監督の幾原は、過去の事件を新たな物語に仕立て、事件の記憶継承に協力したわけだが、その際、「罪の意識」や「懺悔」のような思いを抱いて制作にあたっていたことを、『「輪るピングドラム」公式完全ガイドブック　生存戦略のすべて』（幻冬舎コミックス）の辻村深月との対談で語っている。

例えば、70年前後の運動についてタブー視されている部分があるじゃないですか？　それについて僕らは、いくら説明されても実感としてわからないところがある。歴史としては知っているし、同世代の人が当時の記憶をある種の罪悪感として抱えて、メディア側もそれをタブーとして近づかないようにしているのはわかる。でも、本当のディティールは僕にはわからない。一方で90年代を取り巻いていた空気について、僕は肌で感じて知っている。これを表現できるのは、僕らしかない。同時に、95年の事件に関して同世代的な罪の意識を感じていたこともあります。その罪に対して懺悔したい思いがあった。たかがアニメとはいえ、なんで誰もここに近づかないのか？　そうやって見ないふりを続けることで、今の若い人にどんな影響があるのかという関心があったんです。本当のことを言うと、今回の企画を立ち上げたときに、ここに行き着くとは思いもしませんでした。最初に企画を通してしまって、具体的なディティールをどうしようかと考えたときになって、あの時代を今こそ自分が描くべきだと思ったんです。すごく偉そうなことを言うと、自分にしかできないことに挑戦してやる、という気持ち。自分でもエゴだとわかっていたけど、どうしても一度やっておきたかったんです。

「同世代的な罪の意識」を抱いたのは、オウム事件の当時、マスメディアがよく話題にしたとおり、事件の首謀者たちの世界観がきわめて「オタク的」なものに染められていたからだろう。彼らはまるで古いアニメのキャラクターのような楽観さで日本国家の転覆を計り、大量殺戮を計画し、その一部を実行した。自分の同世代人たちがそのような方向に向かった時期にも、オウム事件で世間が騒然としていた時期にも、彼らの世界観と向きあえないでいたことが、幾原に「罪の意識」を胚胎させたと考えられる。

二〇一三年の映画『潜伏 SENPUKU』（保坂延彦監督）と二〇一二年の映画『愛のゆくえ（仮）』（木村文洋監督）は、それぞれ一七年にわたって逃亡していた菊地直子、一六年にわたって逃亡していた平田信《まこと》というふたりのオウム真理教幹部の逃亡生活をモデルにした作品だ。ともにミニシアター作品で、映像ソフト化されていないため、筆者は観ることができていないが、概要から想像して、おそらく2世問題は扱われていないと思われる。

その一〇年後、二〇二一年に刊行された湯浅真尋の小説『四月の岸辺』（講談社）は、「四月の岸辺」と「導くひと」のふたつの短編を収録している。「四月の岸辺」では、小学生までスカートを好んで穿いて髪を長くしていたものの、中学生になって規則どおりの詰襟の男子学生用制服を着るようになった「私」が、「森の子ども」と呼ばれる、ヤマギシ会を連想させる宗教的コミューンで育った少女と交流するさまを描いている。マイノリティとして別のマイノリティといかに交流するかが焦点になり、最終的に関係は断たれてしまう。「導くひと」では、オウム真理教を連想させるテロ事件を起こした教団を離れた男を軸として、別の元信者や、「四月の岸辺」で登場したのと同じものと思われる森のコミューンに出自を持つ青年の語りから、マイノリティたちが直面するディスコミュニケーションの様相が描かれる。魅力的な記述も含まれているが、端々からは大江健三郎の「森」や「宗教」をテーマとした作品群を薄味にして再生産したような作品という印象を受け、その点で筆者には惜しまれた。

3　さまざまな宗教の2世を扱った小説と映画

◎豊穣な映像作品

オウム事件以降の、オウム関連ではない宗教2世に関わる作品について見ていこう。

二〇〇二年に刊行された滝本竜彦の『NHKにようこそ！』（角川書店）は、当時社会問題になりはじめていた引きこもりが主人公で、その男子大学生のもとにヒロインの少女が叔母に連れられて宗教勧誘に来るところから物語が展開していく。あきらかにエホバの証人をモデルにしているが、やはりこの戸別訪問が長年この宗教団体と社会の最大の接点で、一般的イメージにもなっていたのだろうと推測される。作者は自身に引きこもりの経験があることを明かしているが、そのような布教を受けた実体験をもとに作品を創案したのだろうか。ヒロインは実父を早くに亡くし、母が再婚した相手は母とヒロインにDVを繰りかえした。母はそれを苦に自殺し、ヒロインは叔母夫婦に引きとられ、宗教勧誘の手伝いに関わるようになった。筆者は引きこもりやDVといったテーマをひとごとと思えず、アダルトチルドレンで宗教2世のヒロインに自分を重ねあわせながら読んだが、それは独特な意味で心地の良い経験だった。同作はマンガやアニメにもなり、人気を博したが、それらは娯楽性が扇情的に高められていたぶん、筆者にはむしろのめりこみにくいものだった。

二〇〇六年に刊行され、野間児童文芸賞と坪田譲治文学賞をダブル受賞した椰月美智子の児童向け小説『しずかな日々』（講談社）は、母子家庭で育った小学五年生の主人公の夏休みを描く。母は、彼女を「先生」と呼ぶ若い女性に勧誘されて新宗教の教祖となり、マスメディアにも露出して「時の人」となっていく。それに先立って主人公は母からともに転居することを促されるのだが、主人公は拒否して母方の祖父に預けられることになる。

そうしてロボット工場見学や友だちとのお泊まり会などを楽しむ日々が訪れる。『Web版有鄰』第四八六号で、作者は語る。

アメリカの作家、レイモンド・カーヴァーが好きで、幸せな時間が静かに流れるすぐ傍らで、怖いようなおかしな出来事が起きている世界が現実だと思っているところがあります。おじいさんや押野と楽しくすごす〝えだいち〟の世界の傍らに、会わなくなった母さんのスピリチュアルな世界がある。意図せずにそんな物語になりました。

宗教2世が体験する現実世界と超現実世界のあわいの時空を、この作品の主人公も体験する。カーヴァーに通じる淡々とした筆致が少年時代の情景をあざやかに立ちあげる。

オウム事件以降の、オウム関連ではない宗教2世に関わる作品は、小説に比べると映像作品が豊かと言えそうだ。二〇〇七年に土居哲真監督が公開したドキュメンタリー映画『belief』は、監督自身の母を主題としている。彼女はカルト宗教――映される内容から統一教会だとわかる――に入信し、多額の献金をしてしまったのだ。動揺した監督は母、兄、兄嫁、カルト問題の専門家などにインタビューを続ける。母は夫、つまり監督の父を亡くした心の隙間を狙われたことが明らかになる。また母は現在無職だが、かつては看護師（当時の呼称は「看護婦」）として長年ケア労働に従事していたことが語られ、長男夫婦の孫をかわいがる様子なども活写されていく。インタビューを試みるうちに、母が献金した最大の動機のひとつとして、監督（次男）が鬱になって、精神科に通院するようになり、働けないで苦しんでいる状況をなんとか打開したいという思いがあったことに直面する。成人後に親が入信し、宗教2世となった事例を描いた作品としても、宗教1世にありがちな「毒親」の属性とは無縁な作品としても、価値が高い。

二〇〇九年に公開された園子温監督の映画『愛のむきだし』は、キリスト教の家庭に生まれた宗教2世の物語だ。主人公は神父の父とふたり暮らしをしているが、愛人に溺れるようになった父の気を引くために、——いかにもこの監督の作品らしい趣向だが——主人公は性犯罪に没入する。やがて父が再婚した女性の連れ子に、主人公は恋愛感情を深めていく。その連れ子は、主人公を嫌悪しつつ、主人公が女装した姿を、正体を知らないまま熱愛してしまう。やがて、この家族に近づいた新宗教団体「0《ゼロ》教会」の洗脳手段と主人公は戦うことになる。クセの強い映画雑誌『映画芸術』（編集プロダクション映芸）で、批評家たちはこの作品を二〇〇九年度「日本映画ベストテン」の第一位に選出したが、宗教2世問題について新たな視点を得られる作品とは言えないかもしれない。

吉野竜平監督による二〇一二年の『あかぼし』は、母子家庭の少年を描いた映画だ。エホバの証人をモデルにしたことが明らかな作品で、ぴっちりとした正装をして個別訪問の布教をする場面が何度も描かれ、エホバの証人2世たちはフラッシュバックを体験しながら観ることになる。不安定な情動を見せる母親は充分に怖いが、「ムチ」がなされる設定はないため、「ムチ問題」に取りくんだ映像作品はいつ登場するのだろうかと筆者は憂える。また、シングルマザーが心の隙につけこまれて入信し、没入していくさまは説得的な展開だが、教団の描き方がエホバの証人をモデルにしているのがあからさまなだけに、細部の描写で「ここはリアルじゃないな」と逆に気になってしまうのが惜しい。

前述した『愛のゆくえ（仮）』と同じ木村文洋監督が二〇一八年に公開した『息衝く』は、政権与党の政治団体「種子の党」とその母体となる新宗教団体「種子の会」の家庭に育った三〇代の宗教2世たち、ふたりの男性とひとりの女性を描いている。設定上、創価学会を霊感源にしていることがわかる。教団に関わる男ふたりも、教団を抜けた女も、教団が掲げる理想と現実とのギャップに挟まれ、自立に苦慮しているさまは、宗教2世のリアルな体験世界を描いていると言える。三人がかつて熱烈に尊敬していたものの、教団も政党も突如として捨てて失踪したカリスマ的人物、森山周が全身ひよこスーツを着て登場する場面から、がぜんおもしろくなる。この展開について、監督は映画パンフレットで語る。

森山というカリスマに集合していけば、またなにか違う未来像なり、時間が見られるかもしれない…と信じられていたかもしれないが、その、自分達が描く個々の「違う未来像」は、それぞれの時間に独立してあったということではないかと思うのです。

それが最終的に星座のようなものを描ければ、良いのではないかと。

森山に翻弄されながら一夜を過ごし、朝になって一種の諦念を持って帰途につこうとする三人の背後で、突如として原子力発電所が爆発炎上する場面も鮮烈だった。木村監督は、二〇一一年に東日本大震災と福島原発事故が起こる前から、二〇〇九年の映画『へばの』で原発問題にこだわっていたから、いかにも「らしい」演出かもしれないが、『息衝く』をリアリズム作品と思って視聴してきた観客は、突如として挿入される仮装した初老の男性の激越な言動や黙示録的なヴィジョンに驚いてしまう。直後に流れる北村早樹子が歌う憂鬱な主題歌もトラウマを優しくくすぐる。

◎今村夏子『星の子』ほか

今村夏子による二〇一六年の短編集『あひる』(書肆侃侃房)に収録された同名の短編「あひる」は、新宗教らしきものを信じる両親のもとに生まれた少女の物語だ。家族はあひるの「のりたま」を飼うことになって、このペットは家庭内でも近所の子どもたちからも人気を集めるが、やがてのりたまは動物病院へ運ばれていき、二週間後に戻ってくると、以前よりも小さくなって、羽も瞳もくちばしも特徴が異なっている。だがそれに気づくのは主人公だけで、家族も近所の子どもたちも新しいあひるをのりたまとして受けいれる。ラテンアメリカ的マジック・リアリズムを思わせる印象的な作品だが、作者の叙述は慎重で、主人公をことさら宗教2世として強調することはない。しかし彼女の体験する不穏なのに平静でもある現実感は、宗教2世の生きる人生をさりげなく表現できている。

その今村が二〇一七年に刊行した長編小説『星の子』(朝日新聞出版)は、村上春樹の『1Q84』と並んで、あるいはそれ以上に、宗教2世を描いた作品として金字塔と言える。中学三年生の主人公の少女は、乳児だった頃きわめて病弱で、両親たちはその体質改善が「金星のめぐみ」と呼ばれる水によって果たされたと信じ、感激してその水を売る新宗教「ひかりの星」に入信する。成長した主人公は、両親の自分への愛情をいつも感じているだけに、両親の信仰を否定することができない。他方で、高校生になった姉は両親と対立し、家を出て帰ってこないままになっている。

二〇二〇年に大森立嗣監督によって映画化され、日本映画批評家大賞を受賞したが、作品中でもっとも息詰まる場面は、映画でさらに効果的に演出されている。主人公は、好意を寄せる男性教師に、車で家まで送ってもらう。夜道で車が止まって、主人公は「ありがとうございました」と頭をさげる。教師は「気をつけて帰れよ」と声をかけ、主人公はまた頭をさげるが、教師は突然「待て!」と言って主人公の手を摑み、降車するのを静止する。彼は「あそこに変なのがいる」と囁く。視線の先では、ふたりの怪しい人影がうごめいてる。「二匹いるな」と警戒した声で教師は言うが、ヒロインは固まってしまう。気づかない教師は「今朝、全校朝礼でも言ってただろ。最近増えてんだよ。季節外れの不審者が」と言葉を次ぐ。彼らの視線の先で展開するのは、たたんだタオルを頭に載せた主人公の母に、頭上から主人公の父が「金星のめぐみ」を注いでいる場面だ。教師は怯えたように「何やってんだ？　完全に狂ってんな」と言い、主人公の瞳は涙をこぼしそうに潤んでいく。教師はやがてため息をつき、「やっと行ったな」と言いながら、摑んでいた主人公の手を放す。主人公は黙って車を降り、夜の闇のなかを泣きながら走る。実写映像がアニメ映像に切りかわり、主人公の心は街の上空を飛んでいく。彼女は必死に姉の名を呼ぶが、応答はなく、主人公は落下していく。

原作小説は野間文芸新人賞を受賞し、今村は、雑誌『群像』二〇一八年一月号（講談社）で受賞に際して「路上の二人」という短文を寄せた。

十年程前に、近所で年老いた男女の二人組を見ました。夫婦か兄妹かわかりませんが、お互いの頭にペットボトルの水をかけ合っていました。夏の暑い日ではなかったので、少し不気味な印象を受けました。それからよく見かけるようになりました。二人はいつも路上の同じ場所に立っていました。（中略）水をかけ合っていた二人組の、おじいさんが先に路上から姿を消しました。しばらくして、一人で立っていたおばあさんも見なくなりました。今は二人一緒にいられているのか、それが気になります。

奇妙な印象を与える街の住人たちの生活風景が、作者の脳裏にずっと残り、小説のなかでも特に緊迫した場面の原型になったのだった。作者の創作技法の手練れぶりに唸らされる。

映画版の最後では、主人公と両親が教団施設の野外で寝そべって流星を探している。両親は家出した長女、つまり主人公の姉について語り、最近出産したと連絡してきた、と語る。その映画版について、今村は雑誌『ダ・ヴィンチ』二〇二〇年一一月号（KADOKAWA）でつぎのように書いている。

小説の中では触れられていない、ちひろの姉、まーちゃんの近況がラスト間際でお父さんの口から語られたのも、嬉しいことでした。ちひろや、ちひろを取り巻く人々を愛おしむ気持ちでいっぱいになった私は、鑑賞後に、登場人物達のその後を好き勝手に妄想しました。映像を通じて彼らの「生」を目の当たりにしたこと、何より、芦田愛菜さん演じるちひろの、時折り見せる力強いまなざしが、原作には描かれていない、その先の未来を予感させてくれたからだと思います。それは「この子は大丈夫だ」とこちらに思わせてくれる、一筋の希望のようなものでした。

原作も映画版も、カルト宗教と主人公を対立的に描かないことに力を尽くしていることは注目されて良い。つまり、単純な二項対立を避けている。家庭内にも、教団内部にも、学校社会にもなんらかの異なる困難があり、同時にそれぞれの場所で誰かの優しさに触れる機会があり、その過程をけっして虐待されてはいない宗教2世としての主人公が生きていく。このような人生を体験している宗教2世も、たくさんいることだろう。両親は主人公が教師に恋心を抱いていると語るのを聴きながら、会ってみたいと好意的に語り、じつに鷹揚だ。統一教会やエホバの証人の1世のように、そうした恋愛感情を弾圧しようとする気配をまったく見せない。

前述した映画『ビリーバーズ』が封切られた日に、安倍晋三元総理大臣射殺事件が発生し、足立正生監督はただちに山上徹也容疑者をモデルにした映画『REVOLUTION+1』の制作を開始した。筆者は安倍晋三の国葬の日、二〇二二年九月二七日に緊急公開された短編版と、同年のクリスマス・イヴに公開された完成版をともに鑑賞した。全体に興味深く受けとめたが、女性との関係がぎこちない様子が強調されるなど——山上のその性格描写は、あくまで製作陣の想像に依拠している——ステレオタイプを感じさせる部分もあり、スティグマを煽るものにもなっていたのは残念だ。映写後の舞台挨拶で、監督は本作を「マザコン青年を描いた」「ホームドラマ」だと説明した。実際には、銃撃に至るプロセスを再構成していく内容だから、監督の発言は韜晦《とうかい》を含んでいるはずだが、やはり宗教2世問題を矮小化していると感じさせる。それでも、このように犯罪に手を染めた宗教2世に取材した映画が公開されたことを筆者は評価したい。

4　手記とエッセイマンガの世界

◎手記の可能性

宗教2世が記した手記のたぐいはさまざまに刊行されてきたが、訴訟リスクもあって、大手の出版社はなかなか手を出して来なかった。事実に依拠しているのが原則の手記というジャンルは、創作物と呼ぶには適さないと考える読者もいるかもしれないが、ドキュメンタリー映画やノンフィクション小説が、作り手の独自の体験世界に立脚し、しかも高度な編集と演出によって創作性を帯びざるを得ないと同様に、手記もまた著者がどれほど真実だと主張したくても、書き手の固有の視点から執筆されているという点だけを取っても、創作の要素を帯びている。

宗教2世のさまざまな手記のなかでも、特に異色と言えるのは、教祖の娘や息子が記したものだろう。麻原彰晃の四女、松本聡香が二〇一〇年に刊行した『私はなぜ麻原彰晃の娘に生まれてしまったのか——地下鉄サリン事件から15年目の告白』（徳間書店）と、三女の松本麗華《りか》が二〇一五年に刊行した『止まった時計——麻原彰晃の三女・アーチャリーの手記』（講談社）を比べてみると、描きだされたオウム真理教や麻原彰晃の姿は、ずいぶん異なっていることに溜め息が出てしまう。麻原から後継者と目されていた四女は収監中の麻原が示した精神異常を思わせる振るまいを詐病として糾弾し、妻妾同居だった日常生活を暴露し、収監された教団幹部とのえげつない要素も含まれた交流を開示していくが、同書を刊行したのちの彼女は自分を麻原の後継者として自認する方向へと舵を切った。三女はオウム事件の責任は父になく、幹部たちの暴走だったと主張し、自分こそが父にもっとも特別扱いされた子なのだと主張する。それぞれ書き手が自分なりの正しさを貫こうと努力しているが、おそらく彼らは立場が特殊すぎるがゆえに、むしろ真実から離れたところに立っている。だが、そのような記述を単純に疑わしいものとして否定するのではなく、教団創始者の子として育った2世当事者の発言として、客観的真実性とは異なる基準で、つまり当事者が生きているひとつの世界の真実性として評価していくことが、重要かもしれない。

幸福の科学を創始した大川隆法の長男、宏洋《ひろし》が二〇二〇年に刊行した『幸福の科学との訣別——私の父は大川隆法だった』（文藝春秋）も、読みごたえがある。幸福の科学との裁判によって、記述の一部は真実とは認められないという判決がおりており、その不備は注視されなければならないが、教団を内部からも外部からも観察しようとした努力は、教祖の実子という困難を考えれば、無視するわけにはいかない。

宏洋は教団を離れる以前、教団制作の二〇一七年の映画『君のまなざし』に「大川宏洋」として関わり、総合プロデューサー・脚本・助演俳優・主題歌歌唱の四役を務めたことが話題になった。彼が演じる役は、父親との葛藤およびその解消を描いていたのだが、これは父子のあいだに実際にあった対立をモティーフにしているのだろうか。大川宏洋が歌う主題歌には、作詞作曲者として大川隆法がクレジットされている。光GENJIなどに楽曲を提供したことがある幸福の科学会員の大門一也の軽快な編曲に彩られ、宏洋は「♪愚かだったのは、僕だけじゃない。男の子には、誰だって悩みがある。過ぎ去ってから始めて流す涙がある」と歌うが、これを歌ったときの心境が気になってならない。なお「始めて」は「初めて」のまちがいだから、校閲担当者は勇気を持って教祖の誤記を正してほしかった。

一般的な手記としては、二〇二二年に刊行された冠木結心《かぶらぎけいこ》の『カルトの花嫁——宗教二世　洗脳から抜け出すまでの20年』（合同出版）を紹介しておこう。事実に依拠した記述でも、書き手の文体や構成力によって、創作物に近い読みごたえを実現している。先に述べた、手記というジャンルの創作性に関する思考も刺激され、名著と言って良い。

◎エッセイマンガの時代

特に二一世紀に入ってから、エッセイマンガが活発に刊行されるようになっていて、その扱う内容には限りがない。マンガというジャンルは省略と誇張が生命線だから、ユーモアや情動を表現するのに長けており、描き手もその効果を最大限に利用したくなるのは当然のことで、そのような処理が読み手側の需要にもかなっている。エッセイマンガは手記がマンガの様式を手に入れたという、非常に創作性の高いノンフィクションだ。

二〇一三年の藤野美奈子による『ウチの母が宗教にハマりまして。』（KKベストセラーズ）は、著者の母親が新宗教に入信したのに衝撃を受け、さまざまな宗教体験に取材した短編集だった。母は家族の健康を思って信仰を続けるため、宗教被害の問題は強調されていない。だが、島田裕巳が監修を務めていることから容易に予想される通り、「新宗教は文化だ」と言いたげな、一九八〇年代風の楽天的な価値観が見え隠れし、その点は惜しまれる。二〇一五年の原わたによる『ゆがみちゃん――毒家族からの脱出コミックエッセイ』（KADOKAWA）は宗教2世ものとはいえ、「毒親」問題が焦点になっていて、親の信仰問題はその人格の一部に関わる構成要素にすぎない。しかし、主人公が家族も親戚もみな同じ宗教を信仰しているという環境に圧迫されていて、その世界から脱出することに、人生の回復を見出していくという展開には説得力を感じる。

宗教2世が「宗教被害」を訴える形式のエッセイマンガは、おそらく二〇一七年にいしいさやが刊行した『よく宗教勧誘に来る人の家に生まれた子の話』（講談社）を嚆矢とする。この作品では、エホバの証人2世のなまなましい諸体験が、恬淡とした筆致で描かれていき、その素朴さゆえに、かえって心に迫るものがある。二〇一八年には同じくエホバの証人2世のたもさんが、『カルト宗教信じてました。――「エホバの証人2世」の私が25年間の信仰を捨てた理由』（彩図社）を刊行した。こちらはかなり情動的な描きぶりで、同じエホバの証人2世と言っても当事者によって感じ方や考え方がずいぶん異なることがわかるだろう。たもさんは二〇二〇年に続編『カルト宗教やめました。――「エホバの証人2世」の私が信仰を捨てた後の物語』（彩図社）も刊行している。

二〇一八年にしまだが刊行した『ママの推しは教祖様――家族が新興宗教にハマってハチャメチャになったお話』（KADOKAWA）では、宗教にのめりこんでいる母親の奇妙奇天烈な行動が描かれる。母親は古めかしい少女マンガのヒロインを思わせる造形を与えられていて、読者は疑問符を抱きながらも笑いながら読んでしまう。ところが最終段階に至って、本編で描かれた母親は徹底的に脚色されたものだということ、実際にはどれだけ凶悪な人物だったかということが恐怖マンガのような様式で明らかにされ、読者に衝撃を与える。作者はマンガのなかで語る。

　母の良かったところだけを思い出してみて――せめて漫画の中では「ママ」を愛そう

この母親はそもそも「毒親」だったはずだが、宗教によって振るまいが悪化したと思われる。他方、二〇二一年に刊行された彩野たまこの『おかあさんといっしょがつらかった』（講談社）は、似たような凶悪な毒親の言動が、最初から最後までホラー風味でひたすら開陳されつづけるという内容で、筆者は読みながら途中で挫けそうになってしまった。こちらの家庭の場合では、母の「毒親」的側面が、宗教に癒されている時間だけは薄まることが描写されていて、宗教2世の家庭の多様さを教えてくれる。

ＨＡＲＵが二〇一九年に刊行した『とある宗教に母が3億円お布施しまして』（徳間書店）では、それぞれが自分本位に行動し、崩壊寸前だった家族の支えとして頼っていた母が、救いを求めて新宗教に莫大な金額の献金をしてしまうという内容。記述内容から教団は統一教会だとわかる。前述した映画『belief』に通じる内容、つまり家族のために母が入信し、子どもが衝撃を受けるという作品だ。

宗教2世を描いたエッセイマンガはこのようにさまざまに出されてきたが、新たな画期となったのが二〇二二年に刊行された菊池真理子の『「神様」のいる家で育ちました――宗教2世な私たち』（文藝春秋）だった。教団名は出されていないが、描写された内容から、エホバの証人、崇教眞光、統一教会、プロテスタント福音派、幸福の科学、真如苑、創価学会の宗教2世の体験が扱われているとわかる。創価学会2世の菊池は、筆者と同じく宗教2世のための自助グループを主宰していて、それだけ自分の当事者性に対する意識の強さ、当事者仲間の体験談への理解の深さが感じられ、読んでいて不思議なほど心の琴線が掻きたてられてしまう。誰が読んでも学びの多いマンガではあるけれど、とりわけ自助グループに参加したり主宰したりする経験を持つ2世は、この作品を最大に楽しむ（という表現は不当かもしれないが）ことができるだろう。

◎筆者の活動など

宗教2世の創作が、これからも増えていけば、その体験と感情の多様性がもっと世間に知られるようになる。エホバの証人2世でポエトリー・スラム（詩の朗読パフォーマンスを競う競技）に打ちこむiidabiiのような活動は、もっと広まってほしいと願う。筆者は、宗教2世たちが作る美術や音楽が、これから花開いていくことを夢見ている。

筆者自身の創作活動についても紹介しておこう。筆者はまず自分自身を分析かつ総合した著書『みんな水の中――「発達障害」自助グループの文学研究者はどんな世界に棲んでいるか』（医学書院、二〇二一年）を、詩的、論文的、小説的な様式を併存させつつ執筆した。発達障害の問題を中心に据えつつも、発達障害と不可分の問題として、宗教2世としての筆者の側面も扱っている。『唯が行く！――当事者研究とオープンダイアローグ奮闘記』（金剛出版、二〇二二年）では、さまざまな悩み相談を請けおう自助グループ活動の様子を、創作を交えつつ表現した。中心メンバーのひとりは宗教2世として設定している。

また『イスタンブールで青に溺れる――発達障害者の世界周航記』（文藝春秋、二〇二二年）は、筆者の過去の旅行経験を発達障害の診断を受けたあとから回顧し、体験したことのさまざまな疑問を再考するという主旨だが、やはり折に触れて自分の宗教２世としての側面には言及せざるを得なかった。執筆しながら、担当編集者に「宗教関係の記述が多すぎるのでは」とコメントされてしまったのだけれど、なるべく削らないようにした次第だ。『ある大学教員の日常と非日常――障害者モード、コロナ禍、ウクライナ侵攻』（晶文社、二〇二二年）では、現在の筆者のふだんの生活がどのようなものかを記したが、書きすすめながら、不安感に満ちた筆者の人生には、やはり宗教２世としての過去が深刻に影を落としているのだなと、何度も感じることになった。

◎おわりに

本章では、日本のさまざまなジャンルの創作物を紹介することで、宗教２世当事者の筆者が自分のその側面と重ねあわせ、思いを込めたり、考えをめぐらせたりしたことをまとめてきた。宗教２世問題が長年注目されなかった事実に並行して、宗教２世にまつわる作品も、以上のように包括的にまとめられる機会を欠いてきた。本章に記述した作品を読者が初体験する、または再体験する気になってくれれば、筆者としては報われる。今回の宗教２世問題に対する世間の注目をきっかけとして、宗教２世に関する創作物がさらに盛んに制作されていくことを望んでやまない。

◎文献

麻原彰晃『滅亡の日――「黙示録大預言」の秘密のベールを剝ぐ』、ダビデの星（画）、オウム、一九八九年
いしいさや『よく宗教勧誘に来る人の家に生まれた子の話』講談社、二〇一七年
今村夏子『あひる』書肆侃侃房、二〇一六年
今村夏子『星の子』朝日新聞出版、二〇一七年
今村夏子「路上の二人」『群像』二〇一八年一月号、講談社
今村夏子「小説の先の未来を予感させてくれた」『ダ・ヴィンチ』二〇二〇年一一月号、KADOKAWA
大泉実成『説得――エホバの証人と輸血拒否事件』現代書館、一九八八年
冠木結心『カルトの花嫁――宗教二世　洗脳から抜け出すまでの20年』合同出版、二〇二二年
菊池真理子『「神様」のいる家で育ちました――宗教2世な私たち』文藝春秋、二〇二二年
彩野たまこ『おかあさんといっしょがつらかった』講談社、二〇二一年
しまだ『ママの推しは教祖様――家族が新興宗教にハマってハチャメチャになったお話』KADOKAWA、二〇一八年
ジョージ秋山『教祖タカハシ』ソフトマジック、二〇〇三年
滝本竜彦『NHKにようこそ！』角川書店、二〇〇二年
たもさん『カルト宗教信じてました。――「エホバの証人2世」の私が25年間の信仰を捨てた理由』彩図社、二〇一八年
たもさん『カルト宗教やめました。――「エホバの証人2世」の私が信仰を捨てた後の物語』彩図社、二〇二〇年
中島らも『ガダラの豚』実業之日本社、一九九三年
原わた『ゆがみちゃん――毒家族からの脱出コミックエッセイ』KADOKAWA、二〇一五年
HARU『とある宗教に母が3億円お布施しまして』徳間書店、二〇一九年
宏洋『幸福の科学との訣別――私の父は大川隆法だった』文藝春秋、二〇二〇年
藤野美奈子『ウチの母が宗教にハマりまして。』島田裕巳（監修）、KKベストセラーズ、二〇一三年

松本聡香『私はなぜ麻原彰晃の娘に生まれてしまったのか――地下鉄サリン事件から15年目の告白』徳間書店、二〇一〇年
松本麗華『止まった時計――麻原彰晃の三女・アーチャリーの手記』講談社、二〇一五年
村上春樹『アンダーグラウンド』講談社、一九九七年
村上春樹『約束された場所で――underground 2』文藝春秋、一九九八年
村上春樹『神の子どもたちはみな踊る』新潮社、二〇〇〇年
村上春樹『1Q84　BOOK1』新潮社、二〇〇九年
村上春樹『1Q84　BOOK2』新潮社、二〇〇九年
森達也『A――マスコミが報道しなかったオウムの素顔』角川書店、二〇〇二年
森達也『A2』現代書館、二〇〇二年
森達也『A3』集英社インターナショナル、二〇一〇年
椰月美智子『しずかな日々』講談社、二〇〇六年
椰月美智子「椰月美智子と『しずかな日々』――人と作品」Web 版有鄰、四八六号、二〇〇八年（https://www.yurindo.co.jp/yurin/9293/3）
山本直樹『ビリーバーズ』全三巻、小学館、二〇〇〇年
山本直樹、城定秀夫「『ビリーバーズ』Special Talk」『ビリーバーズ』（映画パンフレット）「ビリーバーズ」製作委員会、二〇二二年
湯浅真尋『四月の岸辺』、講談社、二〇二二年
横道誠『みんな水の中――「発達障害」自助グループの文学研究者はどんな世界に棲んでいるか』医学書院、二〇二一年
横道誠『唯が行く！――当事者研究とオープンダイアローグ奮闘記』金剛出版、二〇二二年
横道誠『イスタンブールで青に溺れる――発達障害者の世界周航記』文藝春秋、二〇二二年
横道誠『ある大学教員の日常と非日常――障害者モード、コロナ禍、ウクライナ侵攻』晶文社、二〇二二年
『「輪るピングドラム」公式完全ガイドブック　生存戦略のすべて』幻冬舎コミックス、二〇一二年

（注）本文を読んでいただければ了解していただけるとおり、映像ソフトについても多く言及しているのだが、それらのクレジットは著者や製品名の表記が煩雑になるし、インターネット上で情報を容易に入手できることから、この一覧では割愛した。

6章

改めて宗教2世問題を展望する

横道誠

◎当事者たちの声と、回復の最前線

1章「当事者たちのさまざまな声」で掲載した人々の声に対して、名指しされた宗教団体の信者や、「自分は宗教被害なんて受けていない」と感じる2世信者は、反発を感じることがあるかもしれない。しかし、このように内部から出た証言を教団や信者のひとりひとりが真摯に受けとめ、改善策を模索することで、それぞれの宗教団体は、人々を幸せにし、救うという宗教の本来の役目を果たすことができる、と筆者は考える。

筆者は私人としては宗教2世の当事者だが、専門家としては、文学作品や民間伝承の研究に従事している。そのような筆者が当事者たちの証言に引きつけられるのは、自分の問題との共振に心が揺さぶられるという以外に、生きた「言葉」や「声」の力強さに文学的な、あるいは民俗的な迫力を感じているから、という事情があることは否定できない。つまり1章の証言集はオーラルヒストリーの集合体でもあって、ひとつひとつの証言は口承文芸につうじる魅力を帯びている。言うまでもなく、当事者たちの証言をコンテンツとして消費しようとするのではないけれど、読者が彼らの声の連なりに魂の合唱のようなものを感じてくれたなら、証言者たちにとっても本望だと考える。

2章「宗教2世・海外での最新研究状況――宗教的虐待、毒宗教、健全な宗教団体、宗教的トラウマ症候群、宗教的児童マルトリートメント」で扱った内容は、現在の日本では、精神医療やカウンセリングの現場でほとんど認知されていない。関連する既存の精神医学的概念として言及した複雑性PTSDや心的外傷後成長の概念とともに、宗教被害からの回復のテーマが、日本でも広く議論されるようになってほしいと願っている。精神科医や心理士が宗教絡みの相談にまともに対応できるようになって、複雑性PTSDを診断したり、認知行動療法の適用を検討できたりするようになれば、宗教2世を取りまく状況はだいぶ好転するだろう。筆者自身も本章で示した知見を、自身が主宰する自助グループ活動に投入し、仲間の協力を得ながら自分なりに発展させていきたいと考えている。

◎宗教研究、カウンセリングの立場から

3章「識者たちによる宗教2世論」に寄せられた識者たちの見解からは、多くを学んだ。島薗進さんが、宗教2世問題に関して、「信じない自由」への注目は新しい動向だと指摘するのは、なるほどと受けとめた。筆者は当事者だが（あるいは当事者として問題に巻きこまれているからこそ？）、自分の求めていたのが「信じない自由」だったのだと言語化するのには、長い時間を要した。島薗さんは、宗教2世問題の興隆を、個人的自由の拡張を希求するという二〇世紀後半から続いた流れのなかに位置づけている。女性、障害者、外国人、性的マイノリティ、子どもの人権に対する意識が高まって、当時者運動と自助グループが栄えるようになったというのだが、筆者もこの見取り図にはまったく同意する。

SNSをつうじて「#宗教2世に信教の自由を」というハッシュタグが拡散された

ことを思うと――本書とほぼ同時に明石書店から刊行される筆者編著の書籍は、『信仰から解放されない子どもたち――#宗教2世に信教の自由を』と題した――、日本には直接的な関係は薄かったものの、二〇一三年に始まった黒人のためのハッシュタグ運動「#BlackLivesMatter」や、二〇一七年に始まり、日本にも波及した女性のための「#MeToo運動」が、日本の宗教2世問題に反響しているという側面があるだろう。いずれにしても、このような当事者性を重んじる動向は今後もさらに広まり、深まっていくと推測されるが、そうするなかで不可欠になってくると思われるのは、当事者に味方する伴走者だ。つまりLGBTQ+の周辺に集って支援者となる「アライ」のような人々を宗教2世問題にも期待したい。

信田さよ子さんの記事を読んで、宗教2世たちが話題にしてきた「宗教虐待」(宗教的虐待)という言葉が、予想外に古くから日本に導入されていたことを初めて知った。信田さんはアダルトチルドレンの回復モデルを宗教2世問題に適用できると考えている。この問題には家族あるいは親の介在が欠かせないファクターになっているので、筆者としては問題なく同意する。さらに言えば、筆者が主宰する宗教2世のための自助グループで話題になるテーマの一部は、筆者が別に主宰するアダルトチルドレンのための自助グループでの話題としばしば一致している。たとえば「人の顔色を伺いすぎる」、「自尊心が育まれない」といったもので、その際にはアダルトチルドレンのための研究や臨床で蓄積されてきた知見が、自助グループでも効果を発揮すると実感している。

もちろん、宗教2世問題の根幹を形成するのは宗教団体だから、そちらの問題を等閑視することは許されない。それでも、宗教2世の苦悩の多くは、親が教団と共謀して自分の迫害者になったという点にあるから、その問題に焦点を当ててケアとなる対話を実践することは、宗教2世にとって大きな意味を持っている。親の問題と教団の問題が両方とも対応されるべきなのだ。と同時に、宗教団体が親以上に2世問題を構成する決定的なファクターだということは、疑いを入れない。宗教団体は2世問題について、一部の家庭で起こった行き過ぎとして切りすてようとしがちだが、親は信仰の実践として虐待行為をおこなっている。それなのに宗教団体が責任を取らないで済むと考えるのは卑劣というほかなく、そのような言い逃れをする教団はおよそ宗教の実践と布教に従事する組織として失格していると言うほかない。

釈徹宗さんは、「宗教2世」という表現は不適切だとして、「カルト2世」という概念を選んでいる。この名称問題（とでも言うべきもの）は筆者自身もおりから悩んできたことで、「はじめに」や4章の鈴木エイトさんへのインタビューでも話題にしたし、江川紹子さんもこの問題について言及している。いずれにしても釈さんは「カルト2世問題も、宗教教団自身が真剣に取り組まねばならない重要課題なのだ。そのためにも、宗教教団は、宗教には暴力装置や非人間的な要求が内包されている、との自覚が必須である」と指摘していて、宗教一般に「暴力装置や非人間的な要求が内包されている」ことを認める姿勢を示しており、宗教2世として賞賛を送りたい。問題は「家庭内だけでは解決しない。虐待と同じく社会が介入する必要のある問題として解決していくべきだ」と論じる点にも賛同する。そのような法案の制定や改正が進めば良いのだが、現段階（二〇二二年一二月）で、政府・与党の対応は鈍重だ。

釈さんが書くように、オウム真理教事件やアメリカ同時多発テロ事件（9・11）が起きた頃——いまから二五年前から二〇年ほど前の時代——、私たちは真剣に考察すべき問題として宗教に直面したはずなのに、マスメディアの報道はスキャンダラスな話題に終始して、人々の記憶から重大事件は薄れていった。もちろん、マスメディアだけのせいではなく、国民そのものにも責任がある。マスメディアは人々の関心を汲みとりながら、特定の話題にじっとこだわったり、逆にそれをさっと手放したりするのであって、国民がこだわれば、宗教2世問題は解決されるまで議論がなされるはずだ。本書のような書籍を刊行することで、宗教2世問題が未解決のままふたたび放置されそうな先行きに対して、少しでも抵抗したいと考えている。

◎カルトの問題か、宗教そのものが内包する問題か

中田考さんの論考に関しては、読者のみなさんも非常に独自性の強いものとして受けとめたと思われる。日本人の一般的な思考様式に対しても、日本で強い影響力を発揮してきた欧米式の思考様式に対しても充分な距離を置いた議論ができることは、中田さんの大きな強みになっている。日本人の宗教意識の成りたちが概説され、現代の欧米的な宗教観の矛盾が指摘されるさまは息を呑む。筆者自身にも日本人としての考え方が染みついていて、仕事では欧米文化の専門家だから、なおさらそのように感じざるをえない。ただし、LGBTQ+の問題が「欧米の流行」と切りすてられている点などには、少なからぬ疑問はある。もちろん最近の性的マイノリティをめぐる議論は欧米発のものと言って良いが、日本やイスラームの少年愛の伝統などについて、中田さんがどのように考えているかは、気になる。性的マイノリティの問題は「流行」ではない。

なお中田さんは無神論、ナショナリズム、科学主義、世俗主義、資本主義などが疑似的な宗教として機能していて、私たちは多神教と偶像崇拝の世界を生きているのだと論じるのだが、筆者はこのような見解に率直に賛同する。中田さんはイスラームの立場に立ってそう考えているが、他方で筆者は欧米の宗教社会学でやりとりされてきた世俗化をめぐる議論に立って、そう考えている。ただし筆者の場合には、この見解がかつて浴びたエホバの証人の教義の残存ではないかと疑う気持ちもないではない。この宗教団体では、他宗教を「いつわりの宗教」と呼び、世界を構成するのはサタンに支配された「事物の体制」だと考え、地球を悪しき多神教や悪魔崇拝が席巻していると見なしているのだが、筆者はそのような教義がマインドコントロールによって自分に残存しているのではないか、と疑惑を抱くときがある。自分の思考のどの部分が自立したもので、どの部分がマインドコントロールの残存なのかは、当事者たちにも（そして支援者たちにも）判然としないことが多い。

中田さんの議論には、理念に忠実なものを原理主義として否定することへの反発が記されていて、これも啓発的だった。筆者は、私人としてはエホバの証人の原理主義的傾向に嫌悪を抱き、ドイツ文化の専門家としてはナチズムを基礎づけた原理主義的世界観を批判してきたので、専門知を駆使しながら原理主義を擁護する姿勢は新しいと感じる。いずれにしても宗教問題に対して、中田さんのように広い視野を持って、独自の角度から考えていくことは、今後ますます重要性を高めていくだろう。

沼田和也さんはプロテスタント1世として、キリスト教内部での2世問題を明らかにしているが、最近の海外文学好きのあいだで評価を高めているルシア・ベルリンの作品で描かれた、カトリック1世でもある女性のエピソードが、沼田さんの境遇とも重なって見え、論述の魅惑的な導入を果たしている。その女性はプロテスタントの家系に生まれたわけだが、それは「プロテスタント2世」（あるいは「5世」や「10世」）として可視化されることなく、自明視されている。私たちにも（中田考さんが示唆したように）伝統的な儒教徒という側面があるが、それはほとんど意識されないという事実を、宗教2世問題の議論に引きいれても良いのかもしれない。

沼田さんは、身近で見聞きしたプロテスタント2世たちの言動を手がかりにしているが、1章に掲載したあやめさんの証言も参照していただけると、この領域の実態がさらに摑みやすくなると思われる。沼田さんは、キリスト教にしても、古代イスラエルでの成立期にカルト的な要素を持っていたという認識を示していて、筆者はこの指摘に誠実さを感じた。その上で沼田さんは、「わたしの目の前に宗教2世として苦しむ他者がいることもまた、厳然たる事実である。その人を前にして、わたしにはなにが出来るのか。その人の思いに耳を傾け、どんな応答ができるのか。その人と共に考え、行為していくことならじゅうぶんに可能であるし、また、必要であると思う」と書く。自分の所属団体の2世問題から眼をそらさず、宗教2世問題に向きあおうとする姿勢から、本書を読む宗教者も多くを学んでいただきたい。

江川紹子さんは、伝統的な宗派でも子どもの「宗教被害」は起きうるとして、「宗教2世」という言葉が必ずしも不適切ではないと指摘する。まったく同感というほかない。オウム真理教での2世問題と、女子刑務所で出会った2世の受刑者に関する報告は、筆者の胸を打つ。受刑者は報告された内容から推測すると、おそらく筆者と出身教団を同じくする人だろうから、筆者はいっそう引きつけられて読んだ。学校が啓発の役割を果たしてほしいというアイデアにも賛同する。学校の廊下などにポスターが貼られて、そこに「宗教やカルト団体のことで困っている子、いませんか」などといった呼びかけが見られるようになったら、宗教2世の救済はだいぶ進展するはずだ。高校時代から啓発してほしいという意見にも賛成する。4章で斎藤環さんと筆者が話題にした「宗教はR20の対象に」というアイデアについて江川さんがどう考えるかと気になる。

オウム事件の際に、省庁横断連絡会議で「カルトに関する総合的な研究を行うための公的な研究機関」としての「カルト研究センター」が設置を提言されていたことを初めて知った。江川さんは「研究会の提言に沿って、研究機関を作り、様々な教育・啓発活動を展開し、社会がカルト問題にもっと敏感になっていれば、果たして安倍元首相が殺害されるような事態になっただろうか。／今、また対応を怠れば、数十年後に、想定外の事態が引き起こされるかもしれない」と鋭く指摘している。この機会に改めて、同種のセンターの設置が検討されてほしいと願う。

◎発達障害との関係、信教の自由との兼ねあい

4章「精神医療／カルト問題報道の観点から」の前半は、斎藤環さんと筆者の対談だが、宗教の選択は成人後にしてはどうか、というSF的な（と発言した自分でも言ってしまうが）アイデアで意気投合できるとは思っていなかった。世間にすんなり受けいれられる見解とは思えないし、筆者も純粋な提案というよりは思考実験として語ったわけだけれど、このような議論が出るのも時代の流れに即していることは疑えない。少なくとも宗教と子どもの関係をめぐる問題は、女性の人権をめぐる問題などと同様に、時代の進展に合わせてアップデートされていくべきだ。斎藤さんはひきこもり問題の専門家としても著名だが、宗教問題とひきこもりの問題を関係づける視点は筆者に欠けていて、刺激的だった。

斎藤さんとの対談では、筆者の発達障害者としての特性にも多く言及した。筆者は宗教2世としてではなく、発達障害者としてマスメディアに露出することもあるのだけれど、記者たちは問題が混同されるのを恐れて、筆者の発達障害者としての側面は宗教2世に関する報道から切りすてることが多い。しかし当然ながら、筆者のなまの体験世界では、発達障害の問題と宗教被害の問題は二枚の薄紙のように折りかさなり、色彩が混ざりあっている。そのリアルな実態が浮かびあがっていることも、今回の対談の意義のひとつだと思う。筆者は発達障害に由来する脆弱性が宗教2世としての生きづらさを高めてきたと素朴に考えていたが、斎藤さんは発達障害の特性が宗教被害をやわらげた可能性もあるのではないか、という新しい視点を提供してくれた。心から感謝する。

鈴木エイトさんへのインタビューでは、鈴木さんの真摯でストイックな人柄をうまく伝えられたものと信じている。鈴木さんの身近に統一教会の1世と2世がいるという裏話は、今回のインタビュー以前に聞いたことがなかったので、そのような背景があったのかと率直に驚いた。宗教2世問題がコンテンツとして消費されないことを願うと語られるさまには、2世のひとりとして敬意を感じた。インタビューの司会者として言及したように、鈴木さんと筆者は以前SNSでやや対立的な関係になったこともあるのだが、実際に鈴木さんと面識を得てみると、きわめて謙虚な人柄で、これまでの活動内容を見ても、統一教会問題や宗教2世問題に関する発言の妥当性を見ても、信頼できる人だと感じる。

また鈴木さんは、「信教の自由」という概念を安易に用いて議論することに警鐘を鳴らしていて、きわめて啓発的だ。鈴木さんが「『信教の自由』という話でもっていくと、親の監護権とか、親が子どもに自分の信じる宗教教育をする自由というのも、憲法解釈のなかで当然認められているわけですよね。単純に『子どもに信教の自由がない』という論法だと、そこは完全にぶつかってしまう。でもその『信教の自由』は、こういうカルト的な宗教のことまで想定してないですよね。」と発言している箇所は、多くの人に注目されてほしい。明石書店の『信仰から解放されない子どもたち――#宗教2世に信教の自由を』では、安井飛鳥さんも「信教の自由」に関する議論が世間で充分に醸成されていないと問題提起しているので、良かったら合わせ読んでいただければと思う。多くの人が「信教の自由」について考察し、宗教2世問題がさらに広く深く議論されることを願う。

◎当事者批評の視点

5章「宗教2世はいかに描かれてきたか――日本の創作物をつうじて思うこと」に関して、筆者は「はじめに」で文学研究の手法を取っていないと記し、本文中でも文芸批評ではないと書いたが、文学研究者としての関心が本章を書く動機として働いたことは、事実として認めざるを得ない。いわゆる文学作品以外の芸術ジャンルにも「文学性」と言うべきものを発見し、文学作品と同列に論じたいという希望が、筆者の心のうちには強くある。小説のほかに、映画やマンガなどに言及したが、そのうち手記を創作物として扱ったのは、文学研究や現代思想の世界に詳しくない人から、誤解を招くかもしれない。筆者の場合は、文学研究者として「書くこと」に、伝承研究者として「語ること」に多大な関心があるのだが、それらの研究分野では書くことや語ることについて素朴に理解することは批判され、書くことや語ることの人工性ないし非自然性がつねに問題になるのだ。何を書くか、何を語るかは主観によってつねに独自に編成されており、事実そのものを透明かつ純粋に書き、語ることは不可能だと、文学研究や伝承研究は教えてくれる。

また本章を書いた動機には、文芸批評や文学研究に従事する人々に、現実の進行中の宗教問題にもっと関心を寄せてほしいと願っているということが、もちろんある。宗教2世問題に関連した創作物は、本章から読者も容易に察するように限られているけれど、しかし筆者は当事者性に依拠して創作物を論じるという「当事者批評」を実践しており、この手法の前に広がる領野は広大だと信じている。当事者批評はかつての素朴な「私批評」を更新しており、「新私批評」と言うべきかもしれない。それは素朴な主観にもとづいて、雑感を記していく私批評とは異なって、当事者運動と自助グループが勃興しているという新たな時代精神を背景として、当事者性を新たな基準として構えなおし、書いている。別の言い方をすれば、これは「実存批評」だ。

二〇二二年一二月一〇日に、統一教会の1世や2世のための「被害者救済法案」と呼ばれてきたものが成立したが、この法案は「宗教被害」の一部に当たる高額献金を規制することに狙いを絞っており、統一教会2世を取りまく問題のすべてを解決せず、言うまでもなく別の教団出身の宗教2世をまったく救済しない。献金の取消要件も問題含みで、創価学会を母体とする与党の公明党と、連立政権を組んでいる自民党が法案を骨抜きにしたことが、さまざまな識者から指摘されている。

さらに同年同月二六日、「宗教2世」に対する児童虐待に関して、厚生労働省が初めて自治体向けの対応指針案を作成することが報道された。筆者は以前某所で案を記した書類を見せてもらったのだが、統一教会以外の宗教2世に対する具体的対応が記載されていないなど、充分なものとは思わなかった。さらに言えば、宗教2世あるいはカルト2世は、自分たちの生まれながらの、あるいは幼少期からの状況を相対化できない状況に置かれ、自分は被害や脅迫や虐待を受けていないと考えている事例が多い。まともに機能する行政措置になるのか、今後の展開を注視していきたいと思う。

おわりに

安倍晋三銃撃事件が発生してから一ヶ月半ほど経って、二〇二二年八月下旬に本書の企画が晶文社の社内会議を通過した。編集担当者の安藤聡《あきら》さんと本を作るのは、『ある大学教員の日常と非日常――障害者モード、コロナ禍、ウクライナ侵攻』に続いて二冊目となる。安藤さんが3章の執筆者たちに寄稿の依頼を出してくれて、筆者自身は1章の当事者たちへのインタビューと原稿の成形、4章のおふたりとの対談やインタビューとその成形、2章と5章の原稿の執筆に打ちこんだ。3章の原稿が揃う頃に、6章と「はじめに」と「おわりに」を執筆し、二〇二二年一二月に本書の原稿がゲラ刷りになった。そしてそれが二〇二三年の一月に出版される。

本書を書くのと並行して、明石書店で『信仰から解放されない子どもたち――#宗教2世に信教の自由を』にも編著者として関わった。そちらの本では、筆者が単独で書いた文章はより少なく、当事者へのインタビューは、ひとり当たりの分量が本書より多い。二段組になっているページもあり、本書に匹敵するほど密度が高い。そして宗教2世のための支援のあり方を考察するという狙いを持っている。どちらも筆者が編著者を務めたとはいえ、バラエティの豊かさを重視した本書とはだいぶ印象が異なっているはずだから、ぜひそちらも読んで、本書との印象の違いを感じてもらえればありがたい。
筆者が出す単著や編著のジャケット画は、おおむね筆者が「ぜひこの人に」と指名して描いてもらうことにしている。本書で組んだ嘉江さんも、以前から筆者がぜひ一緒に仕事できれば光栄だと考えていたイラストレーターのひとりだった。すてきな絵を書いてくれたことに、心から感謝している。装丁を手がけてくれた岩瀬聡さんにも感謝する。嘉江さんに描いていただく絵について、互いにさまざまな可能性を検討した時間は、きわめて貴重なものだった。

二〇二二年一二月

横道誠 記

編者について◎**横道誠**｜よこみち・まこと

京都府立大学文学部准教授。

1979年生まれ。大阪市出身。文学博士（京都大学）。

専門は文学・当事者研究。

単著に『みんな水の中――「発達障害」自助グループの文学研究者はどんな世界に棲んでいるか』（医学書院）、『唯が行く！――当事者研究とオープンダイアローグ奮闘記』（金剛出版）、『イスタンブールで青に溺れる――発達障害者の世界周航記』（文藝春秋）、『発達界隈通信――ぼくたちは障害と脳の多様性を生きてます』（教育評論社）、『ある大学教員の日常と非日常――障害者モード、コロナ禍、ウクライナ侵攻』（晶文社）、『ひとつにならない――発達障害者がセックスについて語ること』（イースト・プレス）が、編著に『信仰から解放されない子どもたち――#宗教2世に信教の自由を』（明石書店）がある。

みんなの宗《しゅう》教《きょう》2世《せい》問《もん》題《だい》

2023年2月5日初版

編者　横道誠

発行者　株式会社晶文社

〒101-0051
東京都千代田区神田神保町1-11
電話　03-3518-4940（代表）・4942（編集）
URL http://www.shobunsha.co.jp

印刷・製本　ベクトル印刷株式会社

ISBN978-4-7949-7353-5　Printed in Japan